中国银行间市场交易商协会系列培训教材

中国企业债券融资后续管理案例

主　编　谢　多

副主编　冯光华

中国金融出版社

责任编辑：张翠华
责任校对：刘　明
责任印制：程　颖

图书在版编目（CIP）数据

中国企业债券融资后续管理案例（Zhongguo Qiye Zhaiquan Rongzi
Houxu Guanli Anli）／谢多主编 . —北京：中国金融出版社，2014. 2
（中国银行间市场交易商协会系列培训教材）
ISBN 978 - 7 - 5049 - 6916 - 3

Ⅰ. ①中… 　Ⅱ. ①谢… 　Ⅲ. ①债务—企业融资—案例—中国
Ⅳ. ①F279. 23

中国版本图书馆 CIP 数据核字（2013）第 068299 号

出版
发行　中国金融出版社

社址　北京市丰台区益泽路 2 号
市场开发部　（010）63266347，63805472，63439533（传真）
网 上 书 店　http://www.chinafph.com
　　　　　　　（010）63286832，63365686（传真）
读者服务部　（010）66070833，62568380
邮编　100071
经销　新华书店
印刷　保利达印务有限公司
尺寸　169 毫米×239 毫米
印张　20
字数　294 千
版次　2014 年 2 月第 1 版
印次　2017 年 5 月第 3 次印刷
定价　45.00 元
ISBN 978 - 7 - 5049 - 6916 - 3/F. 6476
如出现印装错误本社负责调换　联系电话（010）63263947

本书编委会

主　　编：谢　多

执行主编：冯光华

编委委员：郭　仌　袁沁敬　楚晓辉

统稿成员：穆文婷　夏　添　朱　赟

撰稿成员(按姓氏笔画排序)：

王力凯　王壮哉　王守璞　王桂君　刘　超

朱　赟　朱吟琰　成　睿　杜俊生　杨　杨

宋沐洋　张　婧　张　勇　张　毓　易　宇

和　英　周　蕾　夏　添　郭增刚　程　芳

谢智芳　楚娟娟　穆文婷

总　序

近年来，党中央、国务院高度重视金融市场发展，出台了一系列推动债券市场发展的政策措施，在党的第十八届三中全会决议文件中更是明确提出"发展并规范债券市场，提高直接融资比重"。2005 年以来，我国债券市场取得了长足发展，在国债、金融债、企业债的基础上，外币债、资产支持证券、短期融资券、中期票据、集合票据、信用风险缓释工具等品种相继引入，现券、回购、远期、互换等交易方式有序推出，目前已建成了以场外市场为主体、场内市场和场外市场并存，相互补充、分层有序的债券市场格局。市场发展也取得明显成效，基础设施建设日趋完备，基本制度不断完善，为改善社会融资结构、支持国民经济发展发挥着越来越重要的作用。我们很高兴且很荣幸见证并亲历这一进程。

在我国市场经济体制改革和行政管理体制改革的背景下，2007 年 9 月，经国务院批准，中国银行间市场交易商协会正式成立，填补了银行间市场自律组织缺失的空白，丰富了市场管理层次。交易商协会成立后，集市场成员之智慧，纳会员单位之合力，在推动银行间市场的自律、创新、服务方面进行了大胆探索，取得了一系列成效：

探索市场管理方式变革，推动市场跨越式发展。协会在央行及监管部门的支持、指导下，落实中央关于创新政府治理经济的方式，强化市场在资源配置中所起的决定性作用，将债券发行管理由审批制逐步改革为更加市场化的核准制、备案制，并逐步过渡到注册制。2004—2012 年，中国公司信用类债券余额从 0.1 万亿元增加到 7.0 万亿元，根据国际清算银行统计，世界排名从 2004 年的第 21 位大幅上升至 2012 年的第 3 位。公司信用类债券"跛足"现象明显改观。

自律管理有条不紊，市场规范相继发布。结合市场发展出现的新情况，进一步规范重大事项信息披露、企业内部管理制度建设等内容，实现信息披露制度由注重常态披露向兼顾动态披露与内部治理的方向转变；建立健全自律处分体系，发布实施《信用评级业务自律指引》，加大对市场主体的合规检查和自律处分力度，加强市场化的行为约束。

市场制度和产品创新层出不穷，市场功能进一步深化完善。推动运用非金融企业债务融资工具注册信息系统（"孔雀开屏"系统），将注册工作全流程整体展现在公众面前，强化外部监督和约束，使注册工作在"阳光下运行"。同时，优化和丰富债务融资工具产品线，以金融产品创新带动市场规范发展，通过开展资产支持票据产品结构、区域集优债务融资模式等方面的创新，进一步增强了债券市场服务实体经济多元化需求的功能。

服务会员全面到位，资质认证探索求新。协会立足会员实际需求，组织市场成员跟踪分析国际国内经济金融运行，为市场成员进行业务决策提供依据；在积极开展多层次、有针对性培训的同时，探索出一条有利于形成业务精湛、诚实正直的从业人员队伍的资质认证新路径。此外，我们借助"三方合作"工作机制，支持地方实体经济发展，提升地方金融机构创新意识和水平。

然而，我们也应看到，银行间债券市场的发展也面临着一些制约因素，市场快速扩张、产品与制度创新对从业人员提出了更高的要求：从业人员的知识水平、职业操守和操作规范需进一步提升。建立并完善符合银行间市场需求的从业者资质认证体系因而成为题中之义，而教材编写正是构建这一体系的基础和重要环节，是银行间市场从业人员资质认证的重要内涵。遗憾的是，目前市面上尚无一套权威的、规范的、与银行间市场发展需求相适应的教材体系。

为填补这一空白，我们邀请监管当局参与，组织市场成员、高等院校、研究机构的专家学者编撰了"NAFMII 系列培训教材"丛书，这套丛书按如下目标推进编撰：一是搭建框架，侧重对银行间市场基础知识的全貌式的介绍；二是紧跟时势，紧扣国内银行间市场发展脉搏，同时吸取国外同类优秀教材经验，扬己之长，与国际先进水平同步；三是强调合规守法，树市场正义，坚持市场道德理念的传播。

在市场成员的大力支持下，教材编写工作取得阶段性进展，"NAFMII 系列培训教材"丛书（第一辑）即将出版发行。该辑丛书包括七本教材：《银行间市场综合知识读本》、《非金融企业债务融资工具实用手册》、《非金融企业债务融资工具规则解析》、《非金融企业债务融资工具尽职调查》、《银行间市场固定收益产品交易》、《信用增进》、《信用评级》，基本涵盖了银行间市场业务全貌，填补国内之缺。丛书将随市场发展、经济形势变化更新修订。

作为以市场为导向的自律机构，交易商协会将秉承十八届三中全会全面深化改革的指导精神，恪守"市场在资源配置中起决定作用"的发展理念，不断探索市场自律管理的路径，逐步完善政府管理和自律管理相配合的市场管理框架。同时，与广大市场成员一道建立市场公约，推广和实施市场行为准则和从业人员道德操守，规范市场行为，协调会员利益，倡导和构建有序竞争的市场道德规范及市场正义理念。本丛书的出版恰逢中国金融市场，尤其是债券市场建设和发展的关键时期，我相信，丛书的出版将会为促进我国金融市场发展贡献一份力量。

对于本丛书的疏漏之处，敬请各位提出批评意见与建议。

2014 年 1 月

引　言

近年来，发展直接融资市场、拓宽企业融资渠道成为我国经济金融体制改革的重要着力点之一。在党中央、国务院出台的一系列支持债券市场发展政策的指导下，我国债券市场取得了跨越式发展。截至 2013 年 11 月底，我国企业信用类债券融资规模累计已超过 9.4 万亿元，债务资本市场运行效率显著提高，产品及制度创新的力度不断加大，为经济发展和经济结构转型提供了有力的金融支持。

作为探索深化金融体制改革的场外金融市场新型自律组织，中国银行间市场交易商协会自 2007 年 9 月成立以来，在中国人民银行等相关部门的支持和帮助下，在协会广大会员的共同努力下，切实落实中央战略部署，在提高市场运行效率、丰富金融管理手段及创新金融产品等方面作出了积极而有益的探索。在短短几年时间里，非金融企业债务融资市场突飞猛进，取得了令人瞩目的成绩。在注册制这一市场化发行机制下，市场参与者的积极性空前高涨，市场管理效率和创新力度大大提高。截至 2013 年 11 月底，非金融企业债务融资工具余额已经达到 5.39 万亿元，约占我国企业信用类债券融资规模的 57.5%，非金融企业债务融资工具累计发行 10.94 万亿元，占我国企业信用类债券融资规模的 70.9%；自 2009 年以来，非金融企业债务融资工具各年新发行量占当年企业信用类债券融资规模的 80% 左右，债务融资工具市场已经成为我国非金融企业直接债务融资的主板市场。

党的十八大再次强调，要"深化金融体制改革，健全促进宏观经济稳定、支持实体经济发展的现代金融体系，加快发展多层次资本市场"。债务融资市场的发展壮大充分体现了交易商协会为落实党中央、国务院关于经济金融发展的战略思想和指导意见而作出的不懈努力。债务融资工具市场已成为落实宏观调控政策、合理有效配置资源的重要渠道，有效改变了我国长期以来融资结构不合理、直接融资比重过低的状况，有力地支持了我国经济的转型，促进了实体经济的健康发展。

一、银行间债券市场后续管理工作开展情况

交易商协会自成立以来，在"以规范促发展"的指导原则下，一直以"严守合规底线，严防系统风险"为工作主线，组织市场成员合力开展债务融资工具的后续管理工作。债务融资工具市场是信用市场也是信心市场，中国人民银行周小川行长在交易商协会成立五周年座谈会上谈到"交易商协会成立后，坚持市场化方向推动银行间市场发展，形成了政府监管与市场自律管理相互配合的管理模式，初步做到了该放的坚决放开、该管的切实管住，大大激发了市场活力"。一方面，交易商协会充分发挥市场参与各方的主观能动性，秉持"市场事、市场议、市场决"的思路，由市场资深专家共同参与制度制定、产品创新和注册发行等债务融资工具各环节业务，充分体现会员做主、共同议事的自律组织特点；另一方面，交易商协会通过建立符合市场现实条件和发展方向的自律规范制度体系并监督市场成员予以严格执行，不断加强数据信息体系、风险预警体系、督察纠正体系与危机处理组织体系等后续管理"四个体系"建设，预防为主、防治结合，力求实现从发行到兑付的风险全流程监控和突发应急事件的及时妥善处置，以切实维护市场运行秩序、保护投资者合法权益，确保市场长治久安。

（一）持续建设并完善后续管理自律制度规范

交易商协会自成立以来，不断推动完善注册制框架下的后续管理自律规范文件体系，夯实后续管理制度基础。为加强后续管理工作的制度化、规范化，交易商协会针对后续管理各工作环节先后组织市场成员制订并发布《信

息披露规则》、《后续管理工作指引》、《应急管理工作指引》、《持有人会议规程》等多层次制度文件，并结合市场变化与发展的实际情况，于2012年对《信息披露规则》进行修订，于2013年对《持有人会议规程》进行修订，推出《存续期信息披露表格体系》。特别地，为提高自律处分工作的规范性和系统性，加强市场预期与惩戒威慑力，交易商协会组织制定了《自律处分规则》，修订了《注册发行规则》、《信息披露规则》和《中介服务规则》等对违规行为认定和处分裁量的实体性规定，完善了自律管理工作的关键环节。目前债务融资工具市场已初步构建起以自律处分会议制度为核心机制、以《自律处分规则》为基础性文件、以《自律处分会议工作规程》和《自律处分会议专家管理办法》为配套制度的自律处分体系，逐步建立起一套行之有效、程序严谨的自律管理手段。

上述自律规则指引的发布实施为债务融资工具市场后续管理工作奠定了制度基础，为推动相关主体完善工作机制、提升实务操作水平提供了依据和指导，协会集全体会员智慧向切实落实投资者权益保护迈出了坚实一步。

（二）大力推进"四个体系"建设，持续提升后续管理工作水平

数据信息体系建设方面，根据交易商协会数据信息体系建设规划，全方位、多维度的信息系统已略见雏形。涵盖国民经济核算等国内宏观经济指标以及多个国家和地区国际宏观经济指标的宏观经济信息系统已上线运行；重点行业全行业及子行业经济效益和生产指标信息的深度行业数据库已建成；企业财务数据信息化工作稳步推进。数据信息体系借助计算机系统的智能控制功能，为充实债务融资工具市场后续管理基础数据资料、提升信息分析处理效率奠定了坚实基础。

风险预警体系建设方面，交易商协会不断加强预警工作的技术支持手段，提高预警工作的系统化、专业化，力求及早发现和判断风险来源、风险范围、风险程度和风险走势，提升预警工作的敏感性及预见性。目前，已建设起覆盖债务融资工具自注册发行到兑付完成的各个阶段的风险预警网络，通过交易商协会风险预警监测与督导，企业基本能够按照相关规则指引要求及对投资者的承诺持续履行信息披露、还本付息等义务，以主承销商为主的中介机

构基本能够对债务融资工具发行企业的风险状况和偿债能力进行全流程跟踪监测，双向联动防控风险的后续管理网络体系进一步向纵深拓展。

督察纠正体系建设方面，交易商协会在后续管理工作实践中以相关自律规则指引为依据，按照"事前充分督导提示、事后严格监督核查"的服务理念，通过风险提示、现场调查及自律谈话等多种措施，加强对日常信息披露、募集资金使用等后续管理工作的督导力度，提升市场成员尤其是发行人的市场责任意识，同时加大对重大违规事件的查处力度，严肃实施诫勉谈话、通报批评、警告、公开谴责、取消会员资格等自律处分措施，有力地维护了市场的运行秩序，切实保护了投资者的合法利益。

危机处理组织体系建设方面，交易商协会积极探索与地方政府、人行中支的三方合作模式，推动市场各方构建应急管理预案、健全应急工作机制，形成多层次、立体化监管处置突发应急事件的整体合力。对于信用风险等各类突发事件，交易商协会秉承"快速响应、各司其职、协同联动、稳妥处置"的工作原则，协调相关各方事前制定应急管理预案，健全应急工作机制安排，实现对突发事件快速反应并及时处置，有效化解了信用风险，极大地锻炼了市场成员的应对能力，积累了宝贵的应急处置经验。

（三）开展市场教育及理论引导，加强市场责任意识教育

在不断完善和加强市场自律管理的同时，交易商协会一直致力于市场正义和道德理念的倡导与传播，始终重视市场成员责任意识的教育。近年来，交易商协会为发行企业、投资者、中介机构等会员单位开展了多项合规从业、风险防范的系列宣传教育活动，组织市场成员对债务融资市场创新发展、后续管理工作方式方法、市场风险状况等进行系统学习与交流，促进市场成员对后续管理认识水平的提高，并加深对自律规范文件的熟知程度，全方位、分层次、有重点地引导发行人及相关中介机构树立市场意识、责任意识与诚信意识，引导投资者树立科学的投资理念，正确认识风险的客观存在。同时，交易商协会开展了多期专项培训进行自律规则解析和案例讲解，以提高市场成员对新规的理解和对具体操作的掌握程度，推广市场示范理念和经验，增

强市场警示效果，督促市场成员自觉遵守规定。

二、本书简介

（一）本书的写作背景及写作目的

经过近几年的市场建设，后续管理工作有序开展。随着各类市场基本制度的出台和执行、市场基础设施建设的突破和完善，后续管理"四个体系"建设稳步推进，后续自律管理工作对维护市场秩序、保护投资者权益发挥应有作用。然而，由于发展时间短、理论基础薄弱、市场整体后续管理人员配备不足、市场成员重视程度不高等多方面原因，后续管理工作仍有相当大的提升和改进空间。而且，在我国经济进入主动调整阶段、信用风险发生概率抬升、防控信用风险的难度有所增加的新形势下，市场对后续管理工作不断提出新的更高的要求，后续管理工作的重要意义愈发凸显。

对相关操作实务进行梳理分析、对积累的经验进行提炼升华并结集出版，是对债务融资工具市场自律管理工作的回顾与积淀，也满足了广大市场成员对后续管理相关工作深入学习的迫切需求：一方面，以实务案例的形式直观地对后续管理工作展开分析，形式生动、易于接受；另一方面，实务案例是对现有自律规范文件的政策解读和深入阐释，有助于提升市场成员对自律规则指引的理解和掌握程度，案例教学易于形成市场化操作标准。此外，通过总结历史经验教训，可以有效宣导市场自律管理理念，对合规做法形成正面激励，对违规行为进行警示与威慑。

因此，交易商协会结合后续管理理论研究与工作实践，将后续管理典型案例及相关经验整理形成本书，以更好地服务会员、促进整个市场后续管理工作质量和风险防范水平得到进一步提升。

（二）本书构成及主要内容

本书精心选取了后续管理工作中对市场有重大影响、具有典型性和教育

意义的事件编写成案例，从正面典范和负面典型两个维度，并根据事项类型
分为"彰显责任意识，落实后续管理"和"行为有失规范，造成市场杂音"
和"突发事件处置，化解市场风险"三篇八章，全面覆盖了风险预警、信息
披露、募集资金使用、持有人会议、应急处置等事项类型，案例涉及发行企
业、主承销商、信用增进机构、会计师事务所、律师事务所及信用评级机构
等各类市场参与主体。各篇章主要内容包括该类后续管理工作相关的制度规
范、业务要点提示、实务工作中出现的各类问题及典型事例等。

行文中，各案例围绕事件发生背景、处理过程、事件分析、各相关机构
存在的违规事实或对市场有积极影响的做法、工作建议及经验总结等方面展
开，在综合考虑事件发生及处理的宏观背景的同时，对单个案例进行微观解
剖，生动展现整个事件的发生发展过程，突出对事件关键点的思考与剖析，
全面、深入地对相关经验进行总结。

（三）本书修订及增补计划

在后续管理工作的持续开展中，债务融资工具市场的后续管理制度及工
作机制不断完善、督导力度不断加强，市场成员的自律意识不断增强、工作
质量和工作专业水平也不断提高。在历经一定阶段后，在市场发展初期较为
复杂的管理要求已成为市场成员熟练掌握的日常业务规范、较为重大和典型
的事件可能已成为市场中常见的事件，同时也可能出现此前未曾发生过的、
对市场产生显著影响或直接推动市场变革的新的重大典型事件。因此，随着
市场的逐步成熟与后续管理工作的进一步规范，协会将结合工作实践和会员
需求，对本书进行修订及增补，以客观地反映市场的发展历程，及时为市场
成员提供有针对性的实务操作指导。

同时，也希望关注债务融资工具市场发展的广大读者不吝赐教，结合自
身实务工作经验对本书提出宝贵建议，共同促进债务融资市场的规范健康发
展，充分发挥金融支持经济发展的重要作用，为我国全面建成小康社会的宏
伟目标贡献力量。

目　录

第一篇
彰显责任意识
落实后续管理

本篇引言

在人民银行的正确领导和大力支持下，在广大市场成员的共同努力下，交易商协会自成立以来，始终牢牢把握市场发展与风险控制的辩证关系。2009 年交易商协会成立后督中心，不断将债务融资工具市场后续管理工作推向更为精细、更为科学的新阶段，为债务融资工具市场有序发展与风险防范提供了坚实保障。在这五年中，债务融资工具市场后续管理工作得到了广大市场成员的大力支持与积极配合，后续管理制度规范不断完善、管理架构逐步明晰、自律处分方式日趋成熟、市场整体应急处置能力显著提高。

本篇选择收录了后续管理实务工作中彰显相关主体的责任意识及合规理念的典型案例，这些案例为债务融资工具市场树立了类似事件处理的标杆模范，开创性地建立起一套规范有效的处置方案，可谓对保护投资者合法权益、维护市场平稳运行秩序起到了良好的促进作用。当然，在市场整体合规程度较高、多数市场参与主体行为均较规范的情况下，我们仅摘录了对市场具有突出积极影响和典型借鉴意义的部分案例，更多日常后续管理工作中的合规事例未尽其详。希望读者朋友们能够从本篇案例中获得一定启示，促进未来后续管理工作的进一步合规开展。

第一章

相关主体合规披露信息
切实保护投资者合法权益

非存续期发行企业责任意识增强、主动披露信息

债务融资工具市场信息披露相关自律规则指引主要规范的是参与债务融资工具业务期间各参与主体的有关行为，对于债务融资工具已到期、且近期无续发计划的企业，规则指引并无强制性信息披露要求。但部分发行企业在其发行的债务融资工具均已到期兑付的情况下，仍主动、积极履行信息披露义务，践行市场自律规则指引要求，充分展现了其市场责任意识，有利于企业形象的维护和后续相关业务的开展，也为其他市场主体树立了标杆典范。

A 公司努力保持财务信息连续性，充分展现市场责任意识

2011 年 1 月，发行人 A 公司获准注册短期融资券 20 亿元，当月即全额发行完毕。2012 年 1 月 20 日，该期短期融资券顺利兑付，因企业财务计划调整，发行人短期内无续发计划，未再次提出注册申请。在短期融资券存续期内，A 企业始终保持良好的市场责任意识，按照相关自律规则指引的规定披露相关信息、配合主承销商做好各项后续管理工作。在 2011 年度财务报告和 2012 年第一季度财务报表披露之际（2012 年 4 月 30 日前），A 公司虽已无存续债务融资工具，但仍然按时披露了 2011 年度财务报告及 2012 年第一季度财务报表，且内容规范，较好保持了公司在债务融资工具市场基本信息的连续性，起到了提升信息连续性、可比性等作用，有利于投资人了解相关行业及企业发展情况。同时 A 公司的主动披露行为也体现出该公司对于市场

化运作理念的认同，是公司提升自身形象、拓展融资渠道的有益实践，也成为债务融资工具市场发行企业及其他参与主体的良好典范。

B 公司积极推动公司内部治理，健全信息披露工作机制

2012 年 5 月 14 日，《银行间债券市场非金融企业债务融资工具信息披露规则》（以下简称《信息披露规则》）（2012 年版）正式颁布，并于 2012 年 10 月 1 日施行。为强调发行人为信息披露第一责任人，促使其进一步重视和规范信息披露工作，规则规定发行企业需制定《信息披露事务管理制度》并向市场披露其主要内容，明确提出了关于发行人完善公司治理、提升信息披露工作内部控制水平的要求。规则发布后，各发行企业陆续启动了管理制度的制定工作，其中有一些暂无存续期债务融资工具的发行企业主动按照新规则要求制定并披露了《信息披露事务管理制度》。例如发行人 B 公司所有债务融资工具已于 10 月 1 日前兑付完毕，暂无续发计划，但 B 公司主动遵循新规则要求，积极进行其内部信息披露工作基本标准、权责设计、工作流程的梳理和制度制定工作。2012 年 9 月 20 日，B 公司将《B 公司债务融资工具信息披露事务管理制度》提请董事会予以审议通过，并向市场披露了制度的主要内容。B 公司作为债务融资工具原发行企业，自觉、主动地按要求完善自身信息披露管理制度，主动承担市场责任，显示其对切实践行市场化理念和对信息披露工作的高度重视。B 公司在对信息披露内部制度完善的同时，扎实健全相关工作机制，一方面提升了公司自身的信息披露工作水平、完善了公司治理结构，另一方面也加深了企业对参与债务融资工具市场行为规范的认识，有利于企业形成良好的市场声誉，助推企业未来获得更大的发展空间。

发行人较好履行重大事项持续披露义务

　　某发行人为国有大型专业化综合性铁路运输股份有限公司，2004 年在 A 股上市，实际控制人为国家相关部委。发行人自 2008 年开始参与债务融资工具市场相关业务，至 2010 年底已累计发行多期债务融资工具，募集资金超过 200 亿元。发行人在开展债务融资业务时，始终秉承信息披露第一责任人的市场理念和合规意识，在各类信息披露工作中均严格履行发行人义务，积极维护市场秩序，较好地保障了投资者权益。

酝酿重大资产收购，积极主动与主承销商沟通联系

　　2009 年 9 月，在发行人实际控制人关于铁路运输相关企业资产重组的统一规划下，发行人准备启动针对某地方铁路局的资产收购事宜。企业十分重视债务融资工具市场重大事项的信息披露工作，在企业内部初步形成收购计划后，即主动与债务融资工具牵头主承销商取得联系，沟通资产收购相关披露事宜。在主承销商的提示与督导下，发行人认真梳理了相关自律规则指引，明确了作为公开市场融资企业在开展重大资产重组等事项时应履行的信息披露义务，并指定专人负责整体收购事项开展过程中的持续信息披露跟进工作。作为上市公司，发行人还重点关注了股市与债市两个平台信息披露的同步性和一致性，力求确保不同市场投资者公平获取相关信息。

持续履行信息披露义务，不同市场保持披露同步与一致

2009 年 12 月 1 日，发行人在股市与债市同步披露了公开发行股票进行资产收购的有关事项，说明经其 2009 年第二届董事会第十三次会议和第二次临时股东大会审议，通过了向不特定对象公开发行股票的有关议案，拟向不特定对象公开发行不超过 20 亿股 A 股股票，募集资金不超过 165 亿元，募集资金将用于收购拟收购某地方铁路局运输主业等相关资产。

发行人重大资产收购

2010年10月，招股意向书

2010年7月，证监会发审委决议

2009年12月，股东大会决议

2010 年 7 月 2 日，发行人披露经中国证券监督管理委员会发行审核委员会于 2010 年 6 月底召开的"2010 年第×次发行审核委员会工作会议"审核，其公开增发 A 股股票的申请获得无条件通过；2010 年 8 月 9 日，发行人披露收到中国证券监督管理委员会关于核准其公开增发的正式批复。2010 年 10 月 20 日，发行人披露关于本次发行的招股意向书。

后续，直至本次资产收购事项最终完成，发行人在公开增发及资产收购事项的各阶段时点持续披露了一系列关于事项的进展情况，信息披露真实、准确、完整、及时，并确保了不同市场的同步披露，较好地履行了信息披露义务。

重大事项信息披露工作相关启示

《信息披露规则》（2012 年版）中规定，企业应当在重大事项发生之日起两个工作日内，履行重大事项信息披露义务，且披露时间不晚于企业在证券交易所、指定媒体或其他场合公开披露的时间，并说明事项的起因、目前的状态和可能产生的影响，具体披露时点包括：企业董事会、监事会或者其

他有权决策机构就该重大事项形成决议时；有关各方就该重大事项签署意向书或者协议时；董事、监事或者高级管理人员知悉该重大事项发生并有义务进行报告时；收到相关主管部门决定或通知时。

本案例中发行人通过深入学习梳理相关自律规则指引，认真规范自身行为，积极履行重大事项信息披露义务，为市场树立了良好的典范。各发行企业及信用增进机构应充分重视重大事项信息披露工作，在发生资产重组等事项后，不仅应及时披露事项基本情况，还应持续披露重要进展情况，并保持不同市场披露的时间同步和内容一致，以便投资者及时知悉有关情况。

发行人主体信用评级下调合规披露

2010 年 9 月，某信用评级机构发布跟踪评级公告，将一债务融资工具发行人长期主体信用评级由 BBB－级调降至 BB＋级，将其评级展望由稳定调为负面。主承销商在获知该情况后，立即联系发行人和相关信用增进机构了解相关情况，同时督导发行人就本次评级调降向市场披露信息，督导信用增进机构对其担保义务的持续履行进行说明，有效地稳定了市场投资者情绪，不仅未因本次事件造成负面影响，还因其良好的责任意识和有效的工作获得了市场的一致称赞。

发行人债务融资工具发行情况

某市 2009 年度第一期中小企业集合票据"09 SMECN1"于 2009 年 12 月发行，期限 1 年，联合发行人共有 7 家，长期主体信用等级从 BB＋级到 A 级不等。由长期主体信用等级为 AA 级的某信用增进公司为该期债项提供全额无条件不可撤销的连带责任担保，债项信用级别达到 A－1 级。

本次评级调降所涉发行人为"09SMECN1"联合发行人之一。截至 2008 年底，发行人资产总额 5.57 亿元，净资产 1.27 亿元，主营业务收入 21.38 亿元，净利润为 1906.7 万元，资产负债率为 77.8%，净资产收益率达到了 15%，表明企业虽然长期偿债压力较重，但同时盈利能力较强。本案例所涉发行人募集资金额度为 2000 万元，在发行时点，其长期主体信用级别为

BBB－级。截至 2009 年底，发行人无其他存续的债务融资工具。

发行人生产经营严重恶化致评级被调降

2009 年底及 2010 年上半年，受国际金融危机影响，发行人主要产品出口价格大幅下跌，盈利水平快速下降。

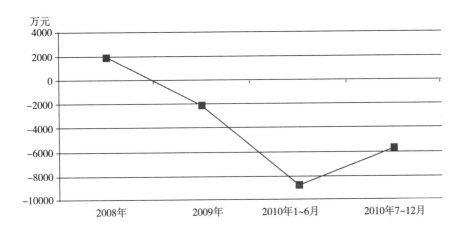

图 1－1　发行人 2008—2010 年净利润水平变化情况

2009 年，发行人利润从 2008 年盈利 1906 万元迅速恶化至 2009 年亏损 2071 万元，2010 年 1 月至 6 月进一步亏损达 8768 万元。大幅亏损对一家中小企业来说可谓是重压当头，其偿债风险受到市场成员的广泛关注。

2010 年 9 月，为本期债项及其全部联合发行人提供信用评级服务的信用评级公司发布了"09SMECN1"跟踪评级报告。其中对发行人的跟踪评级内容主要为：2009 年度该公司受经营环境的影响较大，销售规模下滑，利润空间缩小，负债经营程度升高，资产流动性弱，现金流状况差，资金链明显紧张，刚性负债受保障的程度低，基于此将发行人的主体信用等级从 BBB－级调至 BB＋级，将其评级展望从稳定调至负面。此外，由于信用增进公司的长期主体信用级别 AA 级不变，信用评级公司维持"09SMECN1"信用等级 A－1 级不变。本次评级下调是债务融资工具市场第一起发行人长期主体信用级别被下调的事件。

主承销商督导披露相关信息

信用等级是发行人偿债能力和信用风险的直接体现，其变化对投资者判断债务融资工具投资价值和投资风险具有重要影响。发行人生产经营出现前述严重恶化情形，主承销商在知悉本次事件后，立即意识到根据《信息披露规则》相关规定，发行人应当及时向市场投资者披露本次评级调整和发行人的生产经营情况，以防止由于信息披露不及时导致市场出现负面传闻，进而导致不可控制的猜疑和恐慌情绪。

2010 年 9 月，在信用评级公司发布跟踪信用评级公告的同时，发行人在主承销商督导下主动向市场披露了《关于主体长期信用级别下调的公告》，说明了企业面临严重亏损和信用等级下调的事实，并阐述了企业将采取加强生产经营管理、调整产品结构、增加深加工产品销售比例等措施积极应对。特别地，针对相关债务融资工具到期偿付事宜，发行人表示将加强生产经营和获取现金能力、积极对外筹措资金、争取股东支持，以保障到期足额偿付。

同时，主承销商与信用增进公司协商，双方就本次事件向市场主动重申担保承诺达成了一致。9 月 10 日，信用增进公司在债务融资工具市场发布公告，公告称信用增进公司将继续根据"09SMECN1"担保函相关承诺履行担保责任，并根据其对发行人的后续跟踪情况，暂不对其追加偿债保障措施。

在发行人和信用增进公司相继主动披露相关信息后，市场一方面正面了解到企业生产经营情况恶化的事实，为相关投资者作出合理决策提供基础，另一方面也对企业和信用增进机构积极的应对态度表示肯定，市场情绪得到了有效稳定。

进一步开展相关后续管理工作

在完成发行人和信用增进机构信息披露督导工作后，为更深入地了解企业的偿债风险和偿债能力，掌握市场对本次事件的反映，主承销商立即对发行人开展风险排查和压力测试工作，并根据排查和测试结果拟订了相关风险防范措施。

　　经排查，发行人当前面临的重大风险包括四类：一是行业周期风险，排查结论是发行人主营业务所处行业步入周期性低谷，若 2010 年下半年宏观经济形势和行业景气未见好转迹象，企业继续大幅亏损的可能性较大；二是价格竞争风险，农产品加工业进入壁垒低，行业内企业规模小、数量多，市场竞争以价格手段为主，从而对公司的盈利能力产生不利影响；三是重要原材料供应及价格波动风险，公司主要原材料为粮食，近年来旱、涝、虫等自然灾害频发，这将对粮食供应及价格水平产生重要影响；四是近年来各类疫病严重威胁着公司所在行业的健康发展，大规模疫情爆发将是公司长期面临的突发性重大风险。

　　主承销商采用情景测试法对发行人 2010 年 7 月至 11 月的现金流情况进行了测试，以测算公司在集合票据兑付日（当年 12 月）对 2000 万元以上本息兑付资金的保证程度。测试条件为：至 2010 年 11 月末，企业主要产品价格继续下降 10%；企业无法取得银行借款；企业 7～11 月的应收账款、存货周转率、现金收入比等效率指标与 2010 年上半年一致；公司 7～11 月其他经营活动现金流、投资活动现金流与上半年保持同比。测试结果为：企业 7～11 月经营活动净现金流入为 - 0.33 亿元，投资活动净现金流为 - 0.03 亿元，筹资活动净现金流为零亿元，净现金流总量为 - 0.36 亿元。按照上述测试结果，若发行人主要产品价格继续下跌且生产经营无明显改善，凭其自身现金流将无法满足到期足额偿付的要求。

　　为掌握相关债务融资工具持有人对本次事件的反应，应对可能出现的恐慌性抛售，主承销商对"09SMECN1"二级市场交易情况进行了实时监测。监测显示，"09SMECN1"持有人共有 4 家，且自该期债务融资工具发行至 2010 年 9 月 7 日，"09SMECN1"在其存续期内仅存在过 6 次交易记录，除 5 月有一笔交易金额达1007 万元外，其他交易金额均在 500 万元左右。因此，判断该期债务融资工具持有人范围不大，投资者以持有到期为主，二级市场表现暂时比较稳定。

偿债保障措施实施及结果

　　风险排查和压力测试结果表明，在集合票据兑付日之前，发行人仍然面临着较大的经营风险和现金流压力，为了保障投资人合法权益、发行人履行偿付义务，发行人在主承销商的配合下，动用一切可能的资源和渠道，制定和实施了以下偿债保障措施：一是加强对应收账款的回收力度，积极回收当时发行人账上的应收账款 0.99 亿元、其他应收款 1 亿元，确保公司现金流入增大；二是争取取得控股股东的资金支持，通过股东借款等方式获得现金流；三是与信用增进公司协商，确定在发行人到期不能偿还的情况下由信用增进公司履行代偿义务；四是主承销商督促包括全部 7 家联合发行企业提前落实偿付资金来源并划至专账。在做好以上偿债保障措施的情况下，"09SMECN1"于 2010 年 12 月到期足额偿付，其中发行人亦顺利偿还了所属债务。

主承销商在后续管理工作中的枢纽作用

本次评级调降事件的相关处理工作凸显了主承销商在后续管理工作中的枢纽作用和重要性，主承销商的积极协调工作提高了相关各方对本次事件的重视程度，保障了事件处理合规、有效地进行，稳定了市场情绪，最终促使相关债务融资工具到期足额偿付。

主承销商在本次事件中做到以下几个要点，尤其值得借鉴：一是监测、发现及时，跟踪评级报告发布当天，主承销商即督导发行人和信用增进机构及时披露了相关信息，并第一时间向相关主管部门报告；二是工作主动性强，不仅积极督导发行人和信用增进机构披露信息，还立即开展风险排查、压力测试、二级市场监测等后续管理工作，实时掌握企业偿债能力；三是偿债保障措施得力，主承销商根据风险排查和压力测试结果，与发行人和信用增进机构一道制定了包括明确落实还款来源、落实担保承诺、争取股东支持、设立专项账户提前归集兑付资金等多条切实可行的偿债保障措施，有力地保障了集合票据的到期足额偿付。由此可见，主承销商在后续管理工作中起到了至关重要的枢纽作用，促使相关各方积极参与并落实职责，最终保证了相关事项的高效处理。本案例中主承销商的工作可以作为今后主承销商开展后续管理，尤其是应急管理工作的一个典范。

发行人回应环保机构质疑，履行信息披露义务

2011 年 6 月，两家知名环保机构致函交易商协会，指出某中期票据发行人存在历史债务问题、环保问题及产权结构问题，认为该发行人不应在债务融资工具市场发行债务融资工具。交易商协会收到函件后，通过调阅发行人注册发行文件等方式，全面梳理和核实环保机构反映的问题，并根据相关自律规则指引的要求，提示发行人对未详尽披露信息进行补充披露。

环保机构致函交易商协会质疑发行人在银行间市场发行债务融资工具

本案例中发行人为外商独资纸业公司，下属子公司众多。2011 年 4 月，发行人注册中期票据 50 亿元，分别于 4 月和 6 月发行两期中期票据。2011 年 7 月，两家知名环保机构就发行人在债务融资工具市场发行中期票据事宜致函交易商协会，质疑发行人在债务融资工具市场发行债务融资工具。环保机构主要理由如下：一是发行人信用不良，曾出现债务危机。两家环保机构表示发行人原境外集团公司曾拖欠投资人上百亿美元债务长达四年时间；在后续债务重组过程中，公司曾通过转移中国境内优质资产损害债权人投资权益。二是在过去 5 年时间里，发行人原境外集团公司及下属子公司在生产经营过程中曾造成 26 起严重环境污染事件，企业缺乏应有的社会责任。三是发行人原境外集团公司与下属子公司之间的产权结构不清晰，

存在关联交易的嫌疑。

交易商协会梳理发行人注册发行文件，核实上述相关问题

通过调阅注册发行档案并约谈相关当事人了解，交易商协会在注册发行阶段已经关注到两家环保机构提及的发行人历史债务问题、环境污染问题和关联交易问题，并多次建议发行人补充披露相关材料，发行人按照要求反馈了相应情况。

交易商协会曾在给予发行人初评意见之前，两次提示发行人补充完善相关信息。如"建议发行人在募集说明书中补充披露公司历史沿革、债务重组情况；补充披露实际控制人、主要子公司情况和人员构成情况；补充披露企业关联交易风险；补充披露公司及其下属子公司环保情况和所采取的措施等"、"建议发行人在募集说明书中进一步补充披露合并范围子公司组织架构图，联营、合营等参股公司情况；补充披露对外投资、关联交易、环保及子公司管理制度，进一步详细披露近三年又一期公司的环保违法违规及整改情况、环保生产情况；建议发行人在法律意见书中补充披露关于下属子公司两个浆纸项目等在建项目的合法合规情况的法律意见；建议发行人进一步补充关联交易风险。"

在发行人中期票据项目注册文件的初评报告中，交易商协会再次建议发行人"进一步补充控股股东和子公司情况；进一步详细披露近三年又一期环保违法违规及整改等情况"。根据上述意见和建议，发行人先后向交易商协会提交了补充说明，并在募集说明书、信用评级报告和法律意见书中进一步补充披露了有关情况。

针对环保机构反映问题的核实结果

交易商协会以全面了解事实情况、客观分析问题实质为原则，通过多种方式对发行人的债务重组、关联交易和环境污染等问题进行了深入了解。

经核实，环保机构提及的有关发行人债务重组、产权结构和关联交易问题，发行人在募集说明书中已作详尽的说明，符合《信息披露规则》相关要求；两家环保机构提及的 26 起与发行人相关的环境污染违法违规事件，交易商协会对信息来源也进行梳理核实，其中有 8 起事件涉及主体为发行人原境外集团公司，并非债务融资工具发行人自身，因此不属于本期债务融资工具信息披露范围；有 8 起事件信息因发生时间较早，距离发行人申请发行债务融资工具时间较为久远，已无从核实；有 5 起事件，发行人已在募集说明书中进行了翔实披露；另有 5 起事件需与发行人进一步了解核实。

针对环保机构反映问题的后续处理及事件启示

针对调整核实结果，2011 年 7 月，交易商协会向发行人发送业务提示函，督促发行人尽快核实这 5 起环境违法违规事件。2011 年 8 月初，发行人根据自查结果，向交易商协会提交《关于公司生产经营过程中若干环保事件说明及处理情况》的函件，并在债务融资工具市场进行了相应披露。

反思本次事件，市场各方均可以得到一定启示：一是发行人方面，应当认识到在公开市场进行债务融资即是公众企业，需作好接受社会公众监督的准备。发行人应增强信息披露意识，接受社会公众监督，切实保障投资者权益。特别是在面对负面新闻或不利传闻时，发行人应及时自查，尽快核实相关情况。经核实，如确实存在相关问题，发行人应真实、准确、

禁止信用不良

完整、及时地向投资者披露信息；若经核查未存在上述问题，发行人应就相关问题向市场公开澄清，及时消除不利传闻的负面影响。二是主承销商方面，应充分尽职履责，做好督导工作，协助核查相关情况并提示企业合规披露相

关信息。债务融资工具存续期间，主承销应做好后续督导工作，特别是当市场出现与发行人相关的不利传闻或者负面报道时，主承销商应保持应有的敏感性，及时与发行人进行沟通，了解相关情况，督导发行人及时披露相关信息；同时，主承销商还应认真审核发行人提交的拟披露文件的内容与格式，把好披露文件的质量关。

信用增进机构履行重大事项信息披露责任、维护市场信心

2012 年 1 月，银行间债券市场出现了首例发行企业实质性违约事件，某中小企业集合债券发行人之一 C 公司发布《关于重大事项的说明》，称公司受市场风险影响，目前经营状况恶化，多笔贷款出现逾期，银行账户遭查封，自主偿还全部债务的能力较低，公司已正式向该期债券担保人 X 公司提出申请，要求其履行担保责任，确保该期债券的本金和利息按时履约兑付。该信息一经发布，便引起了市场参与机构的广泛讨论，作为银行间债券市场履行代偿责任的首次案例，担保机构的偿债能力、偿债意愿成为该事件进展的要点。同时，X 公司为某市中小企业集合票据的信用增进机构，其履行代偿责任是否会对相关集合票据信用增进服务造成影响，亦引发了相关投资者的关注，属于应在债务融资工具市场披露的重大事项。

中小企业债券实质违约，担保机构履约代偿

X 公司为政府出资控股的政策性信用担保机构，主体长期信用等级为 AA 级。X 公司业务品种包括贷款担保、票据担保、资金信托计划担保、直接融资担保业务等。2010 年，X 公司为某市中小企业集合债券（简称"10 集合债"，总规模 3.83 亿元，债项评级为 AA + 级，债券期限为 6 年期）提供无条件不可撤销的连带责任保证担保。2011 年，X 公司为某市中小企业 2011

年度第一期集合票据（简称"11SMECN1"）存续期间应支付的本金及利息，以及上述期间内联合发行人违约所产生的违约金、损害赔偿金、实现债权的费用和其他应支付的费用承担全额无条件不可撤销的连带责任保证。

2012 年 1 月，"10 集合债"发行人之一 C 公司发布消息称偿债能力恶化、自身无力偿付，作为近年来非金融企业债券市场的第一单发行人实质性违约的案例，新闻舆论给予了高度关注，自相关主体披露信息开始，多家媒体发表了对本事件的报道和评论，对事件发生后市场价格反应、中小企业集合债券增信依赖担保、风险跟踪监测等问题进行分析。随后，负责该期中小企业集合债券信用评级工作的评级公司公告称，下调"10 集合债"3 家发行人的评级，其中 C 公司由 BBB＋级被降至 CC 级，另外两家公司分别由 BBB＋级、BBB 级下调至 BBB－级、BBB－级，其他发行人信用等级维持不变。同时，"10 集合债"信用等级维持为 AA＋级，理由是担保人 X 公司代偿能力与代偿意愿较强。

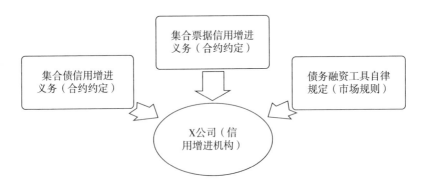

图 1－2　X 公司相关约定及约束情况

针对履行代偿责任重大事项，担保机构履行信息披露义务

作为债务融资工具市场中小企业集合票据的担保人，X 公司履行债务代偿的责任，属于其生产经营活动中发生的重大事项，按照《信息披露规则》有关规定，X 公司应披露相关信息。该代偿事项发生后，X 公司随即向市场披露了《关于我公司履行 C 公司担保责任的情况说明》，对公司截至 2011 年

11月资产、在保责任余额、代偿余额、累计计提三项风险准备金、拨备率、拨备覆盖率等数据进行了说明，表明为 C 公司履行代偿责任对其履行"11SMECN1"担保责任未产生不利影响，使相关投资者通过当事主体信息披露的途径及时了解到担保机构偿债能力、偿债意愿的相关情况，对于稳定市场信心起到了重要的作用。

引发债市风险大讨论，担保机构践行市场责任

该事件的发生使得债市参与主体对发行人的信用风险也有了较为真切的认识，在该事件出现后的一段时期内，各媒体就信用债券市场风险相关问题展开了持续的讨论。有观点认为"该事件至少释放了一个信号，表明在2012年经济增速下滑预期加大的背景下，中小企业现金流出现紧张的概率加大，信用风险事件将逐步暴露"；有观点认为"债市信用事件在一定程度上反映了我国企业信用水平层次偏低，过去在银行为主的间接融资渠道主导下，信用事件影响力不明显，但随着债市这一直接融资途径的拓展，信用事件负面影响不能忽视，应该加强对发债公司的审核和风险防范"；也有观点认为"信用事件也从反面对发债公司和投资者起到警示作用，会提高市场的风险承受力和对风险的认识程度。"

在媒体的广泛报道以及市场对此事件的评论中，从担保公司的市场行为来看，X 公司按照债务融资工具市场的相关自律管理要求，及时披露了其担保能力、担保意愿相关信息，对相关担保债项的投资者发出了积极信号，有效维护了市场的正常运行秩序，对于可能发生的类似代偿案例中担保公司市场行为起到了良好的示范作用。

信用增进机构及时为更名企业出具信用增进承诺函

本案例中所涉及机构为某央企发行人 D 公司和某央企信用增进机构 Y 公司。D 公司 2010 年度第一期短期融资券"10CP01"于 2010 年 1 月成功发行，募集资金 4 亿元，由 Y 公司提供全额无条件不可撤销的连带责任保证担保。发行人主体信用评级为 AA－级，信用增进机构主体信用评级为 AAA 级，债项信用等级为 A－1 级。

发行企业更名，信用增进机构同步披露承诺函

2010 年 7 月 26 日，经国家工商行政管理总局批准，D 公司因业务调整和发展需要，由"D 投资公司"更名为"D 能源公司"。更名后，D 公司及时向交易商协会申请承继会员资格事宜，明确 D 公司在交易商协会的会员资格和债务债权关系由 D 能源公司承继；协调债务融资工具登记托管机构办理更名相关事宜，确认相关短期融资券名称和交易代码保持不变，以便相关债务融资工具交易权属的确认；同时，D 公司按照有关要求，向市场披露了更名有关信息。

2010 年 7 月 27 日，信用增进机构 Y 公司出具承诺函，向市场公告承诺在原与 D 投资公司签订的担保函约定范围内，继续为 D 能源公司提供担保。

随后，D 公司、Y 公司同步在债务融资工具市场披露了更名公告及承

诺函。

操作经验总结

在本案例中，信用增进机构 Y 公司及时出具了信用增进承诺函并及时履行了信息披露义务，保证了债务融资工具相关担保事项权利义务关系的顺畅衔接，也有利于维护稳定的市场秩序、保护投资者合法权益。

相关信息披露各方在实务操作中应当注意，若发行人存续期债务融资工具涉及信用增进，发行人更名时，信用增进机构需同步披露对更名后发行人相关债务融资工具继续提供信用增进的承诺函。

承诺函应当载明如下内容：发行企业名称变更情况，信用增进机构为更名前企业提供信用增进的情况，包括但不限于债务融资工具名称、债项简称及相关担保要件，以及所提供的信用增进继续适用于更名后企业的承诺。

本章经验总结

在债务融资工具市场自律管理的框架下，参与主体市场行为的自我规范、自我约束是关键。从市场运行的设计机制来看，自律管理规则指引是制度保障，各类主体自觉遵守相关规定、各司其责是自律管理发挥实效、切实维护各方合法权益、维护市场良好运行秩序的重要基础。无论对注册制的核心理念，还是后续管理的实际操作经验而言，信息披露可谓债务融资工具施行注册制的核心，披露工作的合规开展始终是债务融资市场后续管理的重中之重。对于债务融资工具市场的参与主体而言，信息披露既是发行人对外沟通生产经营状况、企业偿债影响因素等的机制安排，也是发行人在接受市场各方监督的过程中对外沟通的重要渠道，同时还是中介机构发表独立意见的基本形式。真实、准确、完整、及时的信息是市场各方据以决策的重要依据，是市场良好运转的润滑剂，也是提升市场透明度的基本要素。

在信息披露体系的运转中，发行企业为信息披露第一责任主体，其严格履行信息披露义务是保护投资者合法权益的根本保证，主承销商等中介机构作为市场"看门人"，其尽职履责是提供第三方独立观点、提升市场信息质量，进而维护市场健康规范发展的关键环节。市场的公开与透明不仅需要交易商协会组织广大市场成员不断完善信息披露相关制度规范，组织市场成员出台并修订相关自律规则指引、制定信息披露操作细则，并加强信息披露督导及自律处理，也需要市场参与各方严格遵守相关自律规定，不断增强责任意识和诚信意识。

　　本章案例既涉及企业日常业务开展过程中的信息披露事务，亦展示了应对评级机构第三方观点、回应市场监督力量质疑、发生信用风险事件等各类情形下，相关主体的工作开展情况。在相关案例中，发行企业和信用增进机构秉承信息披露第一责任人的理念、切实履行披露义务，通过信息披露的形式及时向市场传达真实情况，回应有关质疑，既符合信息披露的要求，也树立了良好的市场形象；主承销商充分尽职履责、有效辅导和督导企业合规披露信息，并发挥组织协调作用，沟通相关各方及时应对突发事项，确保信息披露真实、准确、完整和及时的同时，妥善处置了有关风险，维护了良好的市场秩序；此外也可看出，相关部门发挥监督作用，中介机构发表独立意见，体现出了市场透明度的提升。交易商协会作为市场自律组织，通过制度体系完善、加大督导执行力度，与市场成员一道共同维护和促进市场的健康、规范和可持续发展。

第二章

发行人及时纠正不合规行为
提升公司管理能力及治理水平

发行人加强责任意识　改进财务制度

　　某大型中央企业是债务融资工具市场的资深参与方，自 2008 年开始先后发行了多期债务融资工具。在 2008 年、2009 年及 2010 年年度审计报告和季度财务报表披露中，多次出现未按期披露问题，因此受到不同程度的自律处分。经了解，作为长期参与债务融资业务的发行人，该公司并非不熟悉《信息披露规则》关于按期披露财务信息的规定，在接受督导提示后也多次表达出争取合规披露财务信息的意愿，但由于受企业内部信息化建设缓慢、财务管理工作效率较低等条件的限制，在多次定期财务信息披露工作中屡屡不能达到债务融资工具市场的披露要求。对此，相关各方积极采取措施，促进发行人大力提升其信息披露工作能力。

定期财务信息屡次违规，发行人以各种理由推卸责任

　　2008 年第三季度财务报表信息披露中，发行人发布《关于不披露季度财务报表的公告》，以"下属在港上市公司只披露半年度财务报告，若公司在银行间债券市场披露集团第三季度财务报表则违反香港联交所规定"为由，认为其符合《信息披露规则》相关豁免条款，未披露该次季度财务信息。2008 年年度审计报告及 2009 年第一季度财务报表披露中，发行人又以"下属上市公司披露时间较晚，集团无法于 2009 年 4 月底完成合并财务报表编制和审计工作"为由，延期披露该次财务报表和审计报告。2009 年半年度财务

报表、2009 年年度审计报告和 2010 年第一季度财务报表披露中，发行人再次以"下属香港上市公司披露要求不一致、披露时间靠后、财务报表编制工作量较大"为由，延期披露了上述各期财务信息。

内部信息化程度不高，实为违规原因

自 2008 年第三季度以来，发行人多次延期披露定期财务信息，明显违反《信息披露规则》相关规定。从发行人相关公告陈述的理由来看，发行人误解了《信息披露规则》关于上市公司豁免披露的规定。《信息披露规则》（2008 版）第十条规定，"已是上市公司的企业可申请豁免定期披露财务信息，但需按其上市地监管机构的有关要求进行披露，同时在中国货币网和中国债券信息网上披露信息网页链接或用文字注明其披露途径"。根据该规定，实际操作中作为上市公司的发

推卸责任
信息化程度不高

行人于债务融资工具市场公布其在上市地所披露财务信息的有效链接，满足披露财务信息的要求，而并非意味着上市公司可不披露相关财务信息。除境内上市企业外，对于在香港上市的企业而言，相关监管机构亦未要求上市公司在申请上市期间或上市后不能对外披露信息，只要保持在港交所同步披露即可同时满足两个市场信息披露要求。

据了解，发行人不能按期披露的主要原因实际为内部财务管理信息化程度低，基本上采用手工编制报表的方式，短期内难以提升信息化水平，工作效率无法满足集团化经营条件下按期编制和披露财务报表的要求，从而导致定期财务信息披露屡次延期。鉴于发行人的违规行为，交易商协会对其进行了相应的自律处分，要求其高度重视信息披露工作，尽快完善相关财务管理

制度，提高财务报表编制工作能力，杜绝再次出现定期财务信息违规问题。主承销商也将该发行人纳入重点关注池进行持续特别督导，以加强发行人的市场意识、责任意识及其对相关自律规则指引的理解认识程度。

切实完善内部工作机制，夯实合规运行保障

作为大型中央企业，发行人屡次未按期披露财务信息已经严重影响到企业在债务融资工具市场的声誉和形象。在受到相应自律处分后，发行人管理层对信息披露工作给予了高度重视，采取一系列完善企业信息披露责任制度的措施，加强内部相关部门对相关自律规则指引的学习力度，加快了财务管理信息化建设进度，并加强发行人与下属子公司的有效沟通，以提高信息披露意识和能力。

经过各方努力，发行人结合集团生产经营的现实需要，引进了较为先进的电子化办公系统和智能财务管理系统，建立了相对完善、高效的财务管理制度和信息披露责任制，信息披露意识和能力实现了质的提升。自2010年"8·31"以来的各次定期信息披露工作中，发行人均按期、合规披露了定期财务信息，再未出现信息披露不合规的问题，成为通过加强自身市场责任意识、完善内部财务管理制度提升信息披露水平的典范。

发行人及时纠正募集资金违规使用行为

非金融企业债务融资工具募集资金的合规使用是保障投资者合法权益的重要基础，债务融资工具发行人应严格依照募集说明书披露的用途使用募集资金。本案例中，发行人认识到自身在募集资金使用中存在的问题后，对相关问题进行了积极整改，并配合主承销商开展相关后续管理工作。发行人虽然在初始参与债务融资工具业务时认识存在偏差，但经提示督导后认真学习相关自律规则指引，切实改正错误，合规意识不断增强，后续募集资金使用再未出现过不合规问题，其积极规范自身行为的态度和责任意识值得肯定。

发行人变更募集资金使用比例未提前披露

某发行人为省国资委全资控股的大型国有有色金属矿产公司，截至 2011 年 5 月，公司在债务融资工具市场发行 2 期共 40 亿元中期票据。募集说明书约定的资金用途为：25 亿元募集资金用于置换银行贷款，其中 15 亿元用于置换公司本部银行贷款，10 亿元用于置换下属全资控股子公司铜业公司银行贷款；15 亿元用于补充流动资金，其中 7 亿元用于补充下属子公司铅业公司的流动资金，8 亿元用于补充下属子公司锌业公司的流动资金。

2011 年 7 月，交易商协会对发行人进行了例行现场调查，发现发行人募集资金使用中存在如下不合规问题：一是公司未严格按照募集资金约定用途使用募集资金，将 12 亿元用于置换本部银行贷款，13 亿元用于置换铜业公司贷款，6亿元用于补充铅业公司流动资金，9亿元用于补充锌业公司流动资金。虽然用途没有发生变化，但是资金使用分配比例已经发生变化，与募集说明书所载并不一致。二是在现场访谈中，公司负责人表示募集资金是通过委托贷款的方式划拨给下属子公

募集资金

司使用。但通过查阅募集资金支用凭证，发现公司直接将募集资金从发行人账户划转给下属子公司，采用的是统借统还的方式，而非委托贷款的方式。

发行人接受督导提示，认真整改相关问题

交易商协会对发行人募集资金使用比例不合规变更的情况进行了纠正，对其进行了诚勉谈话，并指出其募集资金划拨至子公司时采用的直接划款统借统还方式不规范、存在一定风险。发行人对上述问题进行了整改，向市场补充披露了募集资金变更的有关情况，就未能按照有关要求提前披露信息的行为表示歉意，同时表示此前对银行间市场自律规定不熟知，对募集资金的使用理解有偏差，导致未事前披露就变更了募集资金的使用比例，损害了投资者利益，后续将认真学习相关自律规范文件，确保不再出现类似问题。

对于资金划拨方式，发行人表示确实存在不规范之处，公司的财务管理制度机制还需进一步完善，公司将以此为契机，督促内部相关部门尽快完善相关制度机制和操作流程，规避管理经营风险。

发行人合规意识提升，募集资金规范使用

其后发行人又持续发行了其他债务融资工具，始终非常重视募集资金的

合规使用和相关事项的规范披露。发行人在募集资金使用过程中遇到资金用途有关政策要求、变更资金用途相关程序等相关问题时，能够提前咨询主承销商或交易商协会相关部门。此外，发行人对下属子公司资金划拨方式统一改进为通过银行委托贷款的方式，并积极筹备建立独立的财务公司，进一步规范资金运营，提升资金的管理和使用效率。

发行人虚心接受辅导督导、公司治理水平不断提高

企业建立完善的公司治理结构是合规参与债务融资市场各项业务、保障投资者合法权益的重要前提之一。债务融资工具发行人应严格按照《中华人民共和国公司法》等法律法规及公司章程相关要求，建立规范的公司治理结构和议事规则，明确决策、执行、监督等方面的职责权限，形成科学有效的职责分工和制衡机制。然而在现场调查过程中，交易商协会发现个别发行人存在监事职能缺失、政企不分等公司治理不规范的问题。经教育提示，发行人虚心接受交易商协会及主承销商的辅导和督导，通过后续一系列整改措施提升了公司治理水平，对未来合规开展债务融资业务起到良好的促进作用。

A 公司经督导后设立监事会，选举职工监事

A 公司是一家经改制的地方国有企业，公司控股股东为省国资委。2011年 3 月，公司在债务融资工具市场发行"11CP01"，发行规模 5 亿元。2011年 7 月交易商协会在例行现场调查中发现，公司内部治理结构不完善，未设立监事会、未选举监事会成员，且未在债务融资工具募集说明书中对上述情况进行信息披露，存在注册文件信息披露不完整的问题。

据了解，A 公司成立于 2001 年，是省人民政府批准设立的国有独资公司；2005 年，省人民政府授权省国资委履行出资人职责，参与公司生产经营决策及管理者任免，其中包括向公司委派非职工代表监事。但省国资委一直

未向公司委派监事成员，公司也未选举职工监事，使得公司监事职能长期缺位。这不仅与公司章程规定的结构设置存在出入，而且也违背了《中华人民共和国公司法》（以下简称公司法）第五十二条"有限责任公司设立监事会，其成员不得少于三人。股东人数较少或者规模较小的有限责任公司，可以设一名至二名监事，不设立监事会。监事会应当包括股东代表和适当比例的公司职工代表，其中职工代表的比例不得低于三分之一，具体比例由公司章程规定"的有关规定。

造成 A 公司监事会及监事成员缺失状况长期未能得到解决的既有外部因素，也有内部因素，但主要还是由内部因素决定的。在外部监事成员未到位的情况下，公司其实可以通过召开职工代表大会选举职工监事，先履行起公司监事职能。由于 A 公司管理层长期忽视此问题的重要性，使得公司生产经营决策长期缺乏内部监督。

现场调查过后，交易商协会向发行人发送了业务调查意见书，要求 A 公司就监事会及监事成员缺位情况向债务融资工具市场进行补充信息披露，并对公司长期未选举职工监事的情况进行限期整改。2011 年 8 月，A 公司在债务融资工具市场指定媒体就公司长期未设立监事会、未选举职工监事的情况进行了补充信息披露，并于 8 月末召开职工代表大会，选举产生职工监事，解决了公司长期以来监事职能缺位的问题，完善了公司治理结构。

B 公司经督导后对政企不分等公司治理问题进行整改

B 公司是某省主要的高速公路建设、运营和管理企业，对省内所有收费还贷性高速公路行使收费权，该省交通厅作为公司出资人和实际控制人，持有发行人 100% 股权。2011 年 10 月，公司在债务融资工具市场发行债务融资工具"11MTN1"，发行规模 20 亿元。

2011 年 11 月，交易商协会在例行现场调查中了解到 B 公司实际控制人省交通厅作为出资人，对公司在宏观层面进行管理、指导和监督，且有着较强的管控能力。其中公司高级管理人员均由省委组织部任命，处级以上干部报省交通厅任命；公司总经理、副总经理等高级管理人员同时在省交通厅任职，总经理同时兼任省交通厅副厅长等，这与公司在"11MTN1"募集说明书中披露的"公司总经理和其他高管人员均属专职"的情况不一致。

B公司作为负责省内高速公路建设、运营和管理的主体，实行企业化管理；省交通厅作为行政机构，负责省内交通运输枢纽规划管理、政策制定、市场监督等，主要职责是维护行业平稳运行。B公司与省交通厅作为高速公路建设运营和监督管理的两个不同主体，部分高管共用一套班子，容易造成高速公路企业管理与行政管理职能混淆、错位，存在路政机构的审批、监管、行政处罚等行政职能难以实施的风险，也违反了公司法关于建立现代企业治理结构、保持公司治理独立性的要求。同时，省交通厅部分领导兼任B公司高管，但企业未能提供相关部门人事任命批文，且调阅公司财务支用凭证后确认省交通厅兼职领导在B公司同时领取报酬，违反了《中华人民共和国公务员法》第四十二条"公务员因工作需要在机关外兼职，应当经有关机关批准，并不得领取兼职报酬"的相关规定。

现场调查过后，交易商协会向B公司发送业务调查意见书，要求B公司就高管同时在省交通厅任职一事提交书面说明且在债务融资工具市场进行补充信息披露。2011年11月末，B公司在债务融资工具市场指定媒体向投资者致歉并披露了公司工作疏忽以及对高管"专职"概念理解偏差等原因造成募集说明书中披露内容不真实的情况；12月末，B公司在向省交通厅汇报相关情况后，省交通厅高度重视并意识到存在的问题，对公司高管进行了重新安排。经过调整后，公司总经理与其他高管人员均为专职，不再担任省交通厅相关职务，解决了之前政企不分的问题。

上述两家发行人在交易商协会调查提示之前，未能充分重视相关问题的重要性，以公司历史遗留问题、行业运营惯例等理由拖延，迟迟未对自身存在的公司治理问题进行整改。加上企业在发行债务融资工具之前并不是公众企业，未接受过资本市场投资者及相关自律管理部门的外部监督，纠正公司内部治理问题缺乏外部促进动力。两家发行人通过发行债务融资工具成为公众企业后，自觉接受外部监督，对于交易商协会在现场调查中发现的问题没有回避，而是虚心接受交易商协会及主承销商后续辅导意见，下决心解决历史遗留问题，提升了公司内部治理水平，对公司未来合规开展债务融资业务、维护良好企业形象起到了积极的促进作用。

本章经验总结

在债务融资工具市场发展初期，由于部分市场参与主体对相关法律法规和政策要求理解不到位、对相关自律规则指引不熟悉，且部分企业此前从未参与过直接融资业务，不了解发行债务融资工具后作为公众公司应承担的责任和义务，从而出现了一些信息披露、募集资金使用等方面合规性瑕疵。交易商协会作为市场自律组织，通过现场调查、舆情监测、专项排查等多种方式了解到市场主体存在的问题后，对相关行为进行督导提示并视情节严重性给予不同程度的自律处分，促使发行企业和主承销商对信息披露、募集资金使用等后续管理工作予以充分重视。绝大多数机构在交易商协会调查和督导提示后，能够认真整改自身的不合规行为，加深了对债务融资工具市场相关自律规则指引的理解和认识，结合债务融资工具市场业务需要进行制度机制建设，并有针对性地改进公司财务管理水平，完善公司治理结构。

从本章案例可以看出，在某种程度上，满足债务融资工具市场信息披露要求成为促进发行企业改进内部财务管理水平、完善公司治理结构和增强市场化意识的外生动力。在定期财务信息披露方面，要求企业及时制定并向市场披露规范的财务报表，确保所披露信息的真实、准确、完整，无疑较企业未参与公开市场融资之前阶段的财务报表编制要求更加严格，为达到财务报表披露的规范性要求从而促使企业自身改进财务管理制度、提高报表编制效率和质量的案例比比皆是。有部分企业借此大幅提高财务管理电子化建设，也有企业借此理顺了公司内部财务管理制度。企业严格遵守信息披露要求的行为，最终带来了投资者权益有效保护以及企业自身获得良好市场声誉、内部机制得以健全的双赢效果。

在债务融资工具募集资金使用方面，由于需要遵守自律规则指引中关于资金使用及用途变更的严格要求，诸多企业对资本市场合规性的认识和市场责任意识进一步增强。发行企业合理安排和使用募集资金，可以促使其完善资金使用决策机制和操作流程，避免随意、任意变更资金用途，能够有效降低资金使用的合规性风险。在对待确需变更资金用途的事项上，企业能够提前咨询主承销商或交易商协会，增强了对债务融资工具募集资金使用相关问题的理解，提高了其主动披露能力。

经过五年多的市场培育和建设，现今发行企业和信用增进机构基本能够严格按照规则指引要求及对投资者的承诺持续履行信息披露、还本付息等义务，信息披露及时性主动性明显增强，募集资金使用较为合规，公司财务管理水平逐步提高、公司治理结构日趋完善，市场责任意识和合规意识明显提高；以主承销商为主的中介机构基本能充分尽职履责，对债务融资工具发行企业的风险状况和偿债能力进行全流程跟踪监测；各市场机构沟通协调能力显著增强，协同联动机制基本建立，市场整体合规程度和应急处置能力不断提高。这些成绩的取得离不开市场成员的共同努力，正是市场成员直面错误、虚心整改、不断进取的态度，促进了市场的持续规范发展。

第三章

持有人会议规范流程
讲解及典型案例汇编

随着债务融资工具市场的深入发展以及发行主体范围逐步扩大，企业发生可能影响债务融资工具偿付的重大事项日益复杂、表现形式更趋多样。相较于债务融资工具发行人，债务融资工具持有人在获取重大事项信息、及时采取有效措施保护自身合法权益等方面处于劣势，持有人借助"持有人会议"表达自身合理诉求、及时与发行人就有关重大事项进行充分沟通的需求逐渐强化。为规范债务融资工具持有人会议，明确各方权利义务，推动投资者保护机制建设，应广大市场成员要求，交易商协会于 2010 年 9 月向市场发布、并于 2013 年修订了《银行间债券市场非金融企业债务融资工具持有人会议规程》（以下简称《持有人会议规程》或《规程》）。持有人会议由同期债务融资工具持有人组成，依据《规程》规定的程序召集和召开，对《规程》规定权限范围内的重大事项进行审议和表决，既是债务融资工具持有人集体议事表达自身合理意愿的平台，也是持有人与发行人、信用增进机构及其他相关中介机构就重大事项进行有效沟通协商的重要机制安排。持有人会议旨在维护债务融资工具持有人的共同利益，表达债务融资工具持有人的集体意志，会议审议通过的决议对同期全体债务融资工具持有人具有同等效力和约束力。

《规程》颁布近两年来，以"持有人会议"为重要议事平台的工作机制已逐渐为市场成员熟悉，债务融资工具持有人以该会议机制作为维护自身权益的重要渠道，持有人会议作为投资者表达自身合理诉求、主张合法权利的平台功能得到进一步强化。在发生触发持有人会议召开条件的事项后，绝大多数发行人主动向召集人报告，并协助召集人组织召开会议。近几年来，随着投资者对自身权益保护重视程度的提升，主承销商所组织召开的持有人会议数量大幅增长，持有人会议触发事由也更加多样化，涵盖资产重组、公司分立、吸收合并、提前偿付、资产无偿划转等重大事项，相关主承销商作为召集人，严格遵守《银行间债券市场非金融企业债务融资工具主承销商后续管理工作指引》（以下简称"《后续管理工作指引》"）、《持有人会议规程》的有关规定，在实践中摸索和总结，积累了有益经验。本书选取在持有人会议触发情形、会议召开流程等方面具有重要借鉴意义的案例单独编为一章，以期为市场成员提供规范化实务指导。

持有人会议触发情形汇编

　　持有人会议作为投资人保护的重要机制，在触发情形的设计上集中了广大市场成员的智慧。对于根据法律法规规定或发行文件约定，与持有人偿付利益紧密相关的、需要给予投资者权益最低限度保护，从而必须通过持有人会议形式进行审议和表决的重大事项，在《规程》中明确设定为持有人会议必然触发情形。根据市场经验和投资者保护工作的实践，必然触发情形主要包括发行人未能按期足额兑付债务融资工具本金或利息、转移债务融资工具全部或部分清偿义务、发行人变更信用增进安排或信用增进机构，以及减资、合并、分立、解散、申请破产或被接管等①；除此之外，持有人会议也是投资者与发行人之间沟通信息，促使投资者协调行动、维护权益的途径。在债务融资工具存续期间，发行人或信用增进机构出现《信息披露规则》列明的重大事项或信息披露变更事项等情形时，召集人亦可自发或在持有人、发行

---

　　①《持有人会议规程》第七条　在债务融资工具存续期间，出现以下情形之一的，召集人应当召开持有人会议：（一）债务融资工具本金或利息未能按照约定足额兑付；（二）发行人转移债务融资工具全部或部分清偿义务；（三）发行人变更信用增进安排或信用增进机构，对债务融资工具持有人权益产生重大不利影响；（四）发行人或者信用增进机构减资、合并、分立、解散、申请破产、被接管、被责令停产停业、被暂扣或者吊销许可证、暂扣或者吊销执照；（五）发行人或者信用增进机构因资产无偿划转、资产转让、债务减免、股权交易、股权托管等原因导致发行人或者信用增进机构净资产减少单次超过最近经审计净资产的百分之十或者两年内累计超过净资产（以首次减资行为发生时对应的最近经审计净资产为准）的百分之十，或者虽未达到上述指标，但对发行人或者信用增进机构的生产、经营影响重大；（六）单独或合计持有百分之三十以上同期债务融资工具余额的持有人提议召开；（七）募集说明书中约定的其他应当召开持有人会议的情形；（八）法律、法规规定的其他应由持有人会议做出决议的情形。

人和信用增进机构向召集人书面提议后组织召开持有人会议。

基于以上持有人会议基本理念，实践中持有人会议触发情形在以下案例中得到了较好的体现：

A 能源公司资产重组/债务转移

2011 年 9 月 7 日，A 能源公司 2011 年度第一期中期票据"11MTN1"在债务融资工具市场公开发行，募集资金 20 亿元，债项评级 AAA。其中 C 能源集团是 A 能源公司的控股股东；A 能源公司是上市公司 B 热电公司的控股股东；C 能源集团是上市公司 B 热电公司的实际控制人。

2012 年上半年以来，A 能源公司为履行其实际控制人 C 能源集团关于整合所持煤电资产的有关安排、解决 A 能源公司与其控股的上市公司 B 热电公司的同业竞争问题，同时搭建统一的煤电资产资本运作和管理平台、实现煤电资产整体上市的战略目标以及进一步提升国有资产证券化率，拟对其所持煤电资产进行重组。综合考虑多种因素，本次煤电资产整合拟以上市公司 B 热电公司为平台，以非公开发行股份作为支付对价，购买 A 能源公司持有的煤电业务经营性资产；同时"11MTN1"中期票据债务由 A 能源公司转移至重组后上市公司 B 热电公司。重组后上市公司 B 热电公司将承接"11MTN1"中期票据项下对持有人的所有义务及责任，继续履行偿债和信息披露义务。

由于 A 能源公司的子公司 D 发电公司使用了 A 能源公司发行的"11MTN1"中的 6 亿元资金，且 D 发电公司盈利状况不佳以及下属公司尚未取得发电业务资质，暂不具备注入上市公司 B 热电公司的条件，故 D 发电公司未纳入本次重组资产范围内。针对该情况，资产重组前，A 能源公司发布募集资金用途变更的公告，将 D 发电公司使用的、A 能源公司发行的"11MTN1"6 亿元资金收回，并变更资金用途为偿还 A 能源公司本部的银行贷款，理清了募集资金的用途，保持了偿债主体的唯一性，为后续 A 能源公司资产重组和持有人会议的召开做了铺垫。

C 能源集团本次资产整合涉及 A 能源公司资产重组及已发行中期票据债务转移事项，根据《持有人会议规程》以及 A 能源公司 2011 年度第一期中期票据募集说明书等相关规定，主承销商于 2012 年 5 月 22 日召开了"11MTN1"的持有人会议，审议表决《关于 A 能源公司资产重组及 2011 年度第一期中期票据债务转移事项的议案》。为了保护投资者的偿付利益，应投资者的要求，在持有人会议议案中，A 能源公司为重组后 B 热电公司承担连带担保责任。经过持有人审议和表决，该议案获得通过，既维护了持有人的知情权和审议表决权，也为 A 能源公司的资产重组顺利进行扫清了障碍。

E 金属集团公司分立/债务转移

2009 年 4 月 7 日，E 金属集团 2009 年度第一期中期票据"09MTN1"在银行间债券市场公开发行，募集资金 8 亿元；2009 年 11 月 12 日，E 金属集团 2009 年度第二期中期票据"09MTN2"公开发行，募集资金 7 亿元。E 金属集团主体评级 AAA，以上中期票据债项评级均为 AAA。

2010 年 12 月，根据 E 金属集团 2010 年度第四次临时股东会决议，集团拟进行分立，将非主业资产分出新设 F 资产经营管理有限公司；分立后，E 金属集团将继续存续，名称和实体部分未发生变更。E 金属集团存续期内的"09MTN1"和"09MTN2"债务拟由分立后的 E 金属集团承继。

本次分立按照有利于推进 E 金属集团的资产重组和资本化运作的原则，主要在集团本部及二级公司层面划分资产范围，除下属各资产管理公司和某矿业有限公司进入非主业公司外，其他二级公司原则上全部进入主业公司的资产范围。根据以上情况，按照法律规定尚未到期的"09MTN1"、"09MTN2"债务由分立后的 E 金属集团承继，非主业资产分出新设 F 资产经营管理有限公司将不再对相关中期票据承担义务。该公司分立/债务转移的重大事项触发了持有人会议的召开条件，E 金属集团于 2010 年 12 月 20 日召开中期票据持有人大会，审议表决《E 金属集团公司分立以及由分立后的 E 金属集团承继中期票据债务的议案》。经过持有人的审议和表决，该议案获得通过。

G 传媒公司吸收合并

2010 年 10 月 19 日，G 传媒公司 2010 年度第一期中期票据"10MTN1"在债务融资工具市场发行，募集资金总额 5 亿元，中期票据信用级别为 AA。

为推进 G 省"三网融合"的迫切需要，贯彻落实中央以及省广电产业有关方针政策，加速构建全省有线电视网络"一张网"，G 传媒公司拟进行股权重组，收购 G 省 H 市广播电影电视局等 64 家局方股东[①]所持的 H 有线集团和 I 县广播电视局等 33 家局方股东持有的地方网络公司[②]股权。截至本次重组前，G 传媒公司直接和间接持有 H 有线集团约 62% 股权，64 家局方股东持有 H 有线集团剩余 38% 股权，H 有线集团全资控股 64 家地方网络公司；同时，G 传媒公司和 I 县广播电视局等 33 家局方股东共同持有 33 家地方网络公司 100% 股权。本次重组拟通过发行新股，交换上述 97 家局方股东所持有的有线集团以及 33 家地方网络公司的股权，完成重组后，H 有线集团和 33 家地方网络公司将成为 G 传媒公司全资子公司。

根据《上市公司证券发行管理办法》第 37 条规定，非公开发行股票的特定对象不超过十名，G 传媒公司先设立四家重组子公司，97 家地方广电局将所持有的有线集团及 33 家地方网络公司股权增资进入四家公司，然后 G

---

① 局方股东指本次重组涉及的 97 家市（州）、县（市、区）广播电视局。
② 地方网络公司指 G 传媒公司直接与各市（州）、县（市、区）广播电视局合资成立的经营当地有线电视网络业务的公司。

传媒公司对四家公司进行换股吸收合并，从而最终实现 97 家地方广电局持有上市公司股票。吸收合并完成后，G 传媒公司作为存续主体，承接四家重组子公司的全部资产、负债、业务、人员，上述四家公司将予以注销。

本次股权重组事项涉及吸收合并，根据《中华人民共和国公司法》、《上市公司重大资产重组管理办法》等法律法规以及《持有人会议规程》的规定，G 传媒公司于 2012 年 1 月 13 日召开 2010 年度第一期中期票据持有人会议，由 "10MTN1" 持有人集中审议表决《G 传媒公司 2010 年度第一期中期票据持有人关于 G 传媒公司股权重组的议案》的议案，经过持有人的审议表决，本议案获得了通过。

J 化工公司拟提前偿付债务融资工具

J 市 2011 年度第二期中小企业集合票据 "11SMECN Ⅱ 002" 于 2011 年 11 月发行，发行金额为 1 亿元，期限 3 年，由 Z 信用增进公司提供全额不可撤销连带责任保证担保。其中，J 化工公司为该集合票据联合发行人之一，募集资金 4000 万元，在集合票据的发行份额中占比为 40%。

考虑到未来发展，J 化工公司对股权结构及经营范围进行了重大战略性调整，并与市属某工业园区管理委员会签订了搬迁协议，公司将由 J 市搬迁至另一城市。鉴于公司未来生产经营情况存在一定不确定性，为了保障集合票据持有人的投资回报，公司拟申请于 2012 年 6 月 25 日提前兑付集合票据中公司所占发行份额 4000 万元。公司将在清偿全部本金 4000 万元的同时对持有人补偿利息至 2012 年 11 月 29 日（11 月 29 日为债务融资工具到期日，应计利息合计 247.2 万元）。

根据《J 市 2011 年度第二期中小企业集合票据募集说明书》关于投资者保护机制的约定以及《持有人会议规程》等相关规定，主承销商作为召集人，于 2012 年 6 月 13 日组织召开 "11SMECN Ⅱ 002" 持有人会议，审议表决 J 化工公司提前兑付有关事项的议案。J 化工公司及时对持有人会议决议进行了答复，接受持有人会议通过的决议，于提前偿付日的前五个工作日披露了兑付公告，于 2012 年 6 月 25 日兑付了资金。

本次"11SMECNⅡ002"40% 额度提前兑付工作完成后，各持有人剩余的 60% 的"11SMECNⅡ002"集合票据依然存续，依照相关规定继续在债务融资工具市场流通转让，"11SMECNⅡ002"基本法律关系、债券基础要素维持不变，"11SMECNⅡ002"持有人在本集合票据存续期内仍按照《募集说明书》等规定继续享有"11SMECNⅡ002"持有人的全部权利义务，"11SMECNⅡ002"除 J 化工公司外的其余两家联合发行人继续依照《募集说明书》约定履行还本付息、信息披露和投资者保护等义务。

同时，Z 信用增进公司就《信用增进函》项下主债权变更后继续承担保证责任的事宜出具《增信机构确认函》，确认自 J 化工公司实际提前有效兑付其在"11SMECNⅡ002"中所占有的本金份额 4000 万元人民币及 2011—2012 年度利息之日起，Z 信用增进公司在《增信机构确认函》所变更的保证范围内，在原《信用增进函》所规定的保证期间内对变更后的"11SMECNⅡ002"继续承担不可撤销的连带保证责任。

本次持有人会议既实现发行人提前兑付的目的，也充分保护了持有人利益，达到了双赢的效果。

K 公司拟提前偿付，召开持有人会议商讨利息补偿方案

某市 2011 年度第二期中小企业集合票据"11SMECN1"于 2011 年 12 月在债务融资工具市场发行。集合票据发行金额人民币 1.4 亿元，期限 3 年，由 Y 信用增进公司提供全额不可撤销连带责任保证担保。其中，K 公司为该集合票据联合发行人之一，在集合票据中的发行份额为 3000 万元。由于调整公司发展战略，进行资产重组，K 公司拟于 2012 年 8 月 15 日提前兑付其在"11SMECN1"中所占份额的全部本金 3000 万元人民币。

提前偿付涉及如何计息，尤其是在集合票据中，提前兑付涉及如何将提前兑付的资金在持有人之间进行合理分配，因此制定好科学合理的偿付方案意义重大。本次提前兑付集合票据规模为 3000 万元，占此单集合票据发行规

模的 15%，各持有人可根据"11SMECN1"持有量按比例兑付相应金额的本期集合票据。各持有人本次可兑付金额 ＝"11SMECN1"持有量 × 15%，兑付价格为按面值兑付。兑付完成后，各持有人剩余 85% 的"11SMECN1"仍然存续。

为保障持有人的投资回报，K 公司愿将全部本金 3000 万元及截至 2012 年全年的应计利息于提前兑付日一次性支付各持有人。截至 2012 年计息日的应计利息计算方法为：应计利息 ＝ 集合票据本金（3000 万）× 年利率 × 计息年数（1 年）；各持有人此次可获利息金额计算方法为：可获利息金额 ＝"11SMECN1"持有量 × 15% × 年利率 × 计息年数（1 年）。兑付完成后，"11SMECN1"存量由 20000 万元变为 17000 万元，联合发行人由 10 家变为 9 家。本期集合票据其他要素均维持不变。

根据《某市 2011 年度第一期中小企业集合票据募集说明书》关于投资者保护机制的约定以及《持有人会议规程》等相关规定，本期中小企业集合票据的主承销商负责召集了本次集合票据持有人会议，对 K 公司提前兑付"11SMECN1"中所占 3000 万元份额事项进行讨论，并提请"11SMECN1"持有人审议通过了相关议案。

L 运输集团有限公司资产重组/无偿划转

L 运输集团有限公司于 2012 年 11 月 28 日非公开定向发行 2012 年度第一期非公开定向债务融资工具"L 汽运 PPN001"，金额 3 亿元，期限 3 年，主体评级 AA－，债项评级 AAA，票面利率 5.80%。

按照"大交通、大物流"综合运输理念，某交通集团有限公司（系 L 公司的母公司，持有其 100% 股权）于 2012 年 9 月 17 日与其控股子公司某物流有限公司订立资产置换协议和永久次级可换股证券协议。本次资产置换方案中，L 公司按照母公司的要求将对部分与运输主业关联度不大且盈利能力较弱的资产进行剥离，且无偿划拨的资产占比较大，遵照发行人与定向投资人意思自治原则，根据 L 公司 2012 年度第一期非公开定向债务融资工具定向发行协议关于持有人会议的相关约定，主承销商组织召开了"L汽运PPN001"的持有人会议，定向工具持有人审议表决关于L公司重组改制事项的议案①。

在本次持有人会议召开过程中，主承销商按照定向工具协议关于持有人会议信息披露方式的有关约定，将会议相关事项和会议文件通过电话或者传真等方式告知定向工具投资人以及律师等中介机构，并及时将会议召开时间安排、召开工作进展状况告知协会。在会议流程完结后将会议通知、会议议案、参会机构与人员以及表决机构与人员名册、会议记录、表决文件、会议决议公告、发行人的答复（若持有人会议决议需发行人答复）、法律意见书、主承销商自登记托管机构获取的债权登记日日终和会议表决截止日日终债务融资工具持有人名单等会议文件、资料进行了存档，以备交易商协会进行事后监督和检查。

"L汽运PPN001"持有人集中审议表决《L公司重组改制事项的议案》，经过持有人的审议表决，本议案获得了通过，为L公司重组工作扫清了障碍。

M公司进行股权交易导致主营业务收入大幅减少

M公司于2010年12月27日发行了金额为6亿元的2010年度第一期中期票据"10MTN1"，于2011年4月28日发行了金额为6亿元的2011年度第一期中期票据"11MTN1"。

为引进先进管理经验和发展资本市场平台，优势互补、强强联合，进一步完善现代企业的管理制度，充分发挥国有资本的资源整合、投资引领等功能，经上级主管部门的批准，发行人M公司于2012年12月18日发布公告，表示将通过某产权交易所公开挂牌交易，转让其下属全资子公司N水利发电有限公司55%的股权。

本次股权交易虽然是按照市场价格进行的，对发行人M公司的资产规模

---

① 非公开定向发行工具持有人会议的触发情形、会议的召集、召开、议案的审议、表决、会议材料备案规则及程序适用发行人与非公开定向发行工具投资者签订的《非公开定向债务融资工具承销协议》及《非公开定向债务融资工具发行的协议》，以上协议未作约定的，可参照《持有人会议规程》操作。

影响不大，但由于N公司是M公司主要收入来源，该股权转让行为将导致M公司持续经营能力下降，进而对M公司的"10MTN1"、"11MTN1"的偿债能力可能产生重大不利影响。主承销商根据《中华人民共和国公司法》以及《持有人会议规程》的规定筹备"10MTN1"、"11MTN1"的持有人会议，并定于2013年2月25日召开持有人会议审议表决该股权交易事项，并商议确定合理的偿债保障措施。

在会议筹备过程中，由于部分持有人反映本次会议准备时间较为紧张，无法及时完成内部的参会流程。为充分保障持有人权益，确保发行人与持有人的充分沟通，主承销商决定推迟本次持有人会议的召开时间至2013年3月22日，2013年2月25日定为"持有人沟通会"。主承销商于2013年2月19日披露了《M公司关于推迟召开"2010年度第一期、2011年度第一期中期票据持有人会议"及召开"持有人沟通会"的公告》。

在持有人会议的召开过程中，参会的"11MTN1"持有人或持有人代理人合计持有"11MTN1"债券面值占发行面值总额的63.33%。对应"11MTN1"持有人所持有的表决权的63.33%，未到达"11MTN1"总表决权的三分之二以上，根据《持有人会议规程》第20条规定，本次"11MTN1"持有人会议无效。经律师事务所指派的两名律师见证，负责会议召集的中期票据主承销商在"10MTN1"、"11MTN1"会议的召集、召开过程中严格按照《持有人会议规程》合规开展工作，没有违规情况。M公司充分考虑了参会投资者诉求，表示愿意按照会议的决议履行相关要求。M公司自持有人会议决议公告发布之日起将根据债务融资工具市场相关自律规定及上述各期债务融资工具的募集说明书约定，履行信息披露、还本付息等义务，保护投资者利益。

实践中，由于资产无偿划转、资产转让、股权交易、股权托管等原因导致发行人或者信用增进机构净资产减少的金额可能较小，但是如果上述行为对发行人或者信用增进机构的生产经营产生重大影响、进而影响其偿债能力的，也应该召开持有人会议，以便与投资人充分沟通相关情况。

P 发电公司的担保机构发生重大不利变化，触发持有人会议

P 发电公司于 2011 年 3 月 1 日发行了 2011 年第一期中期票据"11MTN1"，发行规模 1.9 亿元。本期中期票据由 Q 公司提供无条件的全额不可撤销的连带责任保证担保。Q 公司于 2011 年 11 月 16 日发布公告称其将通过某产权交易所公开挂牌交易，转让其下属全资子公司 R 公司 53% 的股权。本次交易虽然按照公允价格进行，对 Q 公司的资产规模影响不大，但 R 公司为担保人 Q 公司的主要收入来源，该交易达成后 Q 公司失去对 R 公司控股权，Q 公司营业收入减少近百分之六十，持续经营能力明显下降。Q 公司作为 P 发电公司"11MTN1"的信用增进机构，其重大不利变化将导致发行人 P 发电公司的偿债保障能力降低，鉴于此，主承销商根据《中华人民共和国公司法》以及《持有人会议规程》的规定组织召开了"11MTN1"的持有人会议，审议通过了追加担保的有关议案，切实保护了投资者的合法权益。

信用增进机构作为债务融资工具正常兑付的重要保证，其偿债能力、生产经营情况很大程度上决定了债务融资工具持有人的权益是否能够得到保障，若发生"不能按期兑付"或"减资、合并、分立、解散、申请破产、被接管、资产重组"等对持有人权益可能产生重大影响的事项，应参照发行人的有关规定，及时召开持有人会议。

S 公司中期票据约定了附条件的发行条款，在条件选择上，发行人通过持有人会议听取持有人的意见

S 公司于 2009 年 9 月 24 日公开发行了 100 亿元 2009 年度第一期中期票据"09MTN1"，主体评级 AAA，债项评级 AAA。根据《S 公司 2009 年度第一期中期票据募集说明书》相关约定，本期中期票据期限 3 + 2 年，附发行人上调票面利率选择权和投资者回售选择权。根据近期市场利率情况，主承销商经与 S 公司充分协商，初步确定本期中期票据上调票面利率区间为 50 ~

100BP，即后两年存续期内票面利率为 4.3%～4.8%。若行权前债券市场收益率发生较大变动，则以当时市场收益率作为调整基准。

S 企业为准确掌握债务融资工具持有人对行权事宜的意见，根据《持有人会议规程》等相关规定，主承销商于 2012 年 7 月 30 日在债券网、货币网以及交易商协会网站披露了《S 公司"09MTN1"行权事宜意向调查持有人会议召开公告》，定于 2012 年 8 月 13 日召开"09MTN1"债券持有人会议，对中期票据持有人回售价格及回售金额意向进行调查统计，并参考确定上调票面利率幅度，及拟准备的回购资金金额。本次持有人会议采用现场和非现场相结合的方式，持有人填写意向回执单，在规定时间内反馈主承销商，以确保后两年存续期间未回售中期票据合理收益。截至 2012 年 8 月 10 日 16：30，"09MTN1"的持有人（包括甲类、乙类和丙类账户）均有权参加会议表达意向。此外，公告说明了持有人会议召开地点、持有人参会方式、表决方式、持有人意见反馈时间等。

在该事件的处理过程中，持有人会议议事平台功能的内涵和外延有了扩展。持有人会议内涵方面，会议的议事程序根据具体事件的属性、会议目的进行调整。本次持有人会议的触发原因是该期中期票据附了发行人上调票面利率选择权和投资者回售选择权，为听取持有人对行权事宜的建议，发行人与主承销商协商后，采取了召开全体持有人大会的形式来征求持有人对回售价格及回售金额的意向。因"票面利率调整权"权利在于发行人，"行权事宜"的持有人会议实质上只有"意向征集"这种议事平台的作用，因此会议决议、法律意见书采取了简化处理，在持有人会议中没有"发行人答复"环节。持有人会议议事平台的功能充分体现了持有人会议机制对投资者保护措施的推动与创新，也体现了发行人尊重投资人、保护投资人权益意识的提高。在持有人会议议事平台的外延方面，对凡是涉及持有人重大利益或者需要了解、征求持有人意见的，均可以通过债务融资工具持有人会议的形式进行，并根据审议事项的实际需求对会议的程序做出合理调整。

"减少注册资本"触发持有人会议

根据《持有人会议规程》第七条规定，发行人或者信用增进机构减资的，属于法定触发持有人会议召开条件的情形；本处所指的减资特指减少注册资本，我国《公司法》立足资本确定、资本维持、资本不变的三原则，以实现公司的独立、完整、稳定，公司"注册资本"减少的，根据相关法律法规的规定，无论减少的数额多少，都属于必须由债权人予以商讨的事项，在实践中因调整过多资本、公司合并或公司分立、偿付债务、弥补累计亏损等都可能导致注册资本减少。

U电气公司注册资本减少，召开持有人会议

2010年10月，某市文化和科技中小企业2010年度第一期集合票据"10SMECN1"在银行间债券市场发行，募集资金总额2.21亿元，集合票据信用级别为AAA，期限3年。U电气公司作为集合票据联合发行人之一，在银行间债券市场募集资金3000万元。

为了进一步使公司发展壮大，U电气公司控股股东某集团公司自2010年开始着手对下属企业的业务和资产进行整合，拟以U电气公司作为上市主体在国内交易所上市。为实现这一目的，U电气公司根据省人民政府国有资产监督管理委员会批准，拟减少省属某技术产业投资公司投入所形成的公司注册资本3500万元，减资后该技术产业投资公司将退出U电气公司，U电气公司注册资本由10950万元减少至7450万元。技术产业投资公司减资退出后，

U 电气公司将以出售大股东部分股权方式引进新的投资人，进行股份制改制。股改计划拟定 U 电气公司上市前股本总额为 7500 万股，发行后为 1 亿股，这样将使 U 电气公司上市后维持较高的每股收益，为未来公司成长及股本扩张留下足够的空间。由于涉及本公司注册资本的减少，根据《持有人会议规程》等相关规定，主承销商于 2011 年 12 月 27 日组织召开集合票据持有人会议，审议表决关于公司减少注册资本的议案。

为了切实贯彻资本确定原则、维持原则和不变原则，保护投资人利益，公司减资要从法律、自律规则层面进行双重约束，发生减少注册资本的，必须经由债务融资工具持有人会议审议方可通过，投资人在发行人减少注册资本时可以提出增加信用增进措施、要求提前偿付等保障性议案。未经持有人会议审议即自行减少注册资本的将被视为损害投资者权益、违反自律规定的行为。

"净资产减少"触发持有人会议

公司"净资产"属于影响债务融资工具注册额度、投资者投资判断、保障债务融资工具偿债能力的重要指标，根据《持有人会议规程》第七条规定，发行人或者信用增进机构因不同情形导致净资产减少单次超过最近经审计净资产的百分之十或者两年内累计超过百分之十，或者虽未达到上述指标，但对发行人或者信用增进机构的生产经营影响重大的均需要召开持有人会议。在实践中，不同性质、规模、经营状况的企业在发生净资产减少的重大事项时，召集人及当事人需结合企业情况，按照协会自律规则的要求或者募集说明书的约定综合判断是否召开持有人会议。资产无偿划转、资产转让、债务减免、股权交易、股权托管等原因均会导致净资产的减少。针对"净资产减少"的情形，市场中召开的持有人会议主要如下：

（1）T 国际集团资产无偿划转导致净资产下降，召开持有人会议

T 国际集团分别于 2010 年 9 月和 2011 年 2 月公开发行了 50 亿元 2010 年度第一期中期票据和 20 亿元 2011 年度第一期中期票据。为保证城市运行安全，维护 T 市中心城区排水和污水处理系统的整体性，T 国际集团拟将全资子公司某国资公司持有的污水处理资产整建制划转给某城投公司，划转范围包括投资公司、污水处理公司和咨询公司等，拟划转资产的总资产、净资产、营业收入和净利润规模分别占国资公司合并口径的 10.88%、10.05%、11.48% 和 3.31%（以 2010 年经审计财务数据计算）。在 T 国际集团、国资公司和城投公司已签署的三方框架协议基础上，国资公司和城投公司于 2011 年 7 月 1 日签署了关于股权的正式划转协议，启动了股股权划转的报批工作，并上报相关主管部门核准。由于 T 国际集团资产无偿划转触发了持有人会议召开情形，根据《持有人会议规程》的相关规定，主承销商于 2011 年 7 月 28 日组织召开了 T 国际集团"10MTN1"、"11MTN1"持有人会议，由中期票据持有人审议表决关于公司下属污水处理资产划转事项的议案。

（2）V 水利公司资产重组，导致生产经营状况发生较大变化

2011 年 12 月，V 水利公司 2011 年度第一期中期票据"11MTN1"在债务融资工具市场发行，主体评级为 AA，债项评级为 AA，期限 5 年。

2012 年 6 月，按照国资委有关要求，为进一步发挥国有资本的资源整合、投资引领等功能，经水利部综合事业局批准，V 水利公司计划进行国有产权关系调整，通过某产权交易所公开挂牌转让所持下属子公司 S 水利发电公司 55.07% 股权，并获得该股权的对价；该股权转让完成后，V 水利公司的净资产并未发生重大变化，但由于 S 水利发电公司长期以来均为 V 水利公司的主要盈利来源，2009 - 2011 年度，S 水利发电公司营业收入分别占 V 水利公司比例为 60%、57% 和 59%，净利润占比分别达到 41%、36% 和 37%，S 水利发电公司股权转让后将对 V 水利公司的生产经营造成重大影响，为此，评级公司将其纳入了信用观察名单。鉴于该资产重组将导致 V 水利公司营业收入、盈利稳定性发生较大变化，在主承销商的召集下，V 水利公司于 2012 年 7 月 24 日召开 2011 年度第一期中期票据持有人会议，审议表决关于 V 水利公司进行子公司股权转让的议案。

在实践中，企业资产重组虽未导致企业净资产减少，或减少数量未达到《持有人会议规程》规定的召开条件，但对企业的生产经营产生重大影响，也应当召开持有人会议。因此在发生资产重组事项时需要多方面考虑，切实保护投资者权益。

（3）W 煤业集团股权无偿划转而召开持有人会议

2011 年 6 月，W 煤业集团 2011 年度第一期中期票据"11MTN1"在债务融资工具市场发行，募集资金总额 9 亿元，主体评级为 AA，债项评级为 AA，期限 5 年。

2011 年 12 月 31 日，发行人所在省人民政府国有资产监督管理委员会下发《关于同意划转 W 煤业集团某矿业有限公司股权资产的函》。依据省人民政府关于股权划转的批复，W 煤业集团所持有的该矿业有限公司的 70000 万元股权将无偿划转至省煤炭工业管理局直接持有。省煤炭工业管理局受省国资委委托，对矿业公司履行直接出资人职能。本次股权资产划转的基准日为 2011 年 9 月 30 日，W 煤业集团 2011 年审计报告合并范围将不再包括该矿业公司。截至 2011 年 9 月 30 日，W 煤业集团总资产为 308.63 亿元，总负债 220.65 亿元，净资产 87.97 亿元；矿业公司总资产为 48 亿元，总负债为 30.5 亿元，净资产总额 17.5 亿元，分别占 W 煤业集团 2011 年第三季度总资产、总负债和净资产的 15.6%、13.8% 和 19.9%。截至 2011 年 9 月 30 日，矿业公司尚处在前期矿井收购整合及技术改造投入阶段，未实现营业收入。

本次股权无偿划转将导致 W 煤业集团净资产出现较大幅度的下降，根据《持有人会议规程》的规定，2012 年 4 月 17 日，主承销商组织召开了 W 煤业集团 2011 年度第一期中期票据持有人会议，集中审议表决通过了关于 W 煤业集团资产划转的有关议案。

（4）X 运营公司对下属子公司撤资导致净资产减少，召开持有人会议

X 运营公司于 2011 年 12 月发行了金额为 5 亿元的 2011 年度第一期中期票据"11MTN1"，于 2012 年 3 月发行了金额为 5 亿元的 2012 年度第一期中期票据"12MTN1"。

为贯彻落实国务院七部委《融资性担保公司管理暂行办法》（2010 年第 3 号令）中关于融资性担保公司注册资本金为实缴货币资本要求，经省国有资产监督管理委员会同意，X 运营公司将某花园酒店 2.5 亿元股权从下属子

公司某担保集团公司的注册资本中全部撤回，同时将不参与该担保集团公司
2012 年增资扩股。X 运营公司原为该担保集团公司第一大股东，撤资完成
后，X 运营公司持有担保集团公司的股份比例由增资扩股前的 27.57% 减少
到增资后的 10.16%，成为第二大股东，担保集团公司的第一大股东及实际
控制人将变更为另一集团公司。2012 年 5 月，X 运营公司与担保集团公司签
署关于花园酒店《股权移交协议书》，担保集团公司将自 2012 年半年度起从
X 运营公司财务报表合并范围中调出。与一季度合并报表相比，X 运营公司
半年度资产总额减少 16.7 亿元，负债总额减少 0.51 亿元，所有者权益减少
16.19 亿元，其中少数股东权益减少 15 亿元。针对该净资产减少事项，根据
《持有人会议规程》的规定，X 运营公司召开了"11MTN1"、"12MTN1"的
持有人会议，审议表决 X 运营公司减持担保集团公司的股权事宜。

发行人或者信用增进机构主动进行股权交易、股权无偿划转、股权托管
进而失去对子公司控制权，或因其他股东的类似行为导致发行人或者信用增
进机构被动丧失对子公司控制权，进而将子公司在合并报表中予以剔除，或
其他原因导致发行人或者信用增进机构账面净资产减少且到达一定比例的，
均需要召开持有人会议。

持有人会议一般操作流程解析

A 控股集团有限公司于 2009 年 3 月 12 日发行 2009 年度第一期中期票据"09MTN1"，主体评级 AAA，债项评级 AAA，发行金额为 15 亿元，期限 5 年；于 2009 年 10 月 14 日发行 2009 年度第二期中期票据"09MTN2"，主体评级 AAA，债项评级 AAA，发行金额 10 亿元，期限 5 年。2013 年 11 月，根据主管部门的批复，A 公司拟进行分立，将非主业资产分出新设 B 资产经营管理有限公司，分立后，A 公司继续存续，债务拟由 B 资产经营管理有限公司承继。根据《持有人会议规程》的规定，主承销商就该公司分立事项组织召开了持有人会议。

（1）监测并确认该事项触发持有人会议

在日常的后续管理中，主承销商将持有人会议的触发情形纳入债务融资工具后续管理的重大事项监测体系，对发行人可能触发持有人会议的各类信息进行持续跟踪、监测和分析。

2013 年 11 月初，A 公司就接到主管部门批文情况与主承销商经办支行进行沟通，随后主承销商首先督导 A 公司根据事项进展情况及时在债务融资工具市场披露了相关信息，并积极准备组织召开"09MTN1"、"09MTN2"持有人会议对相关事项进行审议。主承销商指派专人负责，按《持有人会议规程》相关要求，在 A 公司分立完成前及时履行召集职责，组织筹备持有人会议，对公司分立事宜进行审议，保障投资者合法权益。

（2）筹备并召集会议

2.1 拟定会议基本流程表

主承销商根据《规程》的有关指导并结合企业的实际情况，拟定会议召开日为 2013 年 11 月 25 日（设定为"T 日"，工作日），并制定了如下"09MTN1"和"09MTN2"持有人会议会前、会中和会后的重要事项流程表：

表 1-1　　　　　　　　持有人会议日程安排

时间	程序	新规程	主要工作
T-10 日 或之前	事前沟通	第 12、第 14 条	与持有人进行会前沟通，告知债权确认方法
	召开公告	第 11、第 12 条	在交易商协会认可的网站披露会议召开公告
T-7 日	议案准备	第 7 条	依照法律法规和协会有关自律规则，拟定议案
	发送议案	第 13 条	向债券持有人发送会议议案
T-5 日	提出修订议案	第 22 条	持券百分之十以上同期债务融资工具持有人提出修订议案
T-3 日	发送修订议案	第 22 条	向债券持有人发送会议修订议案
T-1 日	债权确认	第 14 条	持有人查询债券账务信息，准备债券账务资料（参会资格证明）
T 日	参会资格确认	第 14、第 15 条	持有人提供相应债券账务资料以证明参会资格，召集人对参会资格和会议有效性进行确认
	会议召开	第 19、第 20 条	确认出席持有人会议的债务融资工具持有人所持有的表决权数额是否达到规程生效条件
	会议审议	第 21 条	持有人对会议议案进行审议，并与发行人等相关各方交流
T 日～ T+3 日	会议表决	第 23 条	持有人可在会议召开首日后的三个工作日内表决结束
	表决有效性统计	第 24、第 25 条	进行表决票核算与统计，与登记托管机构核对，剔除无效表决票，对债务融资工具持有人表决票在会议表决截止日日终的对应持有份额进行核对，确认会议决议是否生效
T+4 日～ T+7 日	督导发行人确认会议决议答复	第 28 条	发行人应在会议表决截止日后的三个工作日内答复是否同意会议决议

续表

时间	程序	新规程	主要工作
T+4 日	会议召开情况信息披露	第26、第27条	在交易商协会认可的网站披露会议决议公告、法律意见书
T+5 日～T+7 日	发行人答复情况披露	第29条	在交易商协会认可的网站披露发行人答复
T+3 日～T+10 日	会议文件存档	第30条	应存档的资料包括： （一）持有人会议公告； （二）持有人会议议案； （三）持有人会议参会机构与人员以及表决机构与人员名册； （四）持有人会议记录； （五）表决文件； （六）持有人会议决议公告； （七）发行人的答复（若持有人会议决议需发行人答复）； （八）法律意见书； （九）召集人自登记托管机构获取的债权登记日日终和会议表决截止日日终债务融资工具持有人名单。

2.2 制作会议文件，披露会议召开公告

主承销商根据《持有人会议规程》的要求和前期沟通情况制作了加盖主承销商公章的持有人会议召开公告。主承销商于 2013 年 11 月 11 日（持有人会议召开日前 10 个工作日）在债券网、货币网和交易商协会网站披露了如下《关于召开 A 控股集团有限公司 "09MTN1" 和 "09MTN2" 持有人会议的公告》以及相关附件（详见示例一）。

示例一：《关于召开 A 控股集团有限公司 "09MTN1" 和 "09MTN2" 持有人会议的公告》

A 控股集团有限公司（下称 "A 控股集团"）于 2009 年 3 月 12 日发行

2009 年度第一期中期票据"09MTN1"，主体评级 AAA，债项评级 AAA，发行金额为 15 亿元，期限 5 年；于 2009 年 10 月 14 日发行 2009 年度第二期中期票据"09MTN2"，主体评级 AAA，债项评级 AAA，发行金额 10 亿元，期限 5 年。

根据主管部门的有关批复，A 控股集团拟进行分立，将非主业资产分出新设 B 资产经营管理有限公司（暂定名，以工商登记为准）。分立完成后，A 控股集团将继续存续，其发行尚未到期的"09MTN1"和"09MTN2"债务拟由分立后的 B 资产经营管理有限公司承继。拟分立的资产清单将于持有人会议前公告。

根据《银行间债券市场非金融企业债务融资工具持有人会议规程》的规定，A 控股集团分立事项触发了持有人会议的召开条件，我行定于 2013 年 11 月 25 日召开上述中期票据持有人大会，审议表决上述中期票据债务转移事宜。截至债权登记日（持有人会议召开前一工作日，即 2013 年 11 月 22 日）16:30，在中央国债登记结算有限责任公司登记在册的上述中期票据的持有人均有权出席本次会议，并可通过出具书面授权书（详见附件一和附件二）委托合格代理人出席会议和参加表决。

召开方式：本次会议采取现场和非现场相结合的会议形式

会议时间：2013 年 11 月 25 日上午 9:00 – 12:00

会议地点：北京市海淀区××路××号××酒店××楼

会议议题：

1. 关于 A 控股集团有限公司"09MTN1"由分立后 B 资产经营管理有限公司承继的议案

2. 关于 A 控股集团有限公司"09MTN2"由分立后 B 资产经营管理有限公司承继的议案

会议召集人：会议由本年度中期票据主承销商 G 银行股份有限公司负责召集。

参会程序："09MTN1"和"09MTN2"的持有人可向本行索取有关会议资料和决议文件。"09MTN1"和"09MTN2"的持有人应于债权登记日

（2013 年 11 月 22 日）16：30 后通过中央国债登记结算有限责任公司的用户终端，查询本机构上述债券的账务信息，并于持有人会议召开日（2013 年 11 月 25 日）提供加盖机构公章的债券账务资料以证明参会资格。持有人应于 2013 年 11 月 25 日之前，将是否参加会议的回执（详见附件三和附件四）传真至本行。

债务融资工具持有人在规定时间内未向召集人证明其参会资格的，不得参加持有人会议和享有表决权。

表决方式：采取记名方式进行投票表决。如无法当场表决的，债务融资工具持有人应于会议首日后 3 个工作日内（即于 2013 年 11 月 28 日 17 时之前），将是否同意决议的回执（详见附件五和附件六）传真至 G 银行股份有限公司，并于会议表决截止日后 4 个工作日内（即 2013 年 12 月 4 日 17 时之前）将相关原件送达 G 银行股份有限公司。

联系人：×××

联系电话：××××××××

传真：××××××××

《A 控股集团有限公司 2009 年度第一期和第二期中期票据持有人会议召开公告》盖章页

（本页无正文）

G 银行股份有限公司（公章）

2013 年 11 月 11 日

附件一："09MTN1" 持有人授权委托书

兹全权委托_____先生／女士代表本公司（本人）出席 2013 年 11 月 25 日召开的 A 控股集团有限公司 2009 年度第一期中期票据持有人会议，审议《关于 A 控股集团有限公司 "09MTN1" 由 B 资产经营管理有限公司承继的议案》。

授权_____先生／女士代表本公司（本人）于本次 A 控股集团有限公

司 2009 年度第一期中期票据持有人会议按照以下指示就会议议案投票，如未做出指示，代理人有权按自己的意愿表决。

授权_____先生/女士代表本公司（本人）于本次 A 控股集团有限公司 2009 年度第一期中期票据持有人会议中对议案进行修正。

授权_____先生/女士代表本公司（本人）于本次 A 控股集团有限公司 2009 年度第一期中期票据持有人会议中对修正议案进行表决。

委托人签名（盖章）：　　　　　　　身份证号码：

债券持有数量：　　　　　　　　　　账号：

受托人签名：　　　　　　　　　　　身份证号码：

受托日期：　　　　　　　　　　　　年　月　日

注：授权委托书复印有效。

附件二："09MTN2"持有人授权委托书

兹全权委托_____先生/女士代表本公司（本人）出席 2013 年 11 月 25 日召开的 A 控股集团有限公司 2009 年度第二期中期票据持有人会议，审议《关于 A 控股集团有限公司"09MTN2"由 B 资产经营管理有限公司承继的议案》。

授权_____先生/女士代表本公司（本人）于本次 A 控股集团有限公司 2009 年度第二期中期票据持有人会议中按照以下指示就会议议案投票，如未做出指示，代理人有权按自己的意愿表决。

授权_____先生/女士代表本公司（本人）于本次 A 控股集团有限公司 2009 年度第二期中期票据持有人会议中对议案进行修正。

授权_____先生/女士代表本公司（本人）于本次 A 控股集团有限公司 2009 年度第二期中期票据持有人会议中对修正议案进行表决。

委托人签名（盖章）：　　　　　　　身份证号码：

债券持有数量：　　　　　　　　　　账号：

受托人签名：　　　　　　　　　　　身份证号码：

受托日期：　　　　　　　　　　　　年　月　日

注：授权委托书复印有效。

附件三："09MTN1"持有人参会回执

参会人员	单位名称	职务	联系电话

附件四："09MTN2"持有人参会回执

参会人员	单位名称	职务	联系电话

附件五："09MTN1"持有人会议表决回执

本公司/本人已经按照《A 控股集团有限公司 2009 年度第一期和第二期中期票据持有人会议的公告》对会议有关议案进行了审议，本公司/本人对《关于 A 控股集团有限公司 "09MTN1" 由分立后 B 资产经营管理有限公司承继的议案》

□同意　　　　　　□反对　　　　　　□弃权

债权人/被授权人签名（盖章）：　　　　身份证号码：

债券持有数量：　　　　　　　　　　　账号：

注：1. 请在上述选项中打 "√"；

2. 每项均为单选，多选无效。

附件六："09MTN2"持有人会议表决回执

本公司/本人已经按照《A 控股集团有限公司 2009 年度第一期和第二期中期票据持有人会议的公告》对会议有关议案进行了审议，本公司/本人对《关于 A 控股集团有限公司 "09MTN2" 由分立后 B 资产经营管理有限公司承继的议案》

□同意　　　　　　□反对　　　　　　□弃权

债权人／被授权人签名（盖章）：　　　身份证号码：

债券持有数量：　　　　　　　　　　　账号：

注：1. 请在上述选项中打"√"；

2. 每项均为单选，多选无效。

2.3　与投资者进行沟通

随后，主承销商向相关登记托管机构申请查阅相关债项持有人名单，并与投资者进行事前沟通。

首先，真实、准确、完整地介绍该重大事项的基本情况、影响、拟采取的偿债保障措施；其次，提醒持有人在确权、审议、表决等重大事项上按照《规程》和会议召开公告（或会议通知）的要求合规进行，于债权登记日通过登记托管机构打印各期债务融资工具的持券相关信息，并加盖单位公章，在会议召开日提交给召集人，作为参会确权文件；最后，征求与收集债务融资工具持有人对重大事项的意见，包括掌握持有人交易债务融资工具和参会意向、掌握持有人的对于该重大事项的态度和利益诉求，拟定能够使相关各方都能接受的偿债保障措施方案，并据此制作会议议案，便于持有人会议的顺利召开。

2.4　制作并发送会议议案

2013 年 11 月 12 日，主承销商依据持有人沟通的情况，在征询召集人意见之后，制定了会议议案，拟定由分立完成后的 A 控股集团为"09MTN1"和"09MTN2"提供连带担保。根据《公司法》第一百七十六条的规定[①]，公司分立，应当编制资产负债表及财产清单。召集人将资产清单、财务报表等列为议案附件资料，便于持有人了解、把握本次重大事项的基本情况，在会议召开时顺利地审议和表决议案。主承销商在 2013 年 11 月 14 日（持有人会议召开前七日）将议案发送至参会人员，并于 2013 年 11 月 25 日持有人会议

[①] 《中华人民共和国公司法》第一百七十六条　公司分立，应当编制资产负债表及财产清单。公司应当自作出分立决议之日起十日内通知债权人，并于三十日内在报纸上公告。

召开时，将议案提交至持有人会议进行审议。

2.5　获取债权登记日确权名单

主承销商持《持有人会议召开公告》和《债券持有人名册申请书》于2013年11月22日（债权登记日）下午四点半通过国债登打印了当日持券名单，以供会议召开日对参会的持有人进行核对，确认其是否有参会资格。

（3）组织召开会议审议和表决议案

由于该重大事项涉及A控股集团公司分立及债务转移，情节复杂、社会关注程度高、对企业偿债能力影响较大，因此主承销商采用现场和非现场相结合的方式组织召开本次持有人会议。

3.1　核对持有人的参会资格

主承销商依据从登记托管部门获取的截至债券登记日下午四点半的本期债券持有人名单，核对了参会持有人提交的、于债券登记日从登记托管部门获取的、加盖印章（或其他证明公信力的方式）的持券证明材料（非现场参会的持有人在债券登记日以传真或者其他方式将持券证明材料送达G主承销商，现场方式参会的持有人于债券登记日或会议当天提交给G主承销商），确定持有人的参会资格。

根据《持有人会议规程》规定，发行人、发行人母公司、发行人下属子公司、债务融资工具清偿义务承继方等重要关联方没有表决权，在剔除上述持有人所持债券基础上，经过统计，出席会议的持有人所持的表决权数额达到本期债务融资工具总表决权

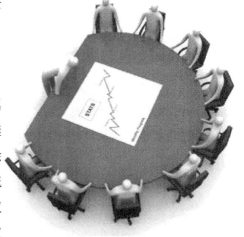

的 2/3 以上符合《持有人会议规程》第二十条①的规定，会议有效。

3.2 审议和表决议案

主承销商作为会议的召集人主持了该次会议，在介绍来宾、宣布会议议程后，介绍了会议组织、筹备等有关情况。

在 A 控股集团介绍发行人基本情况以及本次公司分立事项以及议案的相关情况，评级机构针对本事项发表评级观点之后，持有人针对发行人及本次议案提出询问，A 集团给予了解释。

在事实充分沟通后，主承销商组织进行投票表决，部分持有人现场投了表决票，不能当即表决的，均于表决日内（会议召开首日后三个工作日内）以传真、快递等其他有效形式进行了书面投票表决。

最后，出席持有人会议的律师就该持有人会议发布了法律意见，并承诺将在会议表决截止日出具法律意见书。

3.3 计票并确认表决的有效性

首先，主承销商汇总表决期间收到的持有人的表决票，登记并统计表决票，将参与表决的机构名单、表决时间、托管账号和持券份额整理成表。

其次，在会议公告的表决截止日，主承销商依据从国债登获取的表决截止日下午四点半本期债券持有人名单核对参会表决的持有人此时是否仍然持券以及持券份额，表决截止日无对应债务融资工具面额的表决票视为无效票，持有人投弃权票的，其所持有的债务融资工具面额计入议案表决的统计中。持有人未做表决或者投票不规范的，视为该持有人投弃权票。通过以上对表决票核对，统计得出投赞成票的债务融资工具持有人所持有的表决权数额占出席会议的本期债务融资工具持有人所持有的表决权的 3/4 以上，符合《规

---

① 《持有人会议规程》第二十条　除募集说明书另有约定外，出席持有人会议的债务融资工具持有人所持有的表决权数额应达到本期债务融资工具总表决权的三分之二以上，会议方可生效。持有人会议的议事程序和表决形式，除本规程有规定外，由召集人规定。

程》第二十五条的规定①，表决生效，议案获得通过。

主承销商宣布会议结束。同时，主承销商就参会机构、会议程序、会议各方意见或者表述等做了会议记录，由出席会议的召集人代表和律师事务所律师签名。

（4）会后相关文件制作及信息披露

4.1 制作会议决议和法律意见书并披露

主承销商根据持有人会议的表决情况制作了如下持有人会议决议公告（详见示例二），并盖公章，公告内容包括出席会议的本期债务融资工具持有人所持表决权情况；会议有效性情况；各项议案的议题和表决结果；律师见证会议的情况等。

示例二：A 控股集团有限公司 2009 年度第一期和第二期中期票据持有人会议决议公告

A 控股集团有限公司 2009 年度第一期中期票据"09MTN1"和 2009 年度第二期中期票据"09MTN2"持有人会议（下称"本次持有人会议"）于 2013 年 11 月 25 日在北京市海淀区××路××号××酒店召开。

本次持有人会议由"09MTN1"和"09MTN2"的主承销商 G 银行股份有限公司负责召集，以现场与非现场相结合的形式召开。

"09MTN1"持有人会议出席情况：本期债券的持有人共 12 家机构，参加本次会议的"09MTN1"持有人或持有人代理人共计 10 家机构，合计持有"09MTN1"的 14.25 亿元，占"09MTN1"发行面值总额的 95%，对应"09MTN1"持有人所持有的表决权的 95%，达到"09MTN1"总表决权的三分之二以上。经核实，上述机构和 A 控股集团之间不存在关联关系。

---

① 《持有人会议规程》第二十五条 除募集说明书另有约定外，持有人会议决议应当由出席会议的本期债务融资工具持有人所持有的表决权的四分之三以上通过后生效。

"09MTN2"持有人会议出席情况：本期债券的持有人共8家机构，参加本次会议的"09MTN2"持有人或持有人代理人共计6家机构，合计持有"09MTN2"的7.72亿元，占"09MTN2"发行面值总额的77.2%，对应"09MTN2"持有人所持有表决权的77.2%，达到"09MTN2"总表决权的三分之二以上。经核实，上述机构和A控股集团之间不存在关联关系。

根据《银行间债券市场非金融企业债务融资工具持有人会议规程》，参加本次持有人会议的持有人和持有人代理人所持有表决权数额均达到相应债项总表决权的三分之二以上，会议有效。

会议议案审议及表决情况如下：

1. 关于"09MTN1"债务由B资产经营管理有限公司继续承继的议案。

同意该议案的"09MTN1"持有人或持有人代理人共计8家机构，其所持有的"09MTN1"中期票据金额共计10.8亿元，其所代表的有效表决权数额占参加本次会议的"09MTN1"持有人所持有效表决权的75.8%；反对该议案的"09MTN1"持有人或持有人代理人共计1家机构，其所持有的"09MTN1"中期票据金额共计1亿元，其所代表的有效表决权数额占参加本次会议的"09MTN1"持有人所持有效表决权的7.01%。投弃权票的"09MTN1"持有人或持有人代理人共计1家机构，其所持有的"09MTN1"中期票据金额共计2.45亿元，其所代表的有效表决权数额占参加本次会议的"09MTN1"持有人所持有效表决权的17.19%。依据从中央国债登记结算有限责任公司获取的债券信息，并经律师确认，该项表决中所有表决票有效，上述表决结果符合《银行间债券市场非金融企业债务融资工具持有人会议规程》规定的"持有人会议决议应当由出席会议的本期债务融资工具持有人所持有的表决权的四分之三以上通过后生效"的表决生效条件，表决生效。

2. 关于"09MTN2"债务由B资产经营管理有限公司继续承继的议案。

同意该议案的"09MTN2"持有人或持有人代理人共计5家机构，其所持有的"09MTN2"中期票据金额共计6.5亿元，其所代表的有效表决权数额占参加本次会议的"09MTN2"持有人所持有效表决权的84.2%；反对该议案的"09MTN2"持有人或持有人代理人共计1家机构，其所持有的

"09MTN2"中期票据金额共计1.22亿元，其所代表的有效表决权数额占参加本次会议的"09MTN2"持有人所持有效表决权的15.8%。投弃权票的"09MTN2"持有人或持有人代理人共计0家机构。依据从中央国债登记结算有限责任公司获取的债券信息，并经律师确认，该项表决中所有表决票有效，上述表决结果符合《银行间债券市场非金融企业债务融资工具持有人会议规程》规定的"持有人会议决议应当由出席会议的本期债务融资工具持有人所持有的表决权的四分之三以上通过后生效"的表决生效条件，表决生效。

本次持有人会议全程由出具"09MTN1"和"09MTN2"法律意见的L律师事务所指派的L1律师和L2律师进行见证，并出具了法律意见书。上述经办律师均认为大会的召集、召开程序、出席大会人员资格、召集人资格、表决程序和表决结果均符合有关法律、法规、规范性文件规定，大会决议合法有效。

《A控股集团有限公司2009年度第一期和第二期中期票据持有人会议决议公告》盖章页（盖召集人公章）

（本页无正文）

召集人：G银行股份有限公司（公章）

2013年11月29日

出席会议的L1律师和L2律师针对会议的触发、会议议案制作、会议组织筹备、会议文件披露、会议有效性、决议有效性等方面出具了如下法律意见书（详见示例三）。

示例三：L律师事务所关于A控股集团有限公司

2009年度第一期和第二期中期票据持有人会议的法律意见书

京非诉字［2013］022号

致：A控股集团有限公司

L律师事务所（以下简称"本所"）接受A控股集团有限公司（以下简

称"公司")之委托，指派 L1 律师、L2 律师出席了公司 2009 年度第一期和第二期中期票据（以下简称"中期票据"）持有人会议（以下简称"本次会议"），并依据《银行间债券市场非金融企业债务融资工具管理办法》、《银行间债券市场非金融企业债务融资工具持有人会议规程》（以下简称《会议规程》）、《银行间债券市场非金融企业债务融资工具信息披露规则》等规范性文件以及《A 控股集团有限公司 2009 年度第一期中期票据募集说明书》、《A 控股集团有限公司 2009 年度第二期中期票据募集说明书》（以下简称《募集说明书》）之约定出具法律意见。

本所律师声明事项：

1. 公司应当对其向本所律师提供的本次会议资料以及其他相关材料（包括但不限于《关于召开 A 控股集团有限公司 2009 年度第一期中期票据持有人会议的公告》《关于召开 A 控股集团有限公司 2009 年度第二期中期票据持有人会议的公告》（以下简称《会议公告》）、《募集说明书》、公司章程等）的真实性、完整性和有效性负责。

2. 对于参与本次会议的持有人（或持有人代理人）在办理会议登记手续时向公司出示的本次会议表决回执、授权委托书、代理人身份证明、债券账务信息等材料，其真实性、有效性应当由参与本次会议的持有人（或持有人代理人）自行负责，本所律师的责任是核对持有人及其持有债券的数额与债券账务信息中记载的持有人及其持有债券的数额是否一致。

3. 按照《会议规程》的要求，本所律师对本次会议的召集、召开、表决程序、出席会议人员资格和有效表决权等事项发表法律意见。本所律师并不对本次会议审议议案的内容及其所涉及事实的真实性、合法性发表意见。

4. 本所律师同意公司将本法律意见书与本次会议决议一并公告。

基于上述声明，根据《会议规程》第十七条的要求，按照律师行业公认的业务标准、道德规范和勤勉尽责精神，本所律师现出具法律意见如下：

一、本次会议的召集、召开程序

1. 2013 年 11 月 11 日，主承销商（以下简称"G 银行"）分别在中国银行间市场交易商协会网站、中国债券信息网和中国货币网上刊登了《会议公告》；公告内容包括本次会议的会议召集人、会务负责人姓名及联系方式、会议时间和地点、会议召开形式、会议拟审议议题、会议议事程序、债权登记日、提交债券账务资料以确认参会资格的截止时点以及委托事项等事宜。

2. 2013年11月25日上午9：30，本次会议在北京市海淀区××路××号××酒店××楼；本次会议由中期票据的主承销商G银行召集并主持；本次会议采取现场会议和非现场会议相结合的方式召开。

本所律师认为，本次会议的召集、召开程序符合《会议规程》和《募集说明书》的规定。

二、出席本次会议人员资格和有效表决权

1. 本次会议由中期票据的主承销商G银行召集，召集人的资格合法有效。

2. "09MTN1"持有人会议出席情况：本期债券的持有人共12家机构，参加本次会议的"09MTN1"持有人或持有人代理人共计10家机构，合计持有"09MTN1"的14.25亿元，占"09MTN1"发行面值总额的95%，对应"09MTN1"持有人所持有的表决权的95%，达到"09MTN1"总表决权的"09MTN1"三分之二以上。经核实，上述机构和A控股集团之间不存在关联关系。符合《会议规程》第二十条和《募集说明书》的相关规定。

3. "09MTN2"持有人会议出席情况：本期债券的持有人共8家机构，参加本次会议的"09MTN2"持有人或持有人代理人共计6家机构，合计持有"09MTN2"的7.72亿元，占"09MTN2"发行面值总额的77.2%，对应"09MTN2"持有人所持有表决权的77.2%，达到"09MTN2"总表决权的三分之二以上。经核实，上述机构和A控股集团之间不存在关联关系。符合《会议规程》第二十条和《募集说明书》的相关规定。

4. 根据中期票据持有人债券账务资料，参与本次会议的中期票据持有人均为截至本次会议债权登记日（2013年11月22日）在中央国债登记结算有限责任公司登记在册的中期票据持有人。

本所律师认为，本次会议召集人的资格合法有效；参与本次会议的中期票据持有人（或持有人代理人）的资格合法有效，其所持表决权数额符合

《会议规程》第二十条和《募集说明书》的相关规定。

三、本次会议审议的事项

1. 本次会议审议的议案为《关于 A 控股集团有限公司"09MTN1"由 B 资产经营管理有限公司承继的议案》和《关于 A 控股集团有限公司"09MTN2"由 B 资产经营管理有限公司承继的议案》（以下简称"议案"）。

2. 根据 G 银行的介绍，其在本次会议召开前已分别将议案发送至"09MTN1"和"09MTN2"持有人。

3. 参与本次会议的中期票据持有人未提议修正提案。

本所律师认为，议案是与中期票据本息偿付相关的重大事项，属于本次会议权限范围，并已在《会议公告》中列明，符合《会议规程》和《募集说明书》的相关规定。

四、本次会议的表决程序和表决结果

1. 现场和非现场（以通讯方式）参与本次会议的中期票据持有人（或持有人代理人）以现场投票、邮寄送达或传真方式进行表决；其中，以传真方式进行表决的，亦在本次会议召开日后将表决票原件寄 G 银行。

2. 《关于"09MTN1"债务由 B 资产经营管理有限公司继续承继的议案》的审议表决情况：

同意该议案的"09MTN1"持有人或持有人代理人共计 5 家机构，其所持有的"09MTN1"中期票据金额共计 10.8 亿元，其所代表的有效表决权数额占参加本次会议的"09MTN1"持有人所持有效表决权的 75.8%；反对该议案的"09MTN1"持有人或持有人代理人共计 1 家机构，其所持有的"09MTN1"中期票据金额共计 1 亿元，其所代表的有效表决权数额占参加本次会议的"09MTN1"持有人所持有效表决权的 7.01%。投弃权票的"09MTN1"持有人或持有人代理人共计 1 家机构，其所持有的"09MTN1"中期票据金额共计 2.45 亿元，其所代表的有效表决权数额占参加本次会议的"09MTN1"持有人所持有效表决权的 17.19%。依据从中央国债登记结算有限责任公司获取的债券信息，并经律师确认，该项表决中所有表决票有效，上述表决结果符合《银行间债券市场非金融企业债务融资工具持有人会议规

程》规定的"持有人会议决议应当由出席会议的本期债务融资工具持有人所持有的表决权的四分之三以上通过后生效"的表决生效条件,表决生效。

3.《关于"09MTN2"债务由 B 资产经营管理有限公司继续承继的议案》的审议表决情况:

同意该议案的"09MTN2"持有人或持有人代理人共计 5 家机构,其所持有的"09MTN2"中期票据金额共计 6.5 亿元,其所代表的有效表决权数额占参加本次会议的"09MTN2"持有人所持有效表决权的 84.2%;反对该议案的"09MTN2"持有人或持有人代理人共计 1 家机构,其所持有的"09MTN2"中期票据金额共计 1.22 亿元,其所代表的有效表决权数额占参加本次会议的"09MTN2"持有人所持有效表决权的 15.8%。投弃权票的"09MTN2"持有人或持有人代理人共计 0 家机构。依据从中央国债结算有限公司获取的债券信息,并经律师确认,该项表决中所有表决票有效,上述表决结果符合《银行间债券市场非金融企业债务融资工具持有人会议规程》规定的"持有人会议决议应当由出席会议的本期债务融资工具持有人所持有的表决权的四分之三以上通过后生效"的表决生效条件,表决生效。

本所律师认为,议案由参与本次会议的中期票据持有人所持表决权的四分之三以上通过,本次会议的决议已经生效;根据《会议规程》和《募集说明书》的相关规定,本次会议的表决程序及表决结果均合法有效。

五、结论意见

综上所述,本所律师认为,本次会议的召集、召开程序符合《会议规程》和《募集说明书》的规定;本次会议召集人的资格合法有效;参与本次会议的中期票据持有人(或持有人代理人)的资格合法有效,其所持表决权数额符合《会议规程》第十七条和《募集说明书》的相关规定;议案是与中期票据本息偿付相关的重大事项,属于本次会议权限范围,并已在《会议公告》中列明,符合《会议规程》和《募集说明书》的相关规定;议案由参与本次会议的中期票据持有人所持表决权的四分之三以上通过,本次会议的决议已经生效;根据《会议规程》和《募集说明书》的相关规定,本次会议的表决程序及表决结果均合法有效。

本法律意见书正本叁份，副本若干份，具有同等法律效力。

特此致书！

（以下无正文）

（本页无正文，为《L 律师事务所关于 A 控股集团有限公司
2009 年度第一期和第二期中期票据持有人会议的法律意见书》之签署页）

L 律师事务所   经办律师：L1 律师

经办律师：L2 律师

（L 律师事务所盖章）

2013 年 11 月 29 日

2013 年 11 月 29 日（持有人会议表决截止日次一工作日），主承销商将
会议决议公告和法律意见书在债券网、货币网进行披露，与此同时主承销商
将会议决议公告和法律意见书盖章件发送至交易商协会，同步于交易商协会
网站披露上述文件。

4.2 制作发行人答复并披露

主承销商在会议表决日次一工作日将会议决议提交至 A 控股集团，并代
表债务融资工具持有人及时就有关决议内容与发行人及其他有关机构进行沟
通。A 控股集团在接到会议决议的次日书面答复接受持有人会议决议，主承
销商和交易商协会于 A 控股集团做出答复（详见示例四）的次日分别在相关
网站进行披露。

示例四：A 控股集团有限公司、B 资产经营管理有限公司

关于 2009 年度第一期和第二期中期票据持有人会议决议的答复

A 控股集团有限公司 2009 年度第一期中期票据"09MTN1"和 2009 年度
第二期中期票据"09MTN2"持有人会议（以下简称"本次持有人会议"）于
2013 年 11 月 25 日在北京市海淀区××路××号××酒店召开。本次会议以

现场方式召开，会议就 A 控股集团有限公司分立以及尚未到期的中期票据由 B 资产经营管理有限公司继续承继一事进行审议，各期中期票据持有人经过审议分别达成以下决议：

参会的"09MTN1"持有人或持有人代理人所持有债券面值占"09MTN1"发行总额的 95%，对应"09MTN1"持有人所持有的表决权的95%。同意《关于 A 控股集团有限公司尚未到期的中期票据由分立后的 B 资产经营管理有限公司继续承继的议案》的持有人或持有人代理人所持有效表决权数额占参加本次持有人会议的"09MTN1"持有人所持有效表决权的75.8%。本议案获得通过。

参会的"09MTN2"持有人或持有人代理人所持有债券面值占"09MTN2"发行总额的 77.2%，对应"09MTN2"持有人所持有的表决权的77.2%。同意《关于 A 控股集团有限公司尚未到期的中期票据由分立后的 B 资产经营管理有限公司继续承继的议案》的持有人或持有人代理人所持有效表决权数额占参加本次持有人会议的"09MTN2"持有人所持有效表决权的84.2%。本议案获得通过。

B 资产经营管理有限公司自持有人会议决议公告发布之日起将依据中国银行间市场交易商协会相关自律规定及上述各期中期票据的募集说明书等相关协议的约定，履行信息披露、还本付息等义务，保护投资者利益。

A 控股集团有限公司和 B 资产经营管理有限公司同意上述中期票据持有人会议决议，特此说明。

《A 控股集团有限公司、B 资产经营管理有限公司关于 2009 年度第一期和第二期中期票据持有人会议决议的答复》盖章页（盖发行人公章）

（本页无正文）

A 控股集团有限公司（公章）

B 资产经营管理有限公司（公章）

2013 年 12 月 2 日

4.3 会议文件存档

根据《持有人会议规程》的要求，主承销商于 2013 年 12 月 6 日对持有人会议的会议公告、会议议案、参会机构与人员以及表决机构与人员名册、会议记录、表决文件、会议决议公告、发行人答复、法律意见书、召集人对自登记托管机构获取的债权登记日日终和会议表决截止日日终债务融资工具持有人名单等会议文件、资料进行存档。

本章经验总结

　　随着市场日益发展，公司合并分立、资产重组、减资、清偿义务转移、无偿划转等影响债务融资工具持有人利益以及提前偿付债务融资工具等情形时有出现；此外，公司诉讼、破产、责令关闭、责令停产停业等极端情形在今后工作中也将陆续出现。作为保障债务融资工具持有人知情、审议重大事项的维权机制显得尤为重要。

　　通过持有人会议机制，不仅保障了债务融资工具持有人对重大事项的知情权和审议权，而且使得发行人或者信用增进机构的有关重大事项得以妥善解决，宣传了企业守法合规、诚信为本、恪守投资者保护理念的正面形象，同时也为相关中介机构进一步了解企业情况、提升中介服务的深度和广度提供了渠道。持有人会议机制的成熟运转对提振债务融资工具市场投资人的整体信心、培育有效保护投资人权益的市场化理念、完善债务融资工具市场纠纷解决机制等方面有着非常重要的意义。

　　《持有人会议规程》发布以来，在持有人会议召开的实践方面，相关各方工作中仍然存在一些问题，如个别主承销商在后续管理人员的传帮带方面所做的工作不足，导致岗位调换时新老工作人员衔接不到位，在会议的组织筹备中重复出现不合规问题；个别主承销商对分支机构培训不及时、不充分，导致其分支机构对《持有人会议规程》理解和掌握不全面，在持有人会议过程中给予发行人不当辅导；个别主承销商和发行人对召开持有人会议的敏感性不强，在出现触发持有人会议召开的重大事项时，未召开会议或召开会议不及时。

未来，随着债务融资工具市场的持续扩容、产品类型的进一步多样化、投资者群体类型的不断丰富，债务融资工具持有人的保护机制需求也不断提升，持有人会议机制、理念的深入贯彻实施仍要靠市场各方的共同努力。作为召集人的主承销商要更加密切关注发行人的最新动态，发行人在发生持有人会议触发情形时也应及时告知召集人、并配合召开持有人会议，持有人则应提升自我维权意识，及时申报债权、参加会议、进行表决，律师事务所、评级机构等中介机构应尽责履职，客观公正地发表专业意见，共同推动我国债券市场的健康持续发展。

第二篇

行为有失规范
造成市场杂音

本篇引言

近年来，在交易商协会的持续督导培育和全体市场成员的共同努力下，市场化理念深入人心，市场整体合规程度逐步提高。然而，各类市场成员不合规行为仍偶有发生，个别发行企业风险防范与合规意识淡薄、市场责任意识不高，少数主承销商仍存在"重发行、轻后续"的观念，未能对发行企业进行有效的后续督导管理，个别中介机构未坚守独立第三方客观公正态度、在尽职调查和后续跟踪监测中未能尽职履责，导致债务融资工具在信息披露、募集资金使用及付息兑付操作等环节暴露出一定问题，扰乱了市场的平稳运行秩序，潜在损害了投资者的合法权益。

对于市场中出现的不合规行为，交易商协会对相关违规主体进行了各种类型的业务督导和自律处分，力求在风险暴露初期即遏制违规苗头、防范化解风险。经过长期的实践探索和经验总结，交易商协会对后续管理实务工作中积累的典型违规事例进行梳理分析，在本篇中按事件类型分为八章进行编写，对事件发生背景、相关主体违规原因及违规事实、市场影响、后续整改措施及经验借鉴等多个方面进行生动刻画和深入分析，以期能够引以为鉴，通过相关案例的阅读加深对银行间债券市场自律规则指引的理解，更好地掌握债务融资工具相关业务合规开展的基本要求与关键点，共同促进市场的健康、规范、可持续发展。

第一章

发行文件信息披露有误
未能保证真实准确完整

发行人募集说明书信息披露有误（案例一）

2011 年 11 月 17 日，国内某财经媒体报道称，某省属国有大型钢铁集团 2011 年度第一期短期融资券和 2011 年度第一期中期票据募集说明书均显示其持有下属三级子公司 H 铁矿 100% 的股权，但实际上该铁矿 80% 的国有产权此前已转让，现发行人持股比例仅为 20%，募集说明书表述不实。后续该财经媒体持续跟踪报道此事，称发行人的行为属于信息披露违规。经调查，发行人相关募集说明书中确实存在上述错误信息。随后发行人在交易商协会督导下先后两次针对媒体报道中提到的存在错误的披露信息发布更正公告，并由于信息披露违规问题受到了自律处分。

"小错误"引发市场"大关注"

当事发行人为一家钢铁集团公司，该省国资委持有发行人 100% 的股权，为其实际控制人。发行人一直积极参与债务融资工具市场业务，截至本案例发生时，已先后发行债务融资工具 7 期，累计募集资金 184 亿元，其中"10CP01"、"10CP02"已完成兑付，"09MTN1"、"10MTN1"、"11CP01" 3 期债务融资工具处于存续期，"11MTN1"、"11CP002" 2 期债务融资工具已完成注册或处于备案通道，即将发行。

2011 年 11 月 17 日，国内某财经媒体报道称，发行人 2011 年度第一期短期融资券"11CP01"和 2011 年度第一期中期票据"11MTN1"募集说明书均显示其持有下属某三级子公司 H 铁矿 100% 的股权，但实际上该铁矿 80% 的国有产权此前已转让，现发行人持股比例仅为 20%，募集说明书表述不实，存在美化资产的嫌疑。同日，负责发行人主体及中票信用评级的某评级公司与发行人联系后表示，相关错误由企业工作疏忽引起。11 月 18 日，该财经媒体跟踪报道此事件，将发行人的行为定性为信息披露违规，引发了市场的广泛关注。

11 月 21 日，发行人针对媒体报道情况在债务融资工具市场披露对"11MTN1"募集说明书进行更正的公告，同时披露更正后的"11MTN1"募集说明书，对原披露的公司持有 H 铁矿股权比例相关错误信息进行更正。

然而，事件并未随着发行人上述更正行为而平息。除"11MTN1"外，发行人在债务融资工具市场发行过 6 期债务融资工具，H 铁矿股权转让前已披露的"09MTN1"募集说明书以及发行前即已更正相关信息的"11CP002"募集说明书不存在信息披露有误的问题，但其余 4 期债务融资工具募集说明书均存在 H 铁矿持股比例披露有误的问题。由于发行人未能及时更正"10MTN1"、"10CP01"、"10CP02"和"11CP01" 4 期债务融资工具募集说明书中的有关错误信息，媒体于 12 月 2 日对发行人信息披露事宜进行跟踪报道，指出发行人错误信息更正不彻底，引发市场对发行人信息披露违规问题质疑情绪的再度发酵。

被忽略的股权变动信息

据调查，H 铁矿为发行人下属某二级子公司持有的以权益法核算的子公司，2010 年 H 铁矿股权挂牌转让，转让完成后，H 铁矿职工持股 80%，发行人二级子公司持股 20%，为最大国有股东。负责发行人年报审计工作的会计师事务所得知媒体对相关事项的跟踪报道后对发行人历年财务报告中有关 H 铁矿的信息进行梳理，确认自 2009 年起，按照谨慎性原则和实质重于形式的原则，发行人不再将 H 铁矿纳入合并范围，年度财务报告中正确地采用了权益法进行核算。

　　既然发行人自 2009 年起就已经将 H 铁矿作为权益法核算的联营子公司对待，为何在 2010 年及此后发行的债务融资工具募集说明书中均忽略了 H 铁矿股权变动情况，一直未对相关信息进行更新，直到出现媒体报道才对错误信息进行更正呢？

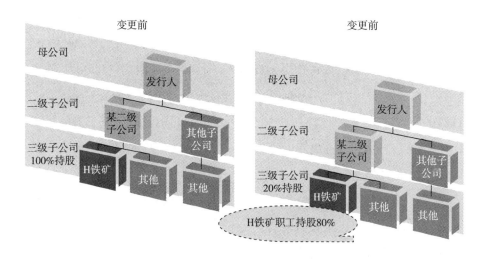

图 2-1　发行人股权变更情况

　　在调查中，发行人表示由于公司工作不够细致，未关注三级子公司持股比例变化情况，导致"11MTN1"募集说明书中有关 H 铁矿持股比例信息有误。事实上，发行人董事会办公室了解公司对 H 铁矿持股比例变化情况，但负责债务融资的财务部门却不掌握该变动情况。而在债务融资工具发行时，向市场披露的注册发行文件仅经过财务部门审核，未经过董事会办公室等其他相关部门会审，发行人信息披露工作机制上的这一漏洞是导致募集说明书信息披露有误的直接原因。同时，在核算方式已调整、相关年度财务报表附注已说明的情况下，企业财务部门仍未能关注到公司对 H 铁矿持股比例的变化，发行人公司内控不强、财务管理疏忽也是导致信息披露有误的原因之一。

　　发行人在 H 铁矿股权划转完成后先后在债务融资工具市场发行了 6 期债务融资工具，但由于信息披露机制漏洞和财务管理制度不健全、对信息披露工作重视程度不足，企业在准备募集说明书时仅关注重大事项和经营情况的变化，未对发行文件所披露的信息进行逐一核实，从而未能保证信息披露的真实、准确。

迟到的统一更正公告

本事件之所以引发媒体的持续报道和市场的广泛关注，与发行人在事件刚刚浮出水面时对媒体报道消极回避，且更正信息、向投资者致歉不及时性有较大关系。媒体初始报道指出了发行人"11CP01"和"11MTN1"募集说明书存在错误，但企业未意识到除需更正即将发行的"11MTN1"、"11CP002"募集说明书以外，其他已发行或已兑付的债务融资工具募集说明书中的错误信息也需一并更正，导致对已披露错误信息的更正不彻底、不及时，延误了最佳披露时机。

此外，由于发行人对媒体报道不敏感，危机公关意识不强，未能积极回应记者采访，而后更正有关错误信息又不及时，导致媒体无法直接从发行人处获知事件的实际情况，各大财经媒体直接转发了未经发行人证实的报道，使事件的负面影响不断扩散。

在主承销商和交易商协会的提示下，发行人于12月5日披露了对H铁矿股权信息进行统一更正的说明，对相关错误信息进行了彻底更正并向投资者致歉。此后，媒体报道才逐渐平息，但此时距离媒体首次报道已经过去了两周时间，持续不断的负面报道已经给市场秩序和发行人企业形象造成了一定不利影响。最后，因其信息披露不真实、不准确等违规问题，发行人受到了相应的自律处分。

信息披露的原则性要求不可动摇

在本事件中，虽然H铁矿为发行人权益法核算的三级子公司，资产和产量规模较小，尚不属于《信息披露规则》规定的对债务融资工具发行人偿债能力可能产生影响的重大事项，但这不能构成发行人可以在募集说明书中对其持股情况进行错误表述的理由。信息的真实、准确、完整、及时，是债务融资工具市场信息披露最基本的原则性要求，无论与错误信息相关的事项是大是小，企业已披露信息存在错误，即是违反了规则规定，必须充分重视、严肃对待，尽快对错误信息进行彻底更正。

已披露信息中存在的细节性错误看似简单，却暴露出发行人对信息披露工作重视程度不够、信息披露制度机制不健全、对媒体负面报道应对处置能力不强等诸多问题。本事件经媒体持续大规模报道后，对市场运行及发行人自身均造成一定程度的不良影响，也为债务融资工具市场发展提出了警示：广大发行人作为信息披露的第一责任人，必须牢固树立市场意识、诚信意识和责任意识，认真学习、严格遵守相关自律规定，牢牢把握信息披露这一注册制的核心所在，以切实保护投资者的合法权益。

发行人募集说明书信息披露有误（案例二）

2011年6月，本案例中的发行人首次在债务融资工具市场发行短期融资券，募集资金10亿元，用于补充流动资金、优化债务融资结构，其募集说明书于相应信息披露平台披露。但自2012年2月起，该发行人因募集说明书信息披露问题被媒体集中报道。媒体对其募集说明书披露信息提出严重质疑，相关报道频繁见诸于各大报刊杂志，包括"信息披露涉嫌造假"、"项目代建疑云"、"募集说明书中前后矛盾，信息披露与事实有异"、"募集说明书隐匿违建项目"等，将发行人推到了公众舆论的风口浪尖上。作为在债务融资工具市场公开融资的发行主体，发行人承担着真实、准确、完整、及时地进行信息披露的义务。在此次事件中，发行人是否真如媒体所报道，存在信息披露错误情况？或存在更为严重的信息披露造假情况？为了维护债务融资工具市场秩序的稳定，相关机构针对媒体报道的若干问题迅速开展了调查，调查发现，部分问题为媒体不实报道，部分问题确实为发行人募集说明书披露信息有误。

媒体质疑引发市场关注

2012年2月，一篇题为《瞒天过海违建项目，××实为幕后操刀人》的新闻报道格外吸引眼球。文章质疑发行人正在修建的某大型建设项目中隐匿了一个违建子项目，而该类子项目早已被纳入国家明令禁止的建设项目之列。

该篇报道一经出现，便引起市场的格外关注。之后，又陆续有后续报道跟进，质疑点也逐渐转向募集说明书信息披露有误方面，一些报道甚至直接质疑发行人募集说明书"涉嫌信息披露造假"。而随着媒体调查的深入，发行人募集说明书中诸多前后矛盾、与事实不符的地方也逐渐浮现，如募集说明书中所述某大型建设项目的投资总额、建设周期前后表述不一致等。某报道指出，发行人募集说明书中，公司某大型建设项目情况中提及的项目总投资为 2 亿元，建设周期为 2010 年 10 月至 2012 年 5 月，而在募集说明书有关"公司2011—2013 年投资计划"中再次提到该项目时，其总投资额则变成了 1.6 亿元，建设周期亦变为 2010 年 7 月至 2011 年 6 月，前后表述差异巨大。此外，该大型建设项目在募集说明书中的性质被称为委托代建，但媒体报道称"委托部门"的相关负责人对此表示并不知情。就上述几点疑问，有记者向发行人相关负责人进行求证，但记者表示该负责人在参加面谈时避开了上述话题，未作出正面回答。

募集说明书信息披露确有差错，且更正不及时

经相关机构调查，部分问题如质疑发行人在募集说明书中隐匿承担建设工程责任的某子公司情况等为媒体报道失实。但同时发行人确实存在募集说明书信息披露有误的问题：第一，发行人募集说明书中披露的某大型建设项目性质为委托代建，但实际该建设项目的性质应为企业自主投资；第二，发行人募集说明书中不同章节均对某大型建设项目的投资总额及建设周期进行了具体描述，但前后描述内容不一致，经核对相关批文，该大型建设项目的投资总额应约为 1.95 亿元，建设周期应为 2010 年 10 月至 2012 年 5 月；第三，发行人募集说明书中并未提及包含在某大型建设项目下的违规建设子项目，但该违规建设子项目已经建成并已投入试运营。

发行人募集说明书披露的有关信息不真实、不准确、不完整，在相关问题经媒体曝光后，既没有及时回应媒体提出的某些质疑，对敏感问题避而不提，又未能主动、及时地将相关情况向市场进行解释说明，从而导致舆论影

响的不断升级与发酵，引起投资者的广泛关注与担忧，严重影响了发行人自身的企业形象，也影响到债务融资工具市场平稳运行的秩序。

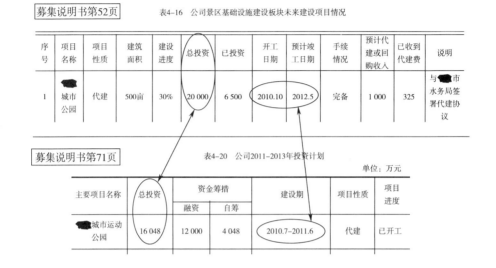

募集说明书第52页　　　表4-16　公司景区基础设施建设板块未来建设项目情况

序号	项目名称	项目性质	建筑面积	建设进度	总投资	已投资	开工日期	预计竣工日期	手续情况	预计代建或回购收入	已收到代建费	说明
1	■城市公园	代建	500亩	30%	20 000	6 500	2010.10	2012.5	完备	1 000	325	与■市水务局签署代建协议

募集说明书第71页　　　表4-20　公司2011-2013年投资计划

单位：万元

主要项目名称	总投资	资金筹措		建设期	项目性质	项目进度
		融资	自筹			
■城市运动公园	16 048	12 000	4 048	2010.7-2011.6	代建	已开工

图2-2　发行人募集说明书前后信息对比

承担责任、履行义务、实施整改

针对上述三个问题，发行人在相关机构的一再督导之下，最终向市场披露了相关情况说明，并就募集说明书中相关错误信息进行了更正：第一，发行人募集说明书中披露的某大型建设项目性质原为委托代建，后正式变更为发行人自主投资项目，由于发行人收到相关文件时间较晚，且工作人员对《信息披露规则》不熟悉，未能及时更新募集说明书中相关信息，因而导致披露信息有误；第二，发行人募集说明书中有关某大型建设项目投资总额与建设周期前后信息不一致的问题，主要是由于文件编制工作不够细致、数据变更后未及时更新造成；关于某违建子项目的问题，发行人并未在该次公告中予以直接回应，但在接到相关部门责令对该违规项目进行整改的通知书后，发行人已在第一时间对该违规项目进行了彻底的整改，成为一项完全公益的公共服务项目。

墨子云：志不强者智不达，言不信者行不果。中国自古即以诚信为至上美德，不论做人、做事均讲求诚信为本。在现代中国社会中，尤其在借贷融通逐渐流行，现代金融日渐成熟之时，诚信二字更显弥足可贵。在本案例中，发行人作为在债务融资工具市场公开融资的发行主体，本应秉持诚信为本的基本原则，保证信息披露的真实、准确与完整，树立起对投资者负责的市场意识、责任意识和诚信意识。发行人由于工作疏漏，未能完全保证信息披露的真实、准确、完整，募集说明书中几处重要信息披露错误，且未提及某违建子项目，造成了对投资者知情权的实质损害，对市场造成了不良影响，违反了债务融资工具市场相关自律规定，发行人因此受到了相应的自律处分。

主承销商履职不到位

主承销商在我国债务融资工具市场的发展中起着举足轻重的作用。在债务融资工具主承销商负责制下，一方面主承销商在债务融资工具发行前应尽职调查、认真辅导，另一方面主承销商也应在债务融资工具存续期间切实履行后续管理相关工作职责。虽然在此次事件当中，发行人是第一责任人，但其主承销商也暴露出对发行人尽职调查不充分、信息披露督导不到位、后续管理工作机制不健全、工作主动性和规范性有待加强等问题：

第一，前期尽职调查工作存在疏漏。发行人在首次报送的注册文件中对在建工程及未来投资计划等内容的描述并不完备，其后又补充了某大型建设项目的相关信息，如果此时该主承销商能够针对发行人在注册过程中补充的新材料重新进行深入调查，必然能够关注到发行人某大型建设项目建设性质错误、投资总额及建设周期信息前后不一致等问题。此外，发行人提供给主承销商的相关材料中，曾提及某大型建设项目将以某建设子项目（即为前文中所指"某违建子项目"）为核心，但该主承销商依然未能关注到该重要信息。

第二，存续期内后续管理不到位，存在"重发行、轻管理"的认识偏颇。该主承销商未能与发行人建立顺畅的后续管理工作机制，在债务融资工具发行至存续期间，一直未能发现发行人某大型建设项目包含违建子项目的情况，该主承销商对发行人动态监测的工作水平有待提高。另外，在督导发行人进行信息披露时，主承销商的总分行后续管理团队联动并不顺畅，这在一定程度上也影响了发行人信息披露的及时性。

在此次事件中，主承销商由于对发行人债务融资工具尽职调查不充分、后续管理不到位，受到了相应的自律处分。主承销商应该引以为戒，不断提高尽职履责程度和自身业务水平。

发行人应躬身自省，避免重蹈覆辙

发行人作为信息披露第一责任人，其自身存在的工作失误必然排在首位。在债务融资工具市场进行公开融资，发行人应充分重视信息披露工作，不断提升信息披露的工作能力和业务水平，确保披露信息的真实、准确、完整、及时。当发行人已披露信息确实存在虚假记载、误导性陈述或重大遗漏，或存在非主观故意差错的，发行企业应本着审慎、客观的原则，对已披露信息进行更正，并对变更行为和变更后信息负责。

在本案例中，发行人募集说明书信息披露的个别内容存在错误，针对媒体对其信息披露错误的质疑又未及时发布相关公告进行说明，同时又回避媒体关于其违建子项目的质疑，这反映出发行人市场责任意识不够、对信息披露工作不够重视的问题。发行人应当引以为鉴，不断加强对相关工作文件的学习和掌握，提高对信息披露工作的重视程度和积极性，切实履行募集说明书中约定的承诺，保护投资者的合法权益。同时，随着媒体对债务融资市场关注度不断提高，发行人有必要积极应对媒体的相关报道，及时做好信息披露的相关工作，以维护市场稳定运行秩序。

本章经验总结

发行人相关经验总结

信息披露制度是债务融资工具施行注册制的核心，发行文件是企业对外提供相关信息以供投资者决策的重要载体。本章相关事件暴露出个别发行人仍存在市场责任意识和诚信意识不强、信息披露工作机制不健全、对信息披露工作重视程度不高、突发事件处理经验不足等问题，各发行人应以此为鉴，吸取经验，切实提高信息披露的工作水平，保障投资者的合法权益、维护市场的运行秩序。

1. 提升市场责任意识，牢记公众公司定位与职责

企业公开发行债务融资工具即成为公众公司，企业应牢固树立信息披露第一责任人的意识，深刻理解直接融资与间接融资的差异，规范开展信息披露工作，持续提升信息披露能力和水平，确保信息披露符合债务融资工具市场有关要求，真实、准确、完整和及时的披露相关信息。同时，发行人应不断加强对自律规范文件的学习和掌握，提高对信息披露工作的重视程度和主动性，自觉履行披露义务。

2. 完善信息披露制度和工作机制

企业应充分重视信息披露制度和工作机制的建立健全，按照《信息披露规则》（2012 版）要求制定信息披露事务管理制度并披露其主要内容，明确

企业信息披露责任体系，以规范、严谨的操作流程保证信息披露的工作质量。企业信息披露责任人应保持对市场规则和企业自身状况的充分认识，确保信息披露有关要求，通过信息披露真实、准确、完整、及时地向市场说明企业有关情况。

3. 保持信息敏感性，及时更新企业有关信息

企业应保持对企业生产经营、财务状况等的高度关注，债务融资工具发行前若发生需向市场说明的重大事项，应按照有关要求及时予以核实并更新有关发行文件，确保发行文件信息准确反映企业状况、发行环节信息的时效性，避免主观隐藏重要事实、怠于及时更新信息的情况出现。

4. 提高应急处置能力和舆论敏感度

随着债务融资工具市场的发展，媒体对债务融资工具发行人的关注程度不断提高。公正客观的媒体报道可充分发挥其舆论引导和社会监督作用，有助于市场参与主体提升工作水平和质量。本章案例中的发行人相关违规问题受到媒体及社会各界广泛关注，但由于发行人应急处置能力不够，未能妥善处置突发不利舆论事件，对市场秩序和自身形象造成了一定的不良影响。

广大发行人及各中介机构应提高应对媒体报道的处置能力和舆论敏感度，积极应对、正面回应相关市场传闻，按照《信息披露规则》要求，及时向市场披露相关公告，以维护健康的市场环境。

主承销商相关经验总结

虽然本次信息披露违规事件的主要原因在于发行人，但也反映出相关主承销商在前期尽职调查、存续期后续管理等方面的不足之处。各主承销商应吸取经验教训，切实尽职履责，把主承销商负责制落到实处。

1. 重视尽职调查工作，充分尽职履责

主承销商应健全工作机制、提升工作水平，确保尽职调查工作有效开展。对于企业首次发行前发生重大事项以及备案发行债务融资工具企业出现重大变化等情况，主承销商应充分尽职履责，高度重视补充尽职调查工作，避免

尽职调查流于形式、导致企业信息披露未能保证真实、准确、完整和及时的情况的出现。

2. 切实履行后续管理相关职责

根据《后续管理工作指引》，对于由两家或两家以上机构主承销发行债务融资工具的发行人，相关主承销商应与企业协商指定一家主承销商牵头负责后续管理工作，明确各自职责，确保后续管理工作的持续性和连贯性。但无论是否牵头，各主承销商均应严格按照相关自律规范文件要求，勤勉尽责地开展后续管理工作，督导企业及时披露重大事项的相关信息。

第二章

跨市场信息披露不一致
披露时效与质量待提高

发行人跨市场信息披露不同步（案例一）

　　某上市公司发行人在申请备案发行 2010 年第二期短期融资券期间，与 A 集团（系发行人控股股东另一下属子公司）签署《某文化广场项目收购协议书》，决定向 A 集团下属子公司 B 公司提供财务资助，同时获得 A 集团所持某文化广场项目 70% 的股权。事件发生后，发行人在交易所市场披露了交易详细信息及后续进展，但在债务融资工具市场却未作任何披露，直至其 2011 年第一期短期融资券备案时，在交易商协会督导下补充披露前述信息。发行人在股市和债市披露情况的反差如此明显，引起各方对跨市场发行人信息披露同步性的问题进行思考和重视。

备案过程中突发重大事项

　　发行人是一家国有背景的文化传媒企业，于 1994 年在上海证券交易所上市。2010 年 2 月 22 日，发行人注册了短期融资券 8 亿元，成为银行间债券市场发行人。2010 年 3 月，发行人首期发行了 2010 年第一期短期融资券；2010 年 9 月，发行人向交易商协会申请备案发行 2010 年第二期短期融资券，10 月获得备案通过，11 月完成发行。

　　2010 年 9 月 20 日，发行人发生了重大关联资产交易，其与同一控制人旗下的 A 集团签署了《广场项目收购协议书》，协议约定发行人向 A 集团二级子公司 B 公司提供 13 亿元财务资助，专项用于清偿 B 公司既有债务，同时通过发行人所属一全资子公司以 1 港元价格受让 B 公司控股股东（为 A 集团一级子公司）70% 的股权，从而实现发行人对 B 公司所开发的"文化购物中心"项目经营权的受让和控制。从交易内容可以看出，本次交易的实质为发行人以财务资助为对价收购关联企业资产的关联交易事项。该事项发生于发行人 2010 年第一期短期融资券存续期间、第二期短期融资券备案期间，按照《信息披露规则》规定属于应披露的对债务融资工具偿债能力有重大影响的事项。

重大事项对发行人财务状况的影响

本次事件的实质为重大关联资产交易。发行人首先以现金形式向 B 公司提供财务资助款项 13.2 亿元人民币，用于清偿 B 公司既有债务，交易对价为发行人对 B 公司所开发的"文化购物中心"项目经营权的受让和控制。据了解，发行人 2009 年末和 2010 年第三季度末净资产分别为 20.9 亿元和 22.1 亿元，本次财务资助款项占发行人 2009 年年底净资产的 65.5%，占其 2010 年第三季度末净资产的 62%，初步估计该财务资助将对发行人现金流量造成较大压力。另一方面，据《文化广场项目收购协议书》，作为交易对价的文化购物中心为某烂尾楼项目，在土地性质等方面尚存一些历史遗留问题，且其投资金额比较大，后续资金需求较高，其预期收益和风险均存在一定的不确定性，因此，该项目对发行人未来生产经营的影响具有较大的不确定性。从上述介绍可见，该笔关联交易存在对发行人偿债能力产生不利影响的可能性，属于《信息披露规则》（2008 版）第九条第（三）款"企业涉及可能对其资产、负债、权益和经营成果产生重要影响的重大合同"事项，企业应及时、真实、准确、完整地向投资者披露。

同一事项在股市和债市披露情况反差巨大

本次关联交易发生后，发行人在交易所市场进行了及时的披露。2010 年

9月22日，发行人在交易所市场披露了《第四届董事会第二十次会议决议公告》，决议称会议审议通过关于收购××项目暨关联交易的议案；同日披露了《关于收购文化广场项目的关联交易公告》，公告中对本次交易协议内容进行了十分详细的说明。其后，2010年10月15日，发行人披露了《2010年第三次临时股东大会决议公告》，称股东大会审议通过了《关于收购文化广场项目暨关联交易的议案》。

与此同时，发行人正处于其2010年第一期短期融资券存续期和第二期短期融资券备案期间，按照债务融资工具市场相关自律规则指引规定，其一方面应披露相关重大事项公告，另一方面应在第二期短期融资券募集说明书中对本次交易进行说明。而实际上，发行人既未公开披露相关信息，也未在2010年第二期短期融资券募集说明书中提及该事项。作为重大投资项目之一，本次关联交易所涉购物中心应包含于其中，但在发行人提交的备案文件中，仅对企业未来三年拟实施含构建大型文化广场项目等投资计划进行了说明，对本次关联交易事项只字未提。在2010年第二期短期融资券备案过程中，交易商协会关注到此情况后，向发行人反馈相关信息，要求其补充关于未来投资计划的说明。

可以看出，作为一家熟知资本市场规则的老牌上市公司，对同一重大事项在股票市场和债务融资工具市场的披露情况截然不同，实在令人费解。

后续补充披露及自律处分

2011年1月，发行人申请备案发行2011年第一期短期融资券过程中，交易商协会核查并发现其于2010年9月即发生本次重大关联资产交易事件，立即督导发行人尽快在债务融资工具市场补充披露。2月4日，发行人披露了《资产收购的补充公告》，并就未能及时履行信息披露义务向投资者致歉。2月15日，发行人披露了《关于成立管理公司暨引入投资者参与文化广场项目建设运营的公告》，进一步说明了该事项的后续进展相关信息。

本次事件是一次较为明显的重大事项未按时披露及股、债市信息披露不

三、对于可能影响偿债能力的重大事项，发行企业应按照信息披露规则要求在指定媒体及时向市场披露，且披露时间应不晚于发行企业在其他媒体的披露时间。

中国银行间市场交易商协会公告〔2009〕第18号

第十一条 企业应当在下列事项发生之日起两个工作日内，履行重大事项信息披露义务，且披露时间不晚于企业在证券交易所、指定媒体或其他场合公开披露的时间……

《银行间债券市场非金融企业债务融资工具信息披露规则》（2012年版）

图2-3 自律规范文件关于重大事项不同市场同步披露的规定

同步问题，反映出部分发行人乃至上市类发行人对债务融资工具市场相关自律规定的认识存在严重不足；同时在本次事件发生和披露过程中，相关主承销商自身对相关规定的熟悉程度也较低，督导工作明显不到位，按照相关规定，发行人和主承销商均受到了相应的自律处分。

发行人跨市场信息披露不同步（案例二）

　　某发行人在债务融资工具存续期间涉及某金融票证诈骗案，涉案金额较大，引发市场各方高度关注。事件发生后，发行人子公司在交易所市场披露了涉案详细情况及后续进展，但发行人在债务融资工具市场却未作任何披露。发行人在股市和债市披露情况的显著差异，再一次引发各方对跨市场发行人信息披露合规性、信息披露公平性问题的思考。

某银行涉嫌伪造金融票证案，发行人牵涉其中

　　发行人是一家地方政府背景的汽车生产企业，其下属一家子公司在上海证券交易所和香港证券交易所上市。截至 2011 年 3 月 20 日，发行人的 2 期短期融资券和 2 期中期票据均处于存续期，金额共计 40 亿元。

　　2010 年 9 月 6 日之后的一个月内，陆续有多个财经媒体报道称，某地有犯罪嫌疑人利用某银行管理的漏洞伪造相关凭证骗取资金，涉及多家金融机构和企业，其中明确提及该发行人，涉案金额及预计损失难以确定，有传言称达到 60 亿元，发行人总会计师失踪。截至 2010 年 6 月 30 日，发行人合并报表净资产为 128.56 亿元。受该不利传闻的影响，发行人下属上市公司香港交易所股价在 9 月 11 日大幅下挫 12.82%，成交量为前一交易日的 6 倍。若该传闻不实，则该事项属于债务融资工具存续期间应立即澄清的不利传闻；若该传闻属实，该事项属于影响企业偿付能力的重大事项。

事项对发行人造成的影响

经调查，本次事件实质为重大不利传闻。截至 2010 年 9 月 11 日，该案件相关犯罪嫌疑人已基本被警方控制，该案涉及银行 10 余家、当地 20 余家大中型企业涉案。发行人下属上市公司和一担保公司分别有涉案存款 5 亿元和 1 亿元，除此 6 亿元之外，案发前犯罪嫌疑人为吸收存款而与发行人签订销售合同并陆续支付了部分预付款，该预付款属于合法销售收入，案发后被公安机关暂时冻结并存于指定银行监管。9 月 20 日发行人总会计师辞去香港上市公司职务后因病而未与外界联系，失踪实属媒体误传。发行人生产经营正常，账面有 230 亿元左右货币资金和 90 亿元左右商业票据（含被冻结预收款），与其他银行业务往来正常，授信余额在 200 亿元左右，偿付能力和意愿正常。因案件尚在审理过程中，实际损失金额尚待认定。已确定的发行人涉案金额仅占其最近一期财务报告净资产的 4.66%，对偿付能力影响较小，该事项属于《信息披露规则》中规定的披露事项，应真实、准确、完整、及时地向债务融资工具市场投资者披露。

股市和债市信息披露不同步

本次伪造金融票证案被媒体曝光后，发行人下属上市公司在交易所市场及时进行了披露。发行人下属上市公司于 2010 年 9 月 12 日分别在两个交易所发布临时公告，称经全面自查和司法机关侦察，上市公司下属子公司在伪造金融票证案涉案银行存款人民币 5 亿元，正积极寻求政府和司法部门支持以保全该存款，与该银行无其他业务往来。

与此同时，发行人正处于多期债务融资工具存续期间，本应按照债务融资工具市场相关自律规则指引规定披露相关重大事项公告，但由于发行人对债务融资工具市场自律规定了解程度不够，因此相关信息未在债务融资工具市场披露。

后续补充披露情况

2010年12月，发行人披露了《涉及金融票证诈骗案公告》，公告称："……公司在某银行办理过定期存款业务，目前该银行金融票据案正在审理过程中，本公司相关人员正在协助调查。该银行金融票据案未影响本公司债务融资工具的偿债能力，目前本公司生产经营正常……"并就未能及时履行信息披露义务向投资者致歉。在案件审理基本完结之后，发行人涉案资金全部得到追回，发行人于2011年9月发表公告，称："……本公告日前，本公司在某银行的存款得到偿还，未造成资产损失……"

本案例中发行人在股市信息披露工作较为及时，却忽略了债市对于信息披露的相关要求，反映出部分发行人乃至上市公司发行人对债务融资工具市场相关自律规定的认识仍存在不足之处。发行人及主承销商应充分关注跨市场信息披露同步性和及时性，切实作好上市公司信息披露相关工作，保护债务融资工具投资者的合法权益。

发行人跨市场信息披露不同步案例经验总结

鉴于信息披露在证券市场的重要性，债务融资工具市场相关主管部门对信息披露给予了高度重视，制定并不断完善信息披露相关制度，大力开展信息披露督导工作，以提高市场参与者的合规意识、市场责任意识和信息披露工作水平。

若发行人发生与上述案例情况类似的事项，应遵循以下原则进行披露：第一，对于影响企业偿债能力、投资者价值判断和风险判断的重大事项，企业应真实、准确、完整、及时地披露相关信息；第二，《信息披露规则》（2012版）以及此前发布的协会〔2009〕年第18号公告均明确规定，企业重大事项信息披露时间应不晚于企业在证券交易所、指定媒体或其他场合公开披露的时间，因此，在其他市场公开发行证券的发行人，对于同时符合债务融资工具市场信息披露要求的重大事项，应尤其关注其在债务融资工具市场的信息披露的及时性。

在当前市场环境下，由于债务融资工具市场发展时间较短，部分发行人对债务融资工具市场相关自律规则指引认识不足、市场化意识不高，上市公司发行人可能出现债市信息披露滞后于股市的问题，对市场秩序和企业声誉均造成不良影响。因此，发行人与主承销商应切实加强对债务融资工具市场相关自律规则指引的学习，严格按照规则指引要求及时披露信息，避免信息披露不及时以及不同市场披露不同步问题的出现。

发行人不同市场信息披露不一致

近年来，随着我国资本市场的持续快速发展，"跨市场融资"已成为普遍现象，越来越多的发行人同时在债务融资工具市场、股票市场等多个资本子市场融资。这就对企业在市场化意识、信息披露合规性等方面提出更高的要求。但是，部分发行人存在一定的"重股票市场、轻债券市场"心理，对债务融资工具发行文件重视程度不够，存在一定敷衍应付的现象。另外，部分发行人不了解债务融资工具市场相关自律规则指引要求，以致信息披露不合规。中小企业发行人由于对资本市场相关法律法规和自律规则指引认识不充分、财务管理水平有限以及公司治理不够完善等原因，更容易使不同市场信息披露出现不一致等不合规问题。

C公司债市股市同时融资，两市场信息披露不一致

C公司成立于2001年1月，由企业董事兼总经理贾芳女士（化名）等9位自然人以及某集团有限公司和某创业投资有限公司两家机构持股，其中贾芳女士为企业实际控制人，持股比例为40%。企业主要生产钢塑、铝塑复合带等。2010年1月，C公司作为联合发行人参与某市2010年度第一期中小企业集合票据（以下简称"10SMECN1"）发行，募集资金4000万元，期限3年，主体与债项评级均为AA级。

同时，C公司也准备在股票市场融资。2010年8月，C公司向证监会递

交了招股说明书（申报稿）。但是，C 公司在中小企业集合票据募集说明书和 A 股招股说明书中披露的部分信息存在不一致：首先，C 公司在招股说明书中披露的 2009 年经营性活动现金流量净额为 − 55.6 万元，募集说明书中披露的相应数据为 190.26 万元，相差 245.86 万元；其次，C 公司在招股说明书中披露的公司实际控制人贾芳女士的简历和在募集说明书中披露的信息不一致（如表 2 - 1 所示）。

表 2 - 1　　　　　　　　C 公司高管简历相关信息对比

比较项目	募集说明书	招股说明书
毕业院校	西安农业大学	广东贸易学院
1998—2001 年就职单位	西北食品加工厂	西北工业集团
2002—2004 年就职单位	西北食品加工厂	D 材料有限公司
C 公司总经理任职时间	2005 年 1 月	2006 年 3 月

据调查，C 公司两市场信息披露不一致的主要原因如下：第一，在募集说明书中，公司将本应作为现金及现金等价物处理的应付票据保证金 330 万元作为非现金及现金等价物处理；募集说明书中将本应作为非经营性现金流入的汇率变动的 84.14 万元作为经营性现金流入。上述两个原因造成两份文件数据有所差异。第二，募集说明书中实际控制人贾芳女士的简历由其秘书整理，未经本人确认即予以披露，内容不够准确。

D 公司债券市场与其兄弟公司股票市场披露信息不一致

无独有偶，另一家中小企业集合票据发行人也出现了两个市场信息披露不一致的情况，与上述 C 公司案例的不同在于该发行人与发行人兄弟公司之间存在信息披露不一致。D 公司成立于 1999 年，与 E 公司等 6 家兄弟公司同为某集团有限公司的控股子公司。2010 年 10 月，D 公司与其他几家发行人作为联合发行人参与某市 2010 年度第一期中小企业集合票据（以下简称"10SMECN1"）发行，募集资金 1 亿元，期限 1 年，主体评级为 BBB + 级，债项评级为 AA 级。

2011 年 1 月，E 公司首次申请公开发行 A 股股票，并于 2011 年 3 月在上海证券交易所上市。D公司在募集说明书与E公司在招股说明书中披露的关于D公司的部分信息存在不一致：首先，D公司在募集说明书中披露的2008年度、2009年度主营业务收入和净利润数据与E公司在招股说明书中披露的相应数据不一致，募集说明书相应数据要高于招股说明书数据。其次，D公司未在募集说明书中披露其应披露的对外关联担保情况（如表2－2所示）。

表2－2   D公司有关信息对比

比较项目	募集说明书	招股说明书
生产经营数据	2007年、2008年经营性现金净流量分别为－56万元和－565万元	2007年、2008年经营性现金净流量分别为190万元和－635万元
对外担保情况	无相关信息	详细披露

据调查，信息披露不一致的主要原因如下：

首先，2008年度、2009年度主营业务收入和净利润等财务数据披露不一致的主要原因在于两份文件披露范围不同。D公司在该市国际商贸城下设四个直销门市部，根据会计准则，会计报表合并范围应包括D公司本级以及四个直销门市部；根据当地的税收管理体系，四个直销门市部为四个独立的纳税主体，因此提供给税务局的财务报表分别为D公司本级以及四个直销门市部共五张报表。D公司表示，中小企业集合票据募集说明书中的财务报表由主承销商通过其会计师事务所获得，披露范围即D公司本级以及四个直销门市部；招股说明书中财务报表由E公司保荐人某券商通过当地税务局获得，披露范围仅为D公司本级。因此，财务信息披露不一致主要是由于E公司招股说明书制作过程中仅取得了D公司本级的财务报表。

其次，针对未披露对外关联担保情况，D公司表示，未披露关联担保的主要原因在于D公司混淆了外部担保与内部担保的概念。由于公司与E公司同属一个集团公司，公司高管同时也是集团高管，在考虑集团相关事务时形成了从集团出发的惯性思维，将D公司对E公司的担保错误理解为内部担保，故未在募集说明书中披露。

上述案例中，相关发行人因未按照债务融资工具相关规则指引进行真实、准确、完整的信息披露，受到了相应的自律处分。

发行人债务融资工具市场披露信息
与上报行政主管部门信息不一致

非金融企业债务融资工具市场自 2005 年成立以来，发行企业、投资者和主承销商等市场成员积极参与其中，尤其是 2007 年交易商协会成立以来，债务融资工具发行企业数量和发行规模均取得了跨越式发展。债务融资工具市场在拓宽企业融资渠道、支持实体经济发展方面成效显著，也引起了有关监管部门的重视。随着债务融资工具市场重要性日益提高，国家审计、工商、税务等行政主管部门也对债务融资工具市场参与主体信息披露合规性的关注程度明显提高。2011 年，国家审计部门在审计某中小非金融企业发行人财务数据过程中发现其存在债务融资工具市场披露财务信息与向工商税务部门提交的财务信息明显不一致的情况。交易商协会了解到相关问题后立即进行调查处理，督导相关企业对信息披露和财务管理中的不合规行为进行了整改。

中小企业财务报表真实性受到行政监管部门关注

2011 年，国家审计部门在审计某中小企业 F 公司财务数据过程中，发现其在"10SMECN1"募集说明书中披露的 2009 年利润总额和经营性净现金流分别为 2140 万元和 2669 万元，而向工商部门报送的财务报表中两个指标分别为 –2539 万元和 –2632 万元；在审计中小企业 G 公司财务数据过程中，发现其在"11SMECN1"信用评级报告中披露的 2010 年净资产规模为 3.78

亿元，而向税务部门提交的财务报表显示该指标为 1.12 亿元，两家企业均存在债务融资工具市场披露财务信息与向工商税务部门提交的财务信息明显不一致的情况。2012 年 4 月底，在收到经人民银行转来的相关文件及调查材料后，交易商协会给予高度重视，立即组成专项调查小组对两家企业进行现场调查。

财务报表差异科目及原因说明

经过现场访谈两家企业董事长和财务人员，并由作为审计责任主体的会计师事务所出具专业意见，两家企业均表示在债务融资工具市场披露的财务报表真实、准确、完整，能够反映企业实际生产经营和财务状况，而向工商和税务部门报送的报表由于会计差错、避税等原因存在一定瑕疵。

经核对 F 公司两个口径 2009 年利润表，发现其在债务融资工具市场披露的 2009 年利润总额为 2140 万元，向工商部门报送的利润总额为 −2539 万元，主要体现在其他业务利润、营业费用和财务费用三个会计科目上。对于其他业务利润科目，F 公司在债务融资工具市场披露的报表将出口退税 3889 万元调整为其他业务收入，因此"其他业务利润"增加 3889 万元；但由于不了解财政部和国税总局出口退税收入可免征税的相关规定，出于避税的考虑，F 公司向工商部门报送的报表未将该部分出口退税确认为其他业务收入。对于营业费用科目，公司在 2009 年初计提出口退税佣金 500 万元，但由于部分合同并未完全履行，该项费用也未全部支付，因此在债务融资工具市场报表将其冲回，而工商部门报表并未冲回上述费用。对于财务费用科目，公司进行境外采购及销售业务产生汇兑收益和损失，在债务融资工具市场报表确认汇兑收益 290 万元，并因此核减财务费用 290 万元，而工商部门报表未确认汇兑收益。上述三个会计科目差异共导致收入增加 3889 万元，费用减少 790 万元，利润总额合计增加 4679 万元，与两个口径披露利润表差异相符。

经核对 F 公司两个口径披露的 2009 年现金流量表发现，其在债务融资工具市场披露的经营性净现金流为 2669 万元，而向工商部门报送的经营性净现

金流为 -2632 万元，F 公司表示为在进行工商年检申报时，错误将经营性活动现金净流入计入筹资性活动现金净流入所致。F 公司在发行集合票据时认识到此前的会计差错，将本应计入经营活动项下的"销售商品提供劳务收到现金"从筹资活动项下"借款收到的现金"科目调整出来，并因此造成两个口径报表差异 5301 万元。

经核对 G 公司两个口径 2010 年资产负债表，发现其在债务融资工具市场披露的净资产规模为 3.78 亿元，而向税务部门提交的财务报表该指标为 1.12 亿元。与 F 公司情况类似，G 公司表示主要是出于避税的考虑在向税务部门提交财务信息时作了相关的技术处理，对历年累计收入和利润进行了一定的调整。

现场调查结束后，两家企业均出具了针对上述情况的书面说明，提供审计服务的相关会计师事务所对会计报表进行了核查并发表了专项意见，主承销商补充提交了尽职调查报告，两家企业均表示在债务融资工具市场披露的报表真实、准确、完整地反映了企业的生产经营和财务状况。

本案例的启示及意义

中小企业在发展初期面临较大的成本控制压力，在财务人员配备和财务管理制度上存在一定的不健全、不完善的地方，通过参与债务融资工具市场发行债务融资工具，对于提高公司治理和财务制度的规范性、透明性均能起到重要的促进作用，同时债务融资工具市场披露也对于发行人财务报表的真实性、准确性和完整性提出了更高要求。

（一）中小企业管理人员专业素质和守法合规意识有待提高。中小企业在资本原始积累初期存在一定的生产经营不规范之处，主要体现在守法合规意识不足，个别企业存在寄望通过操纵财务报表逃避税费的现象；同时公司管理人员专业素质有待提高，缺乏生产经营和财务管理的知识储备和实践经验，发展过程中存在较大的风险。通过在债务融资工具市场发行债务融资工具，企业已经成为一家公众公司，其经营情况和财务状况受到投资者的广泛关注，应该严格遵守各项法律法规和规章制度，提高生产经营和公司治理的规范性和透明性。

（二）发行企业应严格按照信息披露管理制度的要求完成各项定期和非定期信息披露工作。债务融资工具的发行实行"注册制"，注册制的核心是信息披露，发行人作为信息披露的第一责任主体应当真实、准确、完整和及时地披露相关信息。随着债务融资工具市场规模和重要性不断增加，发行人信息披露的合规性受到越来越多的关注，同时部分发行人在债务融资工具市场、交易所市场以及工商税务部门均需使用财务报表，因此对其财务报表的质量和合规性也提出了更高要求，发行人应当严格遵守不同市场的信息披露制度，保证披露信息的同步性和一致性，避免由于在不同市场报表的差异给自身生产经营和市场声誉造成不良影响。

本章经验总结

发行人经验总结

上述案例反映出部分债务融资工具市场发行人仍存在"重股票市场、轻债券市场"的心理，对债务融资工具发行文件、存续期信息重视程度不够，存在一定敷衍应付的现象。部分中小企业由于资本市场经验不足、内部治理不够健全，在涉及多个市场融资时，存在信息披露不同步或披露不一致的情况。发行人应吸取教训，总结经验，避免类似不合规问题的发生。

首先，发行企业应保证信息披露的真实、准确、完整和及时，这是债务融资工具施行注册制的核心，是维护市场平稳健康运行的关键。债务融资工具一经发行，企业即成为公众公司，就应当承担起相应的义务，充分重视信息披露工作的重要意义。发行人出现披露信息不同步、不一致、不完整问题在一定程度上也是由于对债务融资工具市场相关自律规定不够熟悉，公司相关分管业务的领导、财务负责人以及相关业务经办人员应加强对债务融资工具市场相关自律规范文件的学习，并严格按照相关自律规则指引的要求进行信息披露，确保披露信息的真实、准确、完整和及时。

其次，发行人在不同市场、不同披露文件中的信息披露出现不一致反映出公司信息披露制度机制建设不到位、管理体系不健全。发行人应建立起信息披露制度和工作机制，安排专人专岗负责信息披露相关工作，加强内控，对公开发布的文件应充分核查、严格把关，仔细核实相关信息，在债务融资工具存续期间合规披露定期财务信息和重大事项，切实履行信息披露承诺，合规开展债务融资工具的相关业务，保障投资者的合法权益。

主承销商经验总结

同时，本章案例也暴露出主承销商在落实主承销商职责过程中存在的对企业信息披露工作前期辅导和后续督导不到位等问题，尤其对于跨市场融资主体的信息披露工作重视程度不够，造成两个或多个市场的信息披露存在不一致的问题。各主承销商应以此为鉴，总结自身工作中的不足，并吸取相关经验教训。

首先，主承销商应当加强对跨市场融资主体信息披露的督导工作，促进发行人提高信息披露合规程度。对于将要跨市场融资的发行人，主承销商要做好前期的信息披露督导工作，提高发行人对债务融资工具市场融资的重视程度，使发行人明确其有义务对投资者进行真实、准确、完整、及时的信息披露，提升发行人主动披露的合规意识；对于已经跨市场融资的发行人，尤其是中小企业集合票据发行人，主承销商要予以重点关注，要将多个市场公开披露的信息进行仔细排查，重点应关注披露的时效性以及资产、负债、净资产、收入、成本、利润、经营性现金流量净额等主要财务指标和投资者关心的其他重要问题。

其次，主承销商应充分尽职履责，完善业务开展机制。主承销商在承销服务开展前期应加强对企业信息披露责任意识的辅导，促使企业充分理解并掌握信息披露有关要求，认识到发行人核心责任及发行人相关市场行为的重要性。在尽职调查工作中，主承销商应对发行企业生产经营情况、合并报表范围等重要事项作深入了解，充分掌握相关基础资料、严格把关，确保注册文件信息真实、准确、完整。

第三章

财务管理存在问题
财务信息披露不合规

发行人申请调整财务报表合并范围

2010 年 11 月，某地方国有企业发行人在申请备案发行 2010 年第二期短期融资券的同时，申请更正 2010 年第一期短期融资券注册文件中相关内容。发行人表示，其 2010 年第一期短期融资券注册文件中将下属某子公司 J 纳入集团 2007 年、2008 年财务报表合并范围属于重大会计差错，要求以将 J 公司从并表范围内剔除为原则，对 2007 年、2008 年审计报告进行重述，对 2009 年财务报表期初数据进行追溯调整并对 "10CP01" 募集说明书有关内容进行更正。作为债务融资工具市场第一起更正已披露注册文件信息、且相关机构涉嫌违反自律规则指引问题的事件，本事件从始至终受到市场参与各方的广泛关注。

申请调整财务报表合并范围缘起控制权理解偏差

当事发行人为某市国资委下属集团公司，市国资委间接持有发行人股权比例达 90% 以上，为其实际控制人。截至 2010 年 3 月 31 日，发行人纳入并表范围的子公司共 15 家；不纳入并表范围的参股联营公司 1 家（即 J 公司）。J 公司由发行人等其他 20 家股东共同出资组建，法定代表人为发行人的原副总经理。截至 2009 年末，发行人持有参股联营的 J 公司 20% 的股权，为其第一大股东。2010 年 7 月，发行人成功注册短期融资券 12 亿元，2010 年 9 月，发行人发行短期融资券 "10CP01"，募集金额 6 亿元，尚有剩余注册额度 6

亿元未使用。

发行人注册文件及在债务融资工具市场公开披露的募集说明书中，包含2007—2009年度经审计财务信息，其中2007年、2008年发行人将J公司纳入报表范围，但2009年发行人将J公司剔除出报表合并范围。2007年、2009年财务报告由甲会计师事务所审计，2008年财务报告由乙会计师事务所审计，两家会计师事务所均对相关年度财务报告出具了无保留意见。

发行人提出，2007年、2008年将J公司纳入并表范围主要是依据企业2008年的董事会决议，其中第三条和第四条明确规定发行人有权委派或负责推荐J公司董事长建议人选，有权决定J公司的财务和经营政策，根据企业会计准则，J公司满足被纳入合并报表的必要条件。而企业董事长在事后的访谈中表示，这样做也有增强发行人与J公司间的业务合作关系、实现J公司机制体制创新、将相关产业做大做强的考虑。

既然根据企业会计准则，J公司应纳入发行人并表范围，为何2009年发行人又将J公司剔除出报表合并范围？企业解释称一是原将J公司纳入发行人合并报表范围的判定依据不具法律效力。原判定依据主要为发行人2008年董事会决议，但该董事会决议仅由发行人单方面作出，未在J公司章程或其他书面协议中体现，因此对J公司不具有法律效力；二是J公司自成立以来，股权结构较为分散，发行人虽为其第一大股东，但在股权构成、董事会人员构成以及重大经营决策等方面并没有对J公司构成实际控制，因此将J公司纳入发行人的合并报表不符合企业会计准则相关规定。

根据发行人提出的2009年将J公司剔除报表合并范围的理由可知，2007年、2008年其将J公司纳入财务报告合并报表范围的依据实际上不成立，但为何发行人在2009年将J公司剔除合并报表范围时没有对以前年度会计差错一并调整，直到2010年11月申请第二期短期融资券备案发行时才想到应当对相关财务报表进行重述呢？对此企业解释称，由于财务负责人员认识存在偏差，在2009年将J公司剔除合并报表范围时没有认识到应当同时对以前年度合并报表范围进行追溯调整，而现在随着对资本市场参与程度的加深，企业及相关责任人员均认识到准确披露财务信息的重要性，明确2007年、2008

年财务报告存在重大会计差错，因此决定对此前差错信息进行更正。

表 2 - 3　　　　　　　　　发行人财务报表合并范围更正情况

财务报表年份 ＼ J公司是否纳入并表范围	更正前	更正后
2007 年	是	否
2008 年	是	否
2009 年	否	否

发行人的更正申请是否合理

那么，发行人申请更正已披露财务信息的要求合理吗？

我国财政部 2006 年版《企业会计准则第 33 号》第六条规定，"合并财务报表的合并范围应当以控制为基础予以确定。控制，是指一个企业能够决定另一个企业的财务和经营政策，并能据以从另一个企业的经营活动中获取利益的权力。"第八条规定，"母公司拥有被投资单位半数或以下的表决权，满足下列条件之一的，是为母公司能够控制被投资单位，应当将该被投资单位认定为子公司，纳入合并财务报表的合并范围。但是，有证据表明母公司不能控制被投资单位的除外：（一）通过与被投资单位其他投资者之间的协议，拥有被投资单位半数以上的表决权；（二）根据公司章程或协议，有权决定被投资单位的财务和经营政策；（三）有权任免被投资单位的董事会或类似机构的多数成员；（四）在被投资单位的董事会或类似机构占多数表决权。"

由于发行人持有 J 公司的股权比例在 2007—2009 年分别为 30%、20% 和 20%，因此，应依据上述企业会计准则第八条规定判断发行人是否对 J 公司构成实际控制。

通过核查 J 公司 2007 年 1 月至 2010 年 4 月历次修订的公司章程，尤其是其董事长选举机制、董事会成员人数、发行人对董事长的优先推荐权等内容，可知章程与 "10CP01" 募集说明书有关披露信息存在不一致之处。募集说明书陈述 "2009 年 12 月，J 公司召开临时股东大会修改公司章程，将原章程中

'发行人有权委派或负责推荐 J 公司董事长建议人选'条款删除",而自 2008 年 12 月 15 日至 2010 年 4 月 17 日历次经修订的 J 公司章程中,实际上均未出现上述条款,存在的条款为"发行人对 J 公司董事长具有优先推荐权",也即发行人并无权委派 J 公司董事长人选。

将相关调查事实对应到上述判定母公司是否能够控制被投资单位的有关条件中可知:(一)发行人与 J 公司的其他投资者之间不存在关于发行人拥有 J 公司半数以上表决权的协议;(二)发行人 2008 年 3 月 7 日召开董事会形成的七项决议中第四项"明确发行人有权决定 J 公司财务和经营决策",未在 J 公司的公司章程或其他书面协议中体现,对 J 公司不具有法律效力,而其他六项内容也均不能构成发行人能够控制 J 公司的判定条件;(三)无任何能够证明发行人有权任免 J 公司董事会或类似机构的多数成员的资料;(四)根据 J 公司历年公司章程,发行人在 J 公司董事会或类似机构不占有多数表决权。

因此,可以判断 2007—2009 年发行人均未构成对 J 公司的实际控制,发行人申请对财务报表进行重述、将 J 公司剔除 2007 年及 2008 年报表合并范围是适当的,企业的已披露信息更正行为符合《信息披露规则》关于披露信息真实、准确、完整的要求。

会计师事务所职责何在

在本事件中,发行人 2007—2009 年年度财务报告均经过有资质的会计师事务所审计,且会计师事务所均出具了无保留意见的审计报告,后续却发现企业财务报告中存在如此重大的会计差错,相关会计师事务所在债务融资工具相关业务中的尽职履责程度存在明显问题。

根据《银行间债券市场非金融企业债务融资工具中介服务规则》规定,会计师事务所等中介机构在债务融资工具市场提供中介服务时,应当遵守法律、行政法规及行业自律组织的执业规范,遵循诚实、守信、独立、勤勉、尽责的原则,保证其所出具文件的真实性、准确性、完整性。

经调查了解得知,甲会计师事务所 2007 年同意发行人将 J 公司纳入合并报表是基于 2007 年发行人为 J 公司的第一大股东（持股 30%）、而其他股东均为财务投资人的实际情况，但当时甲所未取得发行人对 J 公司实施控制的书面文件；2008 年发行人持有 J 公司的股权虽然降低至 20%，但仍为第一大股东，依据发行人 2008 年 3 月 7 日董事会决议和发行人的口头说明，乙会计师事务所 2008 年仍同意发行人将 J 公司纳入合并报表。

本事件发生后，两家会计师事务所就发行人对下属子公司 H 的控制权情况重新进行了调查。根据调查结果，甲、乙两所承认此前出具的 2007 年、2008 年审计报告中同意发行人将 J 公司纳入合并财务报表的判断依据与《企业会计准则第 33 号——合并财务报表》相关规定不符，属于重大会计差错。而出现这样重大的会计差错的原因在于会计师事务所在审计工作中出于对同地区企业熟知程度的盲目自信，没有完整搜集工作底稿，未能取得书面证明文件，没有做到客观公正和勤勉尽责。

发行人错误信息更正及相关机构信息披露情况

2010 年 11 月 5 日，发行人披露了《关于公司 2010 年度第一期短期融资券披露信息更正的公告》，对更正原因、拟更正对象、企业董事会决议和相关财务报表重新审计安排进行了说明。

2010 年 11 月 25 日，发行人披露了《2010 年度第一期短期融资券披露信息更正的补充公告》和由甲会计师事务所出具的《2007—2009 年会计差错更正专项审计报告》。同日，甲、乙会计师事务所分别在债务融资工具市场披露了同意发行人对相关年度财务报表进行重述的说明。

相关机构的违规及自律处分情况

发行人总会计师对《企业会计准则（2006 年）》中有关财务报表合并范围理解错误，在财务信息处理上未能作出合理判断，已出具的财务信息没有真实、准确反映企业生产经营情况，存在重大会计差错，最终导致发行人未能真实、准确、完整地披露相关财务信息和募集说明书信息。同时，发行人有权决策机构及相关财务责任人未及时对上述重大会计差错提出异议，企业内控机制不规范，财务报表编制把关不严，相关财务负责人缺乏诚信、合规意识，企业法制观念淡薄、市场责任感缺失。发行人及其负有直接责任的财务管理人员违反了《信息披露规则》有关规定，发行人及其总会计师因此受到了相应的自律处分。

本事件中会计师事务所的违规情节也较为严重。甲、乙会计师事务所执业不规范，质量控制把关不严，在掌握材料不全、缺乏明确有效的合并依据的情形下判断发行人对子公司 J 存在实际控制关系，出具的专业意见理由不充分、不适当，导致出现会计差错。负责发行人财务报告审计工作的注册会计师未严格按照行业执业标准开展审计工作，没有取得相应工作底稿，未能严格、独立、公允地判断企业财务信息处理规范性，其职业道德水平和专业胜任能力有待提高。相关会计师事务所及注册会计师违反了《信息披露规则》及《中介服务规则》中的有关规定，甲、乙会计师事务所以及负责发行人 2007 年度、2008 年度财务报告审计工作的四位签字注册会计师均受到了相应的自律处分。

已披露财务信息变更规范操作的起点

根据债务融资工具市场相关自律规则指引规定，在债务融资工具施行注册制的制度框架下，交易商协会不对披露信息进行实质性审核，信息披露主体应对已披露信息的真实性、准确性和完整性负责，同时也必须对其变更已披露信息行为负责。因此信息披露主体在进行已披露信息的变更时，必须完全保证其信息变更行为具有客观、正当、合法的理由，不能出于主观目的随意变更已披露信息。对于确需变更的信息，应按照规则有关规定严格履行合规变更流程，保证变更后信息的真实、准确、完整。

特别地，由于会计师事务所已对相关年度财务报告出具了审计意见，因此发行人及信用增进机构对原经审计财务信息进行变更时，应当由原审计责任主体根据企业会计准则有关规定进行认定，并出具相关专业意见进行说明，以保证变更行为的合规性。若相关会计师事务所依据合法、合规依据对变更持有异议，则企业不应单方面变更。

本次事件发生前，债务融资工具市场尚未出台关于已披露信息变更事务的相关规范文件。作为债务融资工具市场第一起已披露信息变更事件，本次事件在发行人、主承销商、会计师事务所及市场自律组织的协同合作下得到了稳妥的处置，存在违规行为的机构也受到了相应自律处分。以此事件为契机，《信息披露规则》（2012 年版）对已披露信息变更相关事务进行了规范，明确了信息变更行为的基本原则、操作流程及相关各方职责，以保证信息披露制度的严肃性，维护注册制的公信力。

两发行人分别将同一家子公司纳入报表合并范围

　　某 K 公司为 M 电力公司和 N 能源公司各出资 50% 设立的均股子公司。自 2009 年起，M 电力公司将均股子公司 K 纳入公司合并财务报表范围，同时，N 能源公司沿用比例合并的方法也对均股子公司 K 的部分会计科目进行了合并。本次事件为债务融资工具市场首个涉及均股子公司报表合并问题的案例。

均股子公司的报表合并

　　本案例中 M 电力公司为 M 省某国有集团公司，控股股东和实际控制人为 M 省国资委。N 能源公司为 N 省某国有独资集团公司，控股股东和实际控制人为 N 省国资委。

　　为充分利用两家公司的资源和技术优势，加强两省能源和经济战略合作，M 电力公司和 N 能源公司于 2005 年各出资 50% 成立均股子公司 K 公司。M 电力公司在 2008 年以前（包括 2008 年）执行旧企业会计准则和《企业会计制度》，并据此对 K 公司进行比例合并，自 2009 年起，M 电力公司开始执行财政部 2006 年 2 月公布的《企业会计准则》（财会［2006］3 号），由于《企业会计准则》不涉及比例合并，因此 M 电力公司将 K 公司纳入报表合并范围；N 能源公司在 2007 年以前（包括 2007 年）执行旧企业会计准则和《企业会计制度》，并据此对 K 公司进行比例合并，自 2008 年起，N 能源公司开始执行《企业会计准则》，但根据 M 省国资委《关于 K 公司财务报表比例合并的批复》（以下简称《批复》），继续保留了对 K 公司部分会计科目的比例合并。

发行人双方各持己见

针对均股 K 公司的报表合并问题，M 电力公司和 N 能源公司均认为其对 K 公司的合并方法是合理的。M 电力公司认为，K 公司与 M 电力公司处于同一市，其生产技术、经营管理对 M 电力公司依赖性大。K 公司主要高管人员包括董事长及财务部门负责人，均由 M 电力公司委派，M 电力公司对 K 公司生产经营有实质管控。2008 年 5 月 N 能源公司曾出具《关于同意 K 公司产权登记的函》，授权 M 电力公司在 M 省国资委办理了 K 公司的国有资产产权登记，将其纳入 M 省国资系统进行管理。因此，K 公司应由 M 电力公司合并。

为 M 电力公司 2008—2010 年财务报表进行审计的丙会计师事务所认为，K 公司是 M 电力公司和 N 能源公司共同控制的均股子公司，董事会成员各占一半，形式上持股双方均没有控制权。但是，K 公司现任董事长由 M 电力公司董事长兼任，财务部门负责人由 M 电力公司派驻，员工调任及生产经营均由 M 电力公司负责。2009 年 11 月，M 电力公司将 K 公司纳入合并财务报表范围作为重大财务事项向 M 省国资委报备。因此，M 电力公司对 K 公司拥有实质控制权，将其纳入合并财务报表范围符合《企业会计准则》的精神。

N 能源公司认为，《企业会计准则》出台后关于均股子公司并表的规定不能完全适应实际情况，如果取消比例合并的一贯做法，将造成企业资产的大起大落。经参考央企等同类企业的比例合并方法，自 2008

年以来，N 能源公司按照 N 省国资委《批复》的要求采用比例合并方法对 K 公司进行合并。N 能源公司在各年度审计报告报表附注中均对此事进行了特别说明，并且在各次募集说明书中也进行了如实披露。

为 N 能源公司 2008—2010 年财务报表进行审计的丁会计师事务所认为，虽然根据现行企业会计准则规定，不应对均股子公司采用比例合并法进行合并，但根据《批复》，N 省国资委同意 N 能源公司在 2008 年保留对 K 公司的比例合并。2009 年度和 2010 年度 N 能源公司和 M 电力公司就该事宜尚未达成一致，根据 N 省国资委的要求，2009 年和 2010 年 N 能源公司仍继续采用比例合并法对 K 公司进行合并。

K 公司到底应由谁合并？

经查阅 K 公司章程，与本案例相关的主要条款总结如下：K 公司注册资本为 M 电力公司（甲方）和 N 能源公司（乙方）各以人民币现金出资 50%；股东会为公司最高权力机构，其行使职权的所有事项均须经股东代表三分之二以上（不含三分之二本数）表决权的股东通过方可作出决议；董事会由七名董事组成，除董事长和总经理外，由股东会在甲乙双方推荐的人员中各选举产生两名，公司职工民主选举产生一名；职工董事实行轮换选举制，当董事长由甲方推荐的人员担任时，职工董事从乙方管理的分公司职工中民主选举产生；当董事长由乙方推荐的人员担任时，职工董事从甲方管理的分公司职工中民主选举产生。董事长实行轮换推荐制，考虑到项目建设期的需要，第一届、第二届董事长由董事会在甲方推荐的董事中选举产生，从第三届起，董事长的推荐权每届轮换一次；董事会行使职权的所有事项均须经全体董事的三分之二以上（不含三分之二本数）同意方可作出决议；总经理由双方依次轮流推荐，考虑到项目建设期的需要，第一届、第二届总经理由董事会在乙方推荐的人选中聘任，从第三届起，总经理的推荐权每届轮换一次。

《企业会计准则第 33 号》第六条规定，"合并财务报表的合并范围应当以控制为基础予以确定。控制，是指一个企业能够决定另一个企业的财务和

经营政策，并能据以从另一个企业的经营活动中获取利益的权力。"第八条
规定，"母公司拥有被投资单位半数或以下的表决权，满足下列条件之一的，
视为母公司能够控制被投资单位，应当将该被投资单位认定为子公司，纳入
合并财务报表的合并范围。但是，有证据表明母公司不能控制被投资单位的
除外：（一）通过与被投资单位其他投资者之间的协议，拥有被投资单位半
数以上的表决权。（二）根据公司章程或协议，有权决定被投资单位的财务
和经营政策。（三）有权任免被投资单位的董事会或类似机构的多数成员。
（四）在被投资单位的董事会或类似机构占多数表决权。"

由于 M 电力公司和 N 能源公司均持有丙公司 50% 的股权比例，因此应依
据上述第八条规定判断发行人是否对丙公司构成实际控制：第一，M 电力公
司和 N 能源公司未形成某一方拥有丙公司半数以上表决权的协议；第二，根
据公司章程，M 电力公司和 N 能源公司均无权单方面决定丙公司的财务和经
营政策；第三，由于董事长实行轮换推荐制，M 电力公司和 N 能源公司在董
事会中各自占据的席位为第三名和第四名轮换，因此无证据表明某方有权任
免丙公司的董事会多数成员；第四，同第三条，无证据表明某方在丙公司的
董事会或类似机构占多数表决权。综合以上分析可以判断，根据公司章程和
企业会计准则，M 电力公司和 N 能源公司均未构成对丙公司的实际控制权，
因此双方均应进一步提供可证明其对丙公司形成实际控制的证据或双方在对
丙公司进行合并方面达成协议。

另外，由于《企业会计准则》并未涉及比例合并相关规定，N 能源公司
自 2008 年起开始执行《企业会计准则》后，仍采用比例合并法对丙公司部
分科目进行合并的做法不符合《企业会计准则》的要求。

相关机构存在的问题

根据前述分析，M 电力公司在 2009 年和 2010 年将 K 公司纳入合并财务
报表范围的依据不足。依据《企业会计准则第 33 号——合并财务报表》及
企业提供的资料，M 电力公司对 K 公司不具有实质控制力，因此其在 2009

年和 2010 年季度、半年度财务报表、年度审计报告及 2011 年季度、半年度财务报表中均将均股 K 公司纳入合并财务报表范围依据不充分。丙会计师事务所作为 M 电力公司 2007—2010 年财务报表的审计机构，未严格按照《企业会计准则》的要求对 M 电力公司财务报表进行审计及出具 M 电力公司对 K 公司具有实质控制力的专业审计意见。

N 能源公司在 2009 年和 2010 年对 K 公司部分会计科目进行比例合并不符合《企业会计准则》关于合并财务报表编制的要求。N 能源公司在 2009 年和 2010 年均执行《企业会计准则》，但在 2009 年和 2010 年季度、半年度财务报表、年度审计报告以及 2011 年季度、半年度财务报表中均采用比例合并法对 K 公司部分会计科目进行合并，该情况不符合《企业会计准则第 33 号——合并财务报表》的相关要求，财务报表编制不审慎。丁会计师事务所作为 N 能源公司 2009 年、2010 年财务报表的审计机构，未严格按照《企业会计准则》的要求对 N 能源公司财务报表比例合并 K 公司部分会计科目的情况进行审计。

事件后续进展

2011 年 8 月，N 能源公司向 M 电力公司出具了《关于均股 K 公司财务报表合并事宜的函》，称经过股东双方友好协商，同意 K 公司财务报表由 M 电力公司合并。据此，M 电力公司继续保留对均股 K 公司的财务报表合并。

在同意 K 公司财务报表由 M 电力公司合并后，2011 年 8 月 1 日，N 能源公司在银行间市场披露了《调整 2009—2010 年度中期财务报表、年报和 2011 年中期财务报表的说明》，对调整财务报表的原因和主要财务指标的变化进行了说明，同时，N 能源公司还披露了 2009 年至 2011 年更正后的财务报表和年报。

丁会计师事务所作为 N 能源公司 2009 年、2010 年年度财务报告审计责任主体，协助 N 能源公司调整了 2009 年和 2010 年年度审计报告。2011 年 8 月 2 日，丁会计师事务所在债务融资工具市场披露了《关于 N 能源公司调整 2009 年和 2010 年度财务报表的情况说明》。

发行人财报合并范围变更未作有关说明

2011 年 4 月，某存续期发行人按照相关要求披露了 2010 年度财务报告，其中企业当期合并范围与 2009 年度相比发生了明显变化，减少下属 L 公司，这一重大变化及其影响在 2010 年财务报告中并未进行相关说明。企业财务报告合并范围变化的重要性以及合并范围变化时点的判断等问题成为市场成员关注的焦点。

子公司资产重组，控股权转移

本案例中的发行人为国有独资公司，公司唯一股东为省国资委。截至 2011 年 3 月底，公司全资、控股子公司共 22 家，其中全资子公司 8 家，控股子公司 14 家。2010 年 9 月，发行人发行 2010 年第一期短期融资券"10CP01"，主体信用等级为 AA 级，债项信用等级为 A－1 级。

2009 年度，由省政府主导进行的重大资产重组波及发行人下属二级子公司 L 公司。根据相关决议，经此次资产重组后发行人对 L 公司将不再拥有实际控制权，2009 年起股权变动相关手续处于陆续办理的过程中。2010 年 9 月，发行人向市场公开披露了合并范围包括 L 公司的 2009 年年度财务报告。

2010 年报合并范围变化，相关说明缺失

2011 年度，发行人作为债务融资工具处于存续期间的企业，按照相关规

定披露了 2010 年度财务报告,财务报告显示合并范围不包含 L 公司。在年度财务报告中,企业报表合并范围的重大变化属于应在报表附注中强调说明的重要事项,然而发行人并没有在 2010 年度财务报告中作出任何说明。

企业合并范围及其变动情况对于投资者理解财务信息、对比分析发行企业财务状况变化具有重要的作用,应准确描述、规范编制。因此发行人 2010 年度财务信息应进行更正,就合并范围变化的有关影响进行说明。

合并范围变化时点判断准确性

据有关公开信息可查证,发行人下属 L 公司资产重组自 2009 年启动,期间涉及资产重组方案经主管机关审核、相关资产划转等重要过程,截至 2009 年 12 月 31 日,L 公司资产划转程序尚处进行之中,资产交割尚未完成,因此发行人应当将 L 公司纳入当年财务报告合并范围中;2010 年度,L 公司重组顺利完成,发行人合并财务报表中未将 L 公司纳入合并范围。

考虑到截至 2009 年年末相关手续尚未完结,因此发行人向市场公开披露的财务报告中将 L 公司纳入了 2009 年度合并范围。然而,发行人在准备 2010 年度财务报告时,未认识到 2010 年年度财务报告合并范围与 2009 年度相比发生变化,未在 2010 年年度财务报告附注中作出说明,对企业需于财务报告中说明的重要事实敏感性不够,导致 2010 年年度财务报告中有关合并范围的说明缺失。

2011 年 5 月,在主承销商的督导下,发行人披露了《关于 2010 年年度审计报告合并范围变更相关事宜的补充说明》,对 2009 年、2010 年年度公司合并范围变化情况、此前 2010 年度财务报告中未对相关信息做出说明的原因、该合并范围变化对公司财务信息的影响、2010 年度财务报表附注有关内容补充情况等作出了说明。为发行人 2010 年年度财务信息提供审计服务的会计师事务所对该变更事项出具了专业意见,认为发行人关于 2010 年年度财务报告合并范围变更相关事宜的补充说明是真实、完整、合理的,符合发行人的实际情况。

财务信息准确性由企业合规运作、中介机构尽职共同保障

发行人作为公开发行债务融资工具的公司，企业财务信息的编制需遵守相关会计政策规范进行。企业报表合并范围的变化及其影响直接关系到财务报告信息的准确性，企业应重视履行相关事项的信息披露责任。同时企业已披露信息的一致性、可比性是投资者进行财务信息分析的重要前提，发行企业对后续披露信息与已披露信息是否连贯、一致的基本核对工作是其保证信息披露质量、尊重投资者合法权益的基本环节。

主承销商作为发行企业信息披露督导的第一责任主体，不仅应关注督导发行企业财务信息披露的及时性，也应加强对存续期企业财务信息披露准确性的辅导和督导，采取有效工作措施不断提升信息披露的质量；会计师事务所应牢固树立市场责任意识，保持专业怀疑态度，严格按照执业标准提供中介服务，勤勉尽责地开展相关业务。

发行人会计政策运用不当

2011 年 7 月，某发行人对其原披露的 2009 年度、2010 年度财务报告中"安全生产费"相关科目进行重述、对报表金额进行调整。发行人的调整行为表明此前披露的财务信息准确性存疑，而此前数据存在瑕疵的原因、相关中介机构对有关调整行为的态度和专业意见，都引起了市场的关注。

财务数据准确性存疑

本案例中发行人控股股东和实际控制人为省国资委。发行人于 2010 年 8 月发行 2010 年第一期中期票据"10MTN1"，发行人主体和债项信用等级均为 AAA 级。

在债务融资工具存续期内，交易商协会发现发行人已披露的 2009 年年度财务报告中关于"安全生产费"的会计处理可能不恰当，2009 年合并财务报表中对安全生产费用按照《企业会计准则解释第 3 号》计提，当年属于会计政策变更，但未对 2009 年期初数据进行追溯调整。

相关会计政策沿革分析

本案例中发行人财务数据不准确的核心科目为"安全生产费"，该项目金额计提情况是否符合要求，可从相关会计处理规定出发进行梳理，发行人相关财务数据涉及 2009—2010 年度，查阅会计准则等相关资料可发现，"安全生产费"计提政策曾经出现过较大的变迁。

根据财政部 2009 年 6 月 11 日发布的《企业会计准则解释第 3 号》的有关要求：（1）高危行业企业按照国家规定提取的安全生产费，应当计入相关产品的成本或当期损益，同时记入"4301 专项储备"科目，"专项储备"科目期末余额在资产负债表所有者权益项下"减：库存股"和"盈余公积"之间增设"专项储备"项目反映。（2）企业使用提取的安全生产费时，属于费用性支出的，直接冲减专项储备，企业使用提取的安全生产费形成固定资产的，应当通过"在建工程"科目归集所发生的支出，待安全项目完工达到预定可使用状态时确认为固定资产；同时，按照形成固定资产的成本冲减专项储备，并确认相同金额的累计折旧。该固定资产在以后期间不再计提折旧。企业提取的维简费和其他具有类似性质的费用，比照上述规定处理。（3）《企业会计准则解释第 3 号》发布前未按上述规定处理的，应当进行追溯调整。

表 2-4　　　　"安全生产费"计提政策沿革情况表

阶段及项目性质	相关规定	操作要求
（2004—2007 年）作负债列示，于税前提取	1.《关于印发煤炭生产安全费用提取和使用管理办法和关于规范煤矿维简费管理问题的若干规定的通知》（财建〔2004〕119 号）；2.《关于执行〈企业会计制度〉和相关会计准则有关问题解答（四）的通知》（财会〔2004〕3 号）；3.《高危行业企业安全生产费用财务管理暂行办法》（财企〔2006〕478 号）	1. 要求煤炭企业按照规定标准提取安全生产费用，在成本费用中列支。2. 对煤炭企业安全生产费用核算与管理进行了规范。即计提安全生产费用，计入生产成本，做负债列示，在进行费用性开支时直接核销已计提金额，用于购买固定资产，一次性提足折旧，并相应核减挂账金额。

续表

阶段及项目性质	相关规定	操作要求
(2008 年度) 作所有者权益列示，于税后利润中提取	1.《关于做好执行会计准则企业 2008 年报工作的通知》（财会函［2008］60 号）； 2.《企业会计准则讲解（2008）》	1. 高危行业企业按照规定提取的安全生产费用，应当按照《企业会计准则讲解（2008）》中的具体要求处理，在所有者权益"盈余公积"项下以"专项储备"项目单独列报，不再作为负债列示。煤炭企业在固定资产折旧外计提的维简费，应当比照安全生产费用的原则处理。 2. 企业依照国家有关规定提取的安全费用以及具有类似性质的各项费用，应当在所有者权益中的"盈余公积"项下以"专项储备"项目单独反映。
(2009 年至今) 作所有者权益列示；将其从税后利润中提取重新改为税前提取	《企业会计准则解释第 3 号》(2009)	1. 计入相关产品的成本或当期损益，同时记入"专项储备"科目，"专项储备"科目期末余额在资产负债表所有者权益项下"专项储备"项目反映。 2. 企业使用提取的安全生产费时，属于费用性支出的，直接冲减专项储备，企业使用提取的安全生产费形成固定资产的，通过"在建工程"科目归集所发生的支出，待安全项目完工达到预定可使用状态时确认为固定资产；同时，按照形成固定资产的成本冲减专项储备，并确认相同金额的累计折旧。

公司信息准确性分析及更正情况

根据《企业会计准则解释第 3 号》中关于自 2009 年 1 月 1 日起，企业"安全生产费"未按该解释规定处理的应当进行追溯调整的要求，发行人 2009 年期初数据未做追溯调整的做法不符合相关规定，从而 2010 年度、

2011 年第一季度相关数据准确性一并受的影响，企业应当进行更正。

2011 年 7 月，发行人披露了《关于 2009、2010 年度审计报告安全生产费会计政策变更相关事宜的重述说明》，对原 2009 年度、2010 年度财务报告中相关科目进行重述、对相关金额进行调整的情况进行了说明，并披露了更正后的 2009 年、2010 年年度财务报告以及 2011 年第一季度财务报表，对因"安全生产费"项目数据变动导致的资产负债表、利润表相关科目的变动情况均作出了较为详细的说明。同时，原审计会计师事务所亦出具了针对发行人本次信息调整的专项说明，认为公司的说明及重述后的报告是真实、完整、合理的，符合公司的实际情况。至此，发行人失准的信息更正完毕，但由本案例反映出的企业及相关中介机构存在的问题仍然值得反思。

财务信息准确性必须从源头上、外部环境上加强保障

确保披露信息的真实、准确、完整是发行企业的重要责任，财务信息披露在发行企业存续期信息披露工作中占据重要地位，发行企业需以认真负责的态度对待。企业既应按照时间要求及时披露，亦应对信息披露质量审慎把关。财务信息涉及发行企业较多的专业判断，财务报表的编制涉及诸多政策理解及实务操作。在本案例中，就企业"安全生产费"计提相关政策及列示要求而言，相关政策规定较为明确、并不存在技术上的障碍，企业需要提升责任意识，确保财务信息准确披露。

同时，主承销商作为发行企业信息披露督导的第一责任主体，应注意总结财务信息编制过程中出现的各类不符合相关会计政策要求的违规问题，在对发行人的辅导中，提升对信息披露质量问题的重视程度，督导企业及时、准确地披露相关信息，提高信息披露工作水平；会计师事务所应规范执业标准，严格控制质量，按照相关执业规范的要求勤勉尽职执行业务，切实发挥专业意见对披露信息质量增信的应有功效。

发行人少计部分货币资金及营业收入

由于存在账外账户、收入确认方法不符合相应会计准则规定，某发行人在债务融资工具市场披露的 2008—2010 年年度审计报告中少计部分货币资金和营业收入。同时，负责发行人相应年度财务报告审计工作的会计师事务所未能切实尽职履责，在审计过程中未充分履行审计程序。发行企业合规披露定期财务信息是信息披露工作的重要组成部分，是投资者了解企业生产经营及偿债能力情况的重要信息来源，对保护投资者合法权益具有重要意义，发行人及相关中介机构应对该类事项给予高度关注，避免类似问题再度发生。

发行人调整 2011 年经审计财务报表期初数

本案例中的发行人为某省负责供排水和污水处理业务的国有水务企业，实际控制人为省国资委。2011 年 9 月，发行人在债务融资工具市场发行了 5 亿元短期融资券，并在网上披露了其 2008—2010 年审计报告。2012 年 4 月 29 日，发行人按期披露了其 2011 年审计报告和 2012 年第一季度财务报告。其中，2011 年经审计合并财务报表期初数相对于 2010 年经审计合并财务报表期末数有所调整，货币资金和营业收入两项科目的调整幅度较大。针对上述调整情况，发行人仅在 2011 年审计报告附注中简单列举了主要调整科目的调整数据，并未对具体调整原因、调整过程以及数值变化原因进行解释。那么，财务报表调整的背后究竟发生了什么？

财务报表调整背后之一：变更会计师事务所

经了解，为发行短期融资券，发行人于 2011 年聘请了甲会计师事务所为其 2008—2010 年年度财务报告进行审计。由于主管部门统筹安排等多方面原因，2012 年发行人更换了会计师事务所，聘请乙会计师事务所为其进行 2011 年年度财务报告审计。乙会计师事务所在审计过程中，认为发行人一直以来未将全部水费收入纳入当年会计核算，不符合会计准则相关要求，因此对 2011 年合并财务报表期初数进行了追溯调整。

财务报表调整背后之二：账外账户

乙会计师事务所在审计过程中，发现发行人自成立以来一直存在部分银行账户未纳入会计核算的问题。经了解，2008 年经该省国资委批准，发行人由原负责某市自来水生产销售的自来水公司部分资产和其他相关资产整合设立，自来水公司由发行人托管。发行人成立后，代替自来水公司行使该市水费收取职能，自来水公司不再收取水费。上述账外银行账户即为自来水公司各营业处的水费收取专户，该部分账户仅用于收取水费，发行人成立后账户支出仅流向发行人本部。发行人表示，其成立时国资委批文中并未明确自来水公司划拨的部分资产明细，资产评估报告中也未列明上述水费专户，因此发行人和甲会计师事务所认为将该部分账户纳入会计核算的理由不充分。

财务报表调整背后之三：按计划确认水费收入

发行人设立后延续了市自来水公司一直以来的水费核算方法，即按销售计划确认水费收入。发行人每年均制订自来水销售计划，水费查收后存到各营业处水费专户，再由各营业处内勤人员对查收水费进行整理后每月按照销售计划汇缴到集团指定账户，对账后由集团统一计入收入。发行人表示，由于部分居民习惯预交水费，各营业处每月收缴水费并不稳定，如当月收费超出计划，超出部分并不统计在当月统计报表，而是转结下月以减少下月完成计划的压力，如当月没有完成计划，将使用以前月度超额完成的部分。超出计划的水费收入构成了发行人账外银行账户资金。

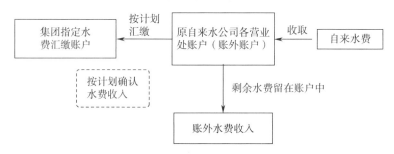

图 2 - 4　发行人少计水费收入图示

相关方存在的问题

2008—2010 年，市自来水公司各营业处水费账户一直向发行人指定水费稽核账户划拨水费，根据实质重于形式原则，各营业处水费账户应纳入发行人会计核算。但在 2008—2010 年 3 年连审报告中，发行人未将该部分水费账户纳入会计核算，导致期末少计货币资金和营业收入。同时，发行人采用按计划而非实际发生金额确认水费收入的会计核算方法使得水费收入核算未能覆盖全部收入，此种做法不符合《企业会计准则》相关规定，也违反了债务融资工具市场自律规则指引相关要求，发行人因此受到了相应的自律处分。

甲会计师事务所在审计发行人 2008—2010 年货币资金时，未针对市自来水公司各营业处水费账户充分执行货币资金完整性认定程序，导致应纳入发行人会计核算的银行账户未被纳入，少计货币资金；审计 2008—2010 年营业收入时，未对 A 自来水总公司各营业处水费账户获取的水费收入充分执行营业收入完整性和准确性认定程序，导致少计营业收入。甲会计师事务所的行为违反了《中国注册会计师审计准则》相关规定及债务融资工具市场自律规则指引相关要求，甲会计师事务所因此受到了相应的自律处分。

发行人虚增收入、财务信息披露不真实不准确

2012 年 5 月，某发行人对其 2007—2010 年度会计差错进行了更正并对相关财务报表数据进行了追溯重述，更正事项涉及发行人通过虚假销售以虚增营业收入、进而美化财务报表的问题。发行人如此严重的财务问题导致其前期披露的财务信息不真实不准确，也引发相关监管机构对其进行立案调查。根据发行人连年亏损的实际经营状况和暴露出的财务问题，负责发行人主体及短期融资券信用评级的某信用评级公司对发行人主体信用等级和债项信用等级进行了大幅下调，相关事件引起了市场的广泛关注与讨论。

利用虚假销售虚增营业收入

本案例中发行人为某省国有上市集团公司，下属子公司较多，主要经营农作物种植与加工等业务。2011 年 7 月，发行人发行 2011 年第一期短期融资券"11CP01"，金额为 10 亿元，主体信用等级为 AA 级，债项信用等级为 A 级。

2007—2010 年，发行人通过下属子公司与另外两家贸易公司 M 和 N 进行虚假的内部销售并确认销售收入。具体过程为：2007—2008 年，发行人下属子公司 R 将 7 万吨小麦和 4 万吨玉米销售给某贸易公司 M，2008 年，M 公司将从 R 公司收购的 4.5 万吨小麦销售给发行人下属子公司 S 面粉加工厂，并将从 R 公司收购的 4 万吨玉米销售给另外的贸易公司 N；2009 年，M 公司将

从 R 公司收购的剩余 2.5 万吨小麦销售给发行人另外的下属子公司 T 饲料加工厂；2009—2010 年，N 公司将从 M 公司收购的 4 万吨玉米也销售给了 T 饲料加工厂。发行人通过上述方式向 M 和 N 公司销售的粮食价值共计约 2.5 亿元，在销售当年分别确认了销售收入，并且货物没有进行实际运输，仅仅签署了交易合同。

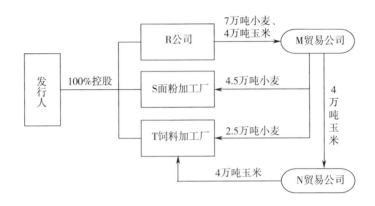

图 2 - 5　虚假销售实现过程及控制关系图

异常交易行为引起多方关注

由于发行人与 M 和 N 两家贸易公司的交易集中于每年年底，并且业务量较大，产品交易价格高于市场平均价格，以上异常现象引起了负责发行人审计工作的甲会计师事务所的关注。2007 年，甲会计师事务所调查了 M 和 N 公司的工商资料，发现发行人与 M 和 N 公司没有关联关系，于是没有继续深入调查，也没有怀疑交易的真实性。

2010 年 11 月，M 公司因为另外的贸易行为涉嫌违规被省证监局调查。在对 M 公司进行调查的过程中，调查人员发现 M 公司与发行人的贸易行为存在异常，于是对发行人也进行了相关调查，并与甲会计师事务所进行了交流。经过一番调查之后，省证监局发现 M 和 N 公司的实际控制人是发行人原董事长李强（化名）的亲戚，发行人与 M 和 N 公司的交易行为实际上均受李强控制。2011 年 10 月，省证监局正式对发行人进行立案调查，并要求发行人对以前年度存在财务信息不实的问题进行纠正并披露相关更正公告。

发行人涉嫌虚假销售、财务信息作假的消息不胫而走，引发了市场的广泛讨论，各方机构纷纷猜测公司实际经营情况。2012 年 5 月，评级公司将发行人主体信用等级由 A 级下调至 CC 级，将发行人"11CP01"债项信用等级由 A 级下调至 B 级。发行人主体及债项信用等级的下调更加引起了市场的关注，发行人短期融资券能否按时足额偿付一时间成为舆论的焦点。

发行人财务信息更正情况

由于发行人内部交易行为时间跨度长、相对隐蔽，同时发行人的管理层发生较大变化，原董事长李强与部分高管已经辞职，新的管理层对之前的虚假交易行为并不十分了解，于是委托甲会计师事务所对发行人2007—2010 年的财务报告进行了重新审计，并出具了相关的审计报告。

2012 年 5 月，发行人披露了《关于前期会计差错更正的公告》，根据《企业会计准则第 28 号——会计政策、会计估计和差错更正》、中国证券监督管理委员会关于《公开发行证券的公司信息披露编报规则第 19 号——财务信息的更正及相关披露》等相关文件的规定，对以前年度的财务报表进行更正后，重新编制了 2007—2010 年度财务报表并予以披露，财务数据更正导致 2007—2010 年度合并资产负债表和利润表相关科目有所调整。从影响程度看，调整后的 2007—2010 年的所有者权益均有所减少，2007—2008 年的净利润有所减少，2009—2010 年的净利润经追溯后大幅增加。至此，发行人前期披露的不真实不准确的财务信息得到了更正，但本案例所反映出企业和中介机构存在的问题需要深入总结和思考。

表 2-5　　　　　　　　　　发行人财务信息更正情况

科目 ＼ 年份	2007	2008	2009	2010
营业收入	-20%	-6%	1%	0%
所有者权益	-16%	-8%	-1%	-1%
净利润	-25%	-18%	260%	10%

相关机构及人员存在的问题

根据前述分析，发行人对 M 和 N 具有实际控制力，按照三者之间交易行为的经济实质，发行人 2007—2008 年向 M 和 N 的销售不应确认收入，因此 2007—2008 年年度审计报告中的营业收入与净利润等科目的信息不真实不准确，发行人的行为违反了《企业会计准则——基本准则》关于"交易或者事项的经济实质"的规定，发行人因此受到了相应的自律处分。

发行人原董事长李强通过操纵与发行人没有关联关系的贸易公司，为发行人制造了虚假的营业收入，导致发行人披露的财务信息不真实不准确，构成对投资者的实质性欺诈，其行为违反了《信息披露规则》关于"企业全体董事或具有同等职责的人员，应当保证所披露的信息真实、准确、完整"的规定，性质极为恶劣，发行人原董事长李强因此受到了相应的自律处分。

甲会计师事务所作为发行人 2007—2010 年财务报表的审计机构，未对发行人重要客户 M 和 N 进行充分的调查，也没有获得可以证明三者交易真实存在的出入库单、发票和运输单据等审计证据，审计过程未充分执行《中国注册会计师审计准则》中关于"注册会计师应当保持职业怀疑态度"和"获取充分、适当的审计证据"的规定，违反了《中介服务规则》关于中介机构"应安排足够的时间，执行必要的工作程序，确保全面、深入地开展尽职调查"的相关要求，甲会计师事务所及相关责任人因此受到了相应的自律处分。

本章经验总结

发行企业经验总结

1. 提升信息披露责任意识

债务融资工具施行注册制的制度框架下，发行企业应保证信息披露的真实、准确、完整，这是注册制的核心、是维护市场平稳健康运行的关键。债务融资工具一经发行，企业即成为公众公司，就应当承担起信息披露第一责任人的义务，树立起对投资者负责的市场意识、责任意识和诚信意识。

本章案例为广大发行企业提供了如下启示：第一，企业应充分重视信息披露工作，确保披露信息的真实、准确、完整，切实履行信息披露的义务和承诺。第二，已披露信息确实存在虚假记载、误导性陈述或重大遗漏，或存在非主观故意差错的，发行企业应本着审慎、客观的原则，对已披露信息进行更正，并对变更行为和变更后披露信息负责。

2. 完善公司治理结构和内控制度

在债务资本市场公开融资的发行企业，其公司治理结构框架应当保证公司财务状况、经营状况、所有权状况和公司治理状况等方面的重大信息能够真实、准确、完整、及时地披露。同时，集团类发行企业下属公司众多，应注重建立起健全、有控制力的内部控制体系和相应制度，以加强公司股权投资管理水平、提高经营业绩，进而保护债权人的合法权益。

如果发行人公司治理结构完善、有效，则财务负责人工作出现失误、致使财务报表合并范围出现差错时，董事会应履行其决策职能，在财务报告审议时发现并更正相关错误；监事会应履行其纪律监察职能，通过检查公司财务状况、查阅账簿和相关会计资料，发现财务报表中存在的问题。因此，本章相关发行人财务信息出现重大会计差错却经董事会审议通过、并在公开市场披露的事例启示广大发行企业，应重视公司治理结构的完善，建立起切实有效的董事会、监事会、经理层三位一体的现代公司治理结构，以提高公司财务管理水平和信息披露质量。

同时，相关发行人对下属子公司股权控制体系不完善和相关制度的不健全，导致对公司报表合并范围的判断出现失误，这启示广大发行企业，尤其是下属公司较多、股权结构较复杂的大型集团化企业，应重视内部控制体系的建立健全，并辅之以有针对性的制度文件，形成完整、清晰的股权控制体系，以提高公司内部决策的执行力度和反应速度，提升集团整体的经营管理能力。

3. 严格规范财务信息的编制和披露

财务信息能够直接反映发行企业的经营状况和偿债能力，是投资者借以判断债务融资工具投资价值和风险状况的重要工具，因此，发行企业规范编制财务信息，并保证财务信息披露的真实、准确、完整，是保障债务融资市场平稳健康运行的至关重要的一环。

发行人在财务信息编制和披露环节均出现重大失误的事例，启示广大发行企业应完善财务管理制度，合规编制真实反映其经营状况的财务信息，并严格按照相关自律规范文件要求以及募集说明书相关承诺，保证财务信息披露的真实、准确、完整。

中介机构经验总结

1. 主承销商尽职履责

本章案例中暴露出主承销商在落实主承销商职责过程中存在的对企业信

息披露工作前期辅导和后续督导不到位、工作流程不完善等问题。各主承销商应以此为鉴，总结自身工作中的不足，并吸取相关经验教训：第一，主承销商在承销服务开展前期即应加强对企业信息披露责任意识的辅导，向企业有效沟通信息披露有关要求、发行人核心责任及发行人相关市场行为的重要性；第二，在尽职调查工作中，应对发行企业生产经营情况、合并报表范围等重要事项作深入了解，充分掌握相关基础资料、严格把关，以合理确信企业注册文件的真实性、准确性和完整性；第三，应完善相关业务的内控机制建设，梳理业务开展规范流程，确保承销发行、后续管理工作规范有序开展，提高服务质量和效率。

2. 会计师事务所规范执业、严格把关

本章案例中相关会计师事务所作为企业财务信息质量增信的重要第三方，未能规范执业，质量控制把关不严，在合并范围确定等重大会计判断上掌握证据不足，相关专业判断与会计准则要求不符。各会计师事务所应以此为鉴，在执业中深刻总结相关经验教训：第一，高度重视自身对于企业财务信息增信的核心作用与职责，遵守相关行业执业道德规范，重视发挥独立第三方实效的重大意义；第二，切实按照行业执业准则从业，建立规范工作底稿，掌握充分基础资料，健全质量控制机制，对相关项目工作程序进行独立监督核查，不断提升专业胜任能力，以确保出具的专业意见理由充分、适当。

第四章

重大事项披露不合规
损害投资者合法权益

发行人重大事项信息未及时披露

2010年4月，某地方大型高速公路国有企业发行人发生了一起资产无偿划转事项，划出资产为其所持核心上市子公司的全部股权。此后近一年的时间内，发行人及其关联方进入了紧锣密鼓的资产划转进程，经历多次阶段性重要进展，但发行人未披露任何信息。直至2011年4月，发行人突然对划转完成结果进行了补充披露，随后受到相应自律处分，引起了市场各方的广泛关注。鉴于此，本次资产划转的详细情况、企业信息披露缺失的原因、债务融资工具市场信息披露的要求等关键信息，都吊足了债务融资工具市场关注方的胃口。

政府主导的国资重组

当事发行人为某省省属大型公路交通类国有独资企业，符合债务融资工具发行条件，省国资委为其实际控制人。2010年3月，发行人成功注册中期票据额度50亿元，4月11日和5月18日，发行人分别发行了两期中期票据，分别是"10MTN1"和"10MTN2"，共筹集资金40亿元，主承销商为同一家银行。此后发行人进入中期票据存续期，承担了上述中期票据募集说明书关于发行方的一切权利义务，同时发行人尚有中期票据剩余注册额度10亿元。

为加快经济建设和优化国有资产运行结构，发行人所属省政府决定在全省范围内实施大规模的国有资产重组工作，其主要路径是将业务领域密切相关的国资企业整合重组建立控股集团，目的是强化专业领域的投资建设和运营管理。基于以上思路，2010 年 6 月，该省政府决定组建 Q 交通投资集团，对口运营省属各国有高速公路和内河航运类实体企业。发行人作为该省最大的公路交通国有独资企业，被确定为 Q 集团的全资子公司，同时考虑到发行人下属 P 公司为香港和内地两地上市公司，为借用 P 公司的上市平台作用，提高 Q 集团的核心竞争力和资本运作能力，省政府决定将发行人所持 P 公司全部股权无偿划转为 Q 集团直接持有，划转后 P 公司成为与发行人并列的 Q 集团下属一级子公司。

构成应披露重大事项

本次事项是一起典型的政府主导型地方国有资产重组整合事项，其实质是发行人核心资产——所持 P 公司股权无偿划出，重组后发行人法人主体不变，但资产规模、利润水平和现金流量均出现较大幅度的变动。

根据发行人和 P 公司 2009 年度和 2010 年度经审计的合并财务报告，发行人持有 P 公司 31.88% 的股权，为 P 公司第一大股东，并将 P 公司纳入其财务报表合并范围。P 公司各主要财务数据均占发行人的相当比重，在净利润和净现金流方面尤为明显。财务数据对比显示 P 公司的划出将导致发行人资产规模一定幅度的下降以及发行人盈利能力和现金流量水平的大幅度下降。同时由于 P 公司资产质量好于发行人平均水平，P 公司的划出还将导致发行人资产负债率由 2009 年的 65.4% 升至 2010 年的 69.5%。

表 2 - 6　　　　　2009 年发行人与 P 公司主要财务数据比较

项目名称	发行人（亿元）	P 公司（亿元）	P 公司/发行人（%）
总资产	1 021	106	10.38
净资产	353	74	20.96
净利润	9.77	8.37	85.70
经营性现金净流量	41.72	13.24	31.73

表 2 – 7 2010 年发行人与 P 公司主要财务数据比较

项目名称	发行人（亿元）	P 公司（亿元）	P 公司/发行人（%）
总资产	1 281	119	9. 28
净资产	422	84	19. 90
净利润	6. 41	11. 56	180. 30
经营性现金净流量	48. 96	15. 80	32. 27

由于划转后发行人净资产规模、净利润、净现金流均将出现较大幅度的下降，因此本次事项已经构成对发行人偿债能力和投资者判断相关债务融资工具投资价值和投资风险具有重要影响的重大事项。且该事项发生在发行人相关债务融资工具存续期内，根据《信息披露规则》有关规定，发行人应及时向市场披露。

股权划转进程及信息披露情况

本次股权无偿划转事项发生至完成历时近一年时间，期间经历了企业有权决策机构审议、协议签订、主管部门审批若干阶段性重大进展，上述事项作为上市公司的 P 公司在股票市场进行了持续披露。根据 P 公司披露情况，本次事项的发展脉络可梳理如下：

2010 年 6 月 20 日，发行人所在省政府正式批准组建 Q 集团，决定将发行人划为 Q 集团的全资子公司，将发行人持有的 P 公司全部国有股权无偿划转归 Q 集团直接持有，划转后发行人不再持有 P 公司股权。自此，发行人着手开展本次股权无偿划转工作。

2010 年 6 月 25 日，发行人相关债务融资工具评级公司发布了《关于关注发行人和 P 公司股权无偿划转事宜的公告》，公告称发行人盈利能力下降较快、偿债能力有所下降，但其承担的业务职能和政府支持不变，因此维持其长期主体信用评级 AA 级不变。

2010 年 9 月 11 日，发行人召开董事会，审议通过了将所持 P 公司全部股权无偿划转至 Q 集团的议案。同日 Q 集团也召开董事会，审议通过了以无偿划转方式受让发行人所持 P 公司全部股份的议案。

2010 年 10 月 13 日，Q 集团就本次划转事项向发行人所在省国资委上报并获得批准。同日，Q 集团与发行人签订《国有股份无偿划转协议》，协议约定发行人将其持有的 P 公司 975 060 078 股 A 股（占发行股份数量的 31.88%）国有股份无偿划转给 Q 集团。本次股份划转完成后，Q 集团成为 P 公司第一大股东，发行人不再持有 P 公司股份。

2010 年 12 月 20 日和 2011 年 2 月 3 日，香港"证监会"和中国证监会豁免了 Q 集团因本次股份划转对 P 公司的要约收购义务。2010 年 11 月 13 日和 11 月 19 日，国务院国资委和省国资委出具相关文件批准了本次股权无偿划转。

2011 年 2 月 10 日，中国证券登记结算有限责任公司上海分公司出具《证券过户登记确认书》，确认发行人持有 P 公司的 975 060 078 股股份全部过户至 Q 集团名下，股份性质为国家股。至此，本次发行人所持 P 公司国有股权无偿划转至 Q 集团事宜完成。

在 P 公司对上述进展进行持续披露的同时，作为债务融资工具市场公众企业的发行人却未进行任何信息披露，以致同一事项不同市场投资者获取的信息不对等。直至 2011 年 5 月 10 日，发行人才在中国货币网和中国债券信息网发布了《关于国有股股权无偿划转的公告》，将本次事件向市场进行补充披露，明显违背了债务融资工具市场相关自律规则和发行人相关债务融资工具募集说明书中对信息披露及时性的要求。5 月 20 日，发行人发布了《关于召开 2010 年度第一期、第二期中期票据持有人会议的公告》，随后补充召开持有人会议，表决通过了《关于发行人国有股份无偿划转事项的议案》，同意发行人将其所持 P 公司国有股权无偿划转至 Q 集团。经持有人会议审议，Q 集团同意提供向相关债务融资工具投资者出具相关承诺函，承诺对发行人存续债务融资工具到期偿付提供无条件全额不可撤销的连带责任担保等一系列维护债券市场投资者利益的补救措施。

未及时披露原因及违规情况

对于同一件重大股权划转事项，债务融资工具市场与股票市场均对其规定了明确的披露要求，但为何在 P 公司于股票市场持续规范披露的同时，发行人却在债务融资工具市场保持缄默？导致两个市场的披露情况存在如此大的反差的原因何在？

该次股权无偿划转事项发生后，主承销商曾通过电子邮件及电话沟通等提示方式就该事项的披露要求对发行人进行督导，然而发行人认为虽然本次划转事项导致自身资产规模和盈利能力较大幅度下降，但事件发生后多家媒体已进行了相关新闻报道，P 公司也已经在股市上进行了披露，因此自身没有再披露相关信息的必要，未对主承销商的提示作出反应。

实际上，根据《信息披露规则》，发行人发生此类重大事项，须在债务融资工具市场指定披露平台真实、准确、完整、及时地披露相关信息。鉴于股权划转类重大事项过程复杂、涉及环节较多，因此应披露的"相关信息"理应包括该事项所有重要进展情况。同时交易商协会 2009 年第 18 号公告要求："对于可能影响偿债能力的重大事项，发行企业应按照信息披露规则要求在指定媒体及时向市场披露，且披露时间应不晚于发行企业在其他媒体的披露时间"。综上可见，对于影响企业偿债能力的重大事项，债务融资工具市场在信息披露制度规定上与股票市场的要求是基本一致的。发行人不仅不能以 P 公司已在股票市场披露作为自身不履行披露义务的借口，而且还应与 P 公司在其他市场对该事项的披露时间保持同步。

发行人并不存在恶意隐瞒该事项的主观动机，同时由于 P 公司的持续披露，发行人亦不存在恶意隐瞒的客观条件，企业对债务融资工具市场自律规则规定认识严重不足、信息披露意识和市场意识薄弱是发行人未及时披露的主要原因。

发行人作为债务融资工具市场的公众公司，未及时披露对企业债务融资工具偿付具有重大影响的事项，造成了对投资者合法知情权的实质损害，投资者保护机制严重缺失，对市场造成了严重的不良影响，违反了《信息披露规则》有关规定和相关债务融资工具募集说明书约定，发行人因此受到了相应自律处分。

债务融资工具发行人需高度重视投资者保护机制的落实

在公开市场中，投资者处于弱势一方，因此制定和实施有效的投资者保护措施，是解决市场信息不对称问题、发挥市场约束效能、促进市场范围拓宽和纵深发展的根本前提。债务融资工具市场作为我国企业公开进行直接债务融资的主要市场，业已形成信息披露、持有人会议、应急处置等较为完善的债券投资者保护机制，而作为该市场公众公司的债务融资工具发行人，是落实相关投资者保护机制的首要责任主体。在本案例中，发行人未及时履行信息披露义务、未及时召开持有人会议的行为，从一个侧面反映出部分债务融资工具市场发行人未充分意识到自身作为公众公司的身份和责任，没有将投资者保护机制真正落到实处。

本次事件也促使上至主管部门、下至市场参与各方深刻认识到加强发行人等相关主体的投资者保护意识的重要性。债务融资工具市场参与各方应坚持落实投资者保护相关责任不能放松：发行人应提高合规信息披露的意识和能力，投资者应强化运用持有人会议形式保护自身合法权益的意识和能力，主承销商应提升前期尽职调查和后续管理工作质量，自律组织应加强对违规行为和损害投资者合法权益行为的督查纠正，以促进投资者保护机制科学性和合理性的进一步完善。

发行人蓄意隐瞒生产经营恶化情况

发行人作为信息披露第一责任人，其信息披露的质量直接影响到投资者对债务融资工具投资价值和投资风险的判断。发行人应严格按照《信息披露规则》相关要求，真实、准确、完整、及时地披露企业相关信息。本案例中的发行人注册发行债务融资工具蓄意隐瞒企业生产经营亏损情况，造成恶劣的市场影响，其违规情况被调查确认后，受到了严肃的自律处分。

主承销商前期尽职调查与企业财报所反映的情况大相径庭

本案例的核心为发行人在注册发行"11CP01"过程中蓄意隐瞒公司生产经营恶化情况。发行人2010年第三季度财务报表显示，截至2010年9月末公司资产总计67.04亿元，负债总计51.51亿元，所有者权益总计15.53亿元；公司2010年1~9月营业总收入为36.06亿元，净利润为4 677.17万元；公司经营性活动现金流量净额为5 883.99万元。从公司所披露的财务数据来看，公司生产经营未见异常。

2010年10月，公司计划注册发行新一期债务融资工具。同月，主承销商进驻企业，开展前期尽职调查工作。2010年11月，主承销商出具尽职调查报告，在尽职调查过程中未发现企业生产经营和财务状况出现异常情况。

2011年2月，交易商协会接受其短期融资券注册。2011年4月初，主承销商对企业开展了补充尽职调查工作，向公司高管重点了解公司最新情况并提出调阅公司最新一期财务数据，当时公司财务总监表示公司生产经营情况正常，全年销售收入实现了大幅增长，2010 年度公司可实现盈利，但以上市公司生产经营及财务具体数据不便披露为由，拒绝提供相关数据。随后，主承销商实地走访了公司的生产车间，观察到公司的生产线运转正常，未发现异常情况。2011 年 4 月中旬，公司成功发行"11CP01"，发行规模 4 亿元。

2011 年 4 月末，"11CP01"发行不到两周时间，公司披露了 2010 年度财务报告，显示公司 2010 年全年亏损巨大。截至 12 月末，公司净利润为 -3.95 亿元，仅第四季度公司亏损近 4.42 亿元。公司披露的财务情况与之前主承销商向企业了解的情况存在极大出入。

会计师事务所反映企业配合度较低，2010 年度审计工作困难重重

为公司 2010 年提供审计服务的会计师事务所于 2010 年 12 月初进驻企业开展预审工作；12 月末，派出工作组对公司进行全面盘点；2011 年 4 月初，出具公司 2010 年审计初稿，审计初稿反映公司 2010 年亏损严重，与之前公司预计实现全年盈利存在较大差异。

同时，会计师事务所反映公司 2010 年年报审计工作以及审计报告披露过程非常困难，公司曾不配合会计师事务所对存货进行盘点，并因初审报告中利润亏损超出预期而不予认可。双方经过反复协商，也未能达成一致，会计师事务所只好将上述情况向发行人所在省证监局反映。最终，在省证监局的干预下，公司 2010 年度审计报告才得以对外披露。

发行人蓄意隐瞒生产经营恶化情况，主承销商尽职调查存在不足

2011 年 4 月，主承销商在对发行人开展补充尽职调查期间，正当会计师事务所出具初审报告之时。发行人对于公司生产经营出现重大不利变化、财务状况出现大幅下滑的情况理应非常清楚，但是为了注册发行短期融资券，

企业未在短期融资券募集说明书中披露相关风险，存在主观蓄意隐瞒公司生产经营的恶劣情节，发行人及其高管因此受到相应的自律处分。

2008 年以来，主承销商多次主承销发行人的短期融资券项目，且长期为其提供信贷服务，应该较为熟知公司的生产经营和财务情况，但是其在"11CP01"尽职调查中未能真实全面了解公司 2010 年度、特别是 2010 年第四季度生产经营出现的重大不利变化，专业判断失误，主承销商因此受到相应的自律处分。

事件启示

发行人作为信息披露第一责任人，需承担向市场真实、准确、完整披露公司生产经营和财务状况等重要信息的义务，其信息披露的质量直接影响投资者判断债务融资工具的投资价值和投资风险。发行人应增强信息披露意识、提高信息披露质量，自觉维护债务融资工具市场的健康稳定发展。主承销商作为重要的中介机构，应加强尽职调查工作，落实尽职调查程序，全方位地了解发行人的相关情况，提高尽职调查工作的质量。

本章经验总结

在债务融资工具信息披露不合规事件中，企业重大事项未能合规披露事件发生频率较高，本章针对重大事项信息披露违规的两则案例进行了解析。《信息披露规则》对于企业重大事项信息披露提出了明确要求，除规则所列条款外，对发行人偿债能力可能造成影响的事项均应披露。这就要求企业和主承销商树立高度的市场意识和责任意识，对事件性质、影响程度进行准确判断，合规开展重大事项信息披露工作。

（一）如何有针对性地做好重大事项信息披露工作

从本章案例可以看出，当发行人发生对其偿债能力有重要影响的重大事项时，发行人应及时与主承销商沟通，对事件性质和影响程度进行判断，如符合自律规则指引要求披露的条件，则应在事件发生和重大进展过程中持续做好信息披露工作。

以本章"发行人重大事项信息未及时披露"案例为例，当发生重大资产交易类事项时，发行人应做好以下三方面工作：①按照《信息披露规则》及时履行信息披露义务，并在事件相关重大时间节点持续披露进展情况；②及时通知主承销商，根据《持有人会议规程》判断是否应召集召开持有人会议；③配合主承销商督导工作和持有人会议召开工作。主承销商在获知相关事件后，应做好以下三方面工作：①对发行人进行实时监测，必要时开展风险排查、压力测试等后续管理工作；②持续督导发行人履行信息披露义务，尤其是在事件相关重大时间节点督导企业及时披露进展情况；③若发生无偿划转或其他导致发行人偿债能力明显下降的事件时，及时履行主承销商召集人义务，组织召开持有人会议。

（二）如何针对重大事项开展有效的应急处置

如果企业发生重大资产重组、生产经营情况严重恶化等重大事项，企业和主承销商还应考虑该事项是否可能引发信用风险、对投资者权益构成损害、影响市场秩序。当出现此类特殊情况时，应按照《银行间债券市场非金融企业债务融资工具突发事件应急管理工作指引》（以下简称《应急管理工作指引》）的有关要求，妥善处置有关风险，以最大限度保护投资者合法权益，维护市场秩序，降低不良影响。在开展应急处置工作时，企业及主承销商应保持沟通机制顺畅，与相关各方充分沟通处置进展情况。当发生应急处置事件时，一般将引起社会舆论的关注，因此在应急处置的方案中，应充分考虑舆论关注及应对措施，对于不实报道及时予以澄清，避免不当言论影响市场正常秩序。

第五章

操作环节出现疏漏 影响市场运行秩序

发行人未按与登记托管机构
约定时间划付兑付资金

2012 年 1 月 4 日 10 时 41 分，某登记托管机构发布一则《免责公告》，称某债务融资工具发行人"08MTN1"将于当日到期，但截至公告发布之时，该登记托管机构仍未足额收到发行人兑付资金，在日终前足额收到兑付资金的情况下，登记托管机构将尽力完成资金划付，但不能予以保证，并对由此造成的后果及损失不承担责任。《免责公告》的发布立即在市场引发强烈反响，多家财经媒体第一时间进行了报道，市场机构也纷纷表达对该期债务融资工具能否按时兑付乃至债务融资工具市场的信用风险产生担忧。

债务融资工具市场现行债券兑付机制

本案例中所涉及的登记托管机构是一家为全国债券市场提供登记、托管、交易结算等服务的国有独资金融机构，同时也是债务融资工具市场主要的代理兑付机构之一。债务融资工具市场现行的债券兑付机制是，包括债务融资工具发行人在内的债券发行人事先与该登记托管机构签署《债券发行、登记及代理兑付服务协议》（以下简称《债券服务协议》），对代理兑付相关问题进行约定。《债券服务协议》的内容主要是业已成为市场惯例的格式条款，其中关于兑付时间的约定是——《债券服务协议》第十九条——"发行人应按规定时间，但最晚不迟于付息日或到期兑付日上午 10:00 前，保证将应付资金按时足额划付到登记托管机构指定的银行账户，以备登记托管机构完成资金划付过程"；在实际操作过程中，市场中还有另一条不成文的惯例，即考虑到兑付资金划转过程的复杂性，债券发行人一般提前一个工作日将兑付资金划付至该登记托管机构指定账户，为兑付工作预留更加充分的时间。与《债券服务协议》第十九条相对应的是该协议第二十一条规定，"如果发行人未按本协议规定的时间，或未按登记托管机构指定的银行账户，将应付资金交付给登记托管机构，则登记托管机构有权顺延付息或兑付资金的划付时间和有权刊登免责公告"。

若按照上述约定和惯例，债券发行人将足额兑付资金划付至登记托管机构指定账户后，登记托管机构一般将在兑付当日中午完成本息兑付。

一个特殊的兑付时点

前述兑付操作惯例基本保证了债券兑付工作有条不紊的进行，但本案例中的债务融资工具发行人遭遇了一个极为特殊的时点。本案例以及其后引发的操作问题，成为检验当前兑付机制合理性的试金石。

本案例所涉发行人为某大型中央企业发行了多期债务融资工具。其中，该发行人于 2009 年 1 月 4 日发行了"08MTN1"，金额为 50 亿元，期限为 3 年，到期兑付日为 2012 年 1 月 4 日。按照前述市场操作惯例，发行人一般将于兑付日前一个工作日将兑付资金划付至登记托管机构指定账户。但由于 2012 年 1 月 1 日至 3 日为国家法定节假日（元旦），且为跨年时间点，因此发行人若按照惯例，需于 2011 年 12 月 31 日划付资金。在调查时，发行人表示，这是一个十分尴尬的时间点，若其于 2011 年 12 月 31 日划付资金，一方面将造成资金已经划出但相关债项却仍然存续的奇怪状况，不利于企业 2011 年年度财务决算工作；另一方面由于资金划出日和兑付日之间相隔时间较长、兑付资金数额巨大等原因，发行人将蒙受上千万元的利息损失。因此发行人经再三衡量，决定于兑付日（2012 年 1 月 4 日）当日上午划付资金。

资金划付及免责公告发布

2012 年 1 月 4 日，发行人向其数家关联银行发布付款指令，50 亿元兑付资金分别从 6 家银行逐笔划付至该登记托管机构指定账户。8 时 54 分第一笔兑付资金划出，此后各笔资金陆续划出，10 时 39 分最后一笔兑付资金划出，经过大额实时支付系统的转账操作，10 时 42 分该笔兑付资金到达指定账户，至此全部兑付资金划付完成。

另一方面，尽管 10 时 39 分发行人最后一笔兑付资金已经划出，但由于大额实时支付系统必要的操作时间，截至 10 时 40 分，登记托管机构指定账户尚未收到该发行人最后一笔兑付资金。于是，该登记托管机构根据《债券服务协议》约定，于 10 时 41 分向市场发布了前述《免责公告》。

在当时资金较为紧张、债券市场信用风险持续积聚、市场信心脆弱的情况下，该则《免责公告》的发布立即触动了市场的神经，引发媒体的广泛报道和转载。2012 年 1 月 4 日下午 3 点左右，证券时报、和讯网等多家主流财经媒体以"08MTN1 或事实性违约　债务危机恐慌蔓延"、"未按约定还款付息或出现事实性违约"、"首个 AAA 企业违约"、"央企债务危机"等为题报道或转载相关新闻，引发了市场机构对发行人偿付能力、债务融资工具市场信用风险的强烈担忧和多种猜测。

澄清传闻及舆论转折

事实上，在《免责公告》引发舆论报道和市场担忧的同时，发行人兑付资金已经足额划付至登记托管机构指定账户，且 2012 年 1 月 4 日 12 时左右登记托管机构已将兑付资金分别划付至债券持有人账户完成兑付。14 时 27 分，发行人在中国货币网上发布了《"08MTN1"兑付事项的公告》，确认完成"08MTN1"本息兑付相关事宜。16 时 10 分，登记结算机构在中国债券信息网发布了《"08MTN1"完成兑付资金拨付公告》，称其已足额收到相关兑付资金并完成了拨付手续。上述公告发布的同时，部分"08MTN1"投资者已经向相关主管部门和媒体确认已于日中收到兑付资金的事实。

在发行人及登记托管机构官方正式公告发布和市场自律组织核实确认的情况下，市场机构和媒体逐渐确认了该发行人已足额完成兑付的事实，媒体又纷纷以"中票违约虚惊一场"、"'违约门'只是技术问题"、"违约虚惊国企信用遭疑"、"债市惊现乌龙违约门"等为标题对事件进行了跟踪报道，舆论导向由对债务违约的担忧转向对债券兑付机制科学性、主承销商尽职履责程度、托管机构操作流程等的质疑之上。

本次事件的触发原因和暴露的问题

事实上，本次债务融资工具兑付按期足额完成，并未构成实质性违约，但市场机构对事件的关注程度大大超出发行人、主承销商及登记托管机构的意料，事后各方机构都以积极的态度对事件的原因进行深入剖析，力求发现现行兑付机制可能存在的问题并加以完善。

在本次事件中，《免责公告》的发布引发了市场舆论的广泛关注。《免责公告》发布原因可以归结为以下三方面：首先，由于发行人兑付资金划付时间超过兑付日当日上午 10 点整，违反了《债券服务协议》的相关约定，这是触发登记结算机构发布《免责公告》的直接原因；其次，由于发行人采用分批划付的方式，登记结算机构在持续收到划付资金的情况下，延至 10 时 40 分才发布《免责公告》，而此时其对发行人最后一笔资金已经划出并不知情，致使公告发布 1 分钟后即收到发行人兑付资金，因此双方在兑付过程中缺乏沟通是导致《免责公告》发布的一个重要原因；最后，当前债务融资工具市场资金划转主要通过央行的大额实时支付系统，大额资金划付时间一般均在 2~3 分钟内完成，因此诸多市场成员认为当前资金划付效率已能满足债务融资工具当日划付的要求，提前一日将兑付资金划出的惯例已逐渐不尽合理，而根据《债券服务协议》约定，资金划付时间限制是触发免责公告的条件。

上述三方面原因，共同导致了《免责公告》及其衍生的舆论风波，同时也反映出了当前兑付机制和兑付操作过程中存在的问题：一是在兑付资金划付效率大大提高的技术条件下，发行人提前一个工作日划付兑付资金将增加企业的财务成本，此做法必要性值得商榷；二是兑付资金划付过程中，发行人与登记托管机构沟通不足，导致双方对兑付情况判断出现偏差和失误。

债务融资工具兑付机制完善

本次事件及其反映出的问题引起了各方重视。交易商协会从自身承担的制定及完善债务融资工具市场自律管理制度的职责出发，深入了解兑付各环节操作时间要求，广泛征求债务融资工具市场成员的意见和建议，力求从自律规则层面上对兑付操作机制进行完善。在广泛征求意见和与相关登记托管机构充分沟通的基础上，交易商协会《信息披露规则》（2012 年版）对兑付资金划付时间、沟通机制、公告时间进行了制度化规定。《信息披露规则》（2012 年版）第二十五条规定，"为债务融资工具提供登记托管和代理兑付的机构（以下简称登记托管机构）在债务融资工具本、息兑付日 12 时未足额收到兑付资金的，应及时以书面形式向交易商协会报告。登记托管机构在债务融资工具本、息兑付日营业终了仍未足额收到兑付资金的，应向投资者公告企业未足额划付资金的事实。"

上述规定首先明确了债务融资工具兑付当日出现不能正常划付资金风险时，登记托管机构开展应急处理的重要时点；二是要求登记托管机构将未足额收到兑付资金情况向交易商协会书面报告，发挥自律组织沟通协调和应急处理优势，协调各方最大限度保证兑付完成；三是要求登记托管机构在兑付日营业终了仍未足额收到兑付资金的情况下，向投资者公告发行人未足额划付资金的事实，避免了提前公告造成市场解释与事实不符进而扰乱市场秩序、影响发行人声誉的问题，同时为相关各方预留充分的应急处置时间。

发行人未按与登记托管机构约定时间划付付息资金

近年来，随着市场的持续扩容，债务融资工具发行主体数量和存续期债务融资工具规模均持续快速增长，相应的付息兑付工作量也明显增加。由于发行人不熟悉付息操作流程、银行划款系统临时升级、相关工作人员不够认真负责等原因，出现了几起债务融资工具发行人未按照《债券服务协议》约定时间将应付利息划至登记托管机构指定银行账户的事件，债务融资工具市场暴露出新的操作风险。

R公司由于划款银行系统升级未按约定时间付息

甲银行主承销的R公司2011年度第一期中期票据"11MTN1"于2011年9月3日完成发行，于9月4日上市交易流通，2012年9月3日为其首个付息日。按照R公司与中期票据登记托管机构的协议约定，R公司应当按规定时间、但最晚不迟于付息日上午10时前，保证将应付资金按时足额划付到登记托管机构指定的银行账户。然而，R公司未按约定时间完成资金划付，未能给登记托管机构留足合理操作时间，对投资者权益形成了潜在危害。

据调查，R公司于付息日前5个工作日在债务融资工具市场指定媒体披露了付息公告。2012年9月3日上午10时40分，R公司工作人员向非其债务融资工具主承销商的乙银行当地支行发出指令向登记托管机构指定账户划付本期中票付息资金，但由于乙银行网银系统当天上午正在升级维护，该笔付息资金未能成功划付到登记托管机构的账户中，乙银行当时亦未意识到这笔付息资金有严格的划付时限要求，因此并未将资金未成功划付的情况第一时间通知 R 公司。

9 月 3 日上午 10 时过后，登记托管机构尚未收到 R 公司的付息资金，立即与发行人 R 公司及主承销商甲银行联系，了解资金未及时到账的原因。甲银行经查阅 R 公司通过乙银行划款的手续底单并向相关各方了解情况，发现 R 公司实际已经按时提交划款申请，但因乙银行系统升级导致资金划付失败。随后，甲银行立即协调 R 公司再次向登记托管机构划款，并与发行人、登记托管机构和市场自律管理部门及时沟通，以确保登记托管机构收到相关款项。R 公司付息资金于 9 月 3 日下午 14 时 31 分划付至登记托管机构账户，登记托管机构于收到资金后立即将资金划付至中期票据投资者账户，保证投资者按时取得投资收益。

在本次事件中，R 公司付息资金划付遭遇了负责划款银行系统升级而导致资金未成功划付的问题，进而构成操作风险事件。这类情况虽然发生概率很小，但在金融电子化程度逐步提高的今天，网络信息系统运行效率效果已经成为债务融资工具付息兑付过程中必须关注的风险点。此类风险虽然并非发行人信用风险，但突发性较强，若不能及时应对，很可能造成实质性违约。因此，发行人及主承销商应提高对按约定时间划付兑付（付息）资金的重要程度，关注付息兑付操作过程中可能出现的各类风险，在资金划付申请提交后，及时与登记托管机构确认资金是否成功到账，以避免类似事件再度发生。

S 公司由于工作人员疏忽未按约定时间付息案例

以丙银行为主承销的 S 公司 2010 年度第一期中期票据"10MTN1"于 2010 年 10 月 11 日发行，于 10 月 12 日上市交易流通，2012 年 10 月 11 日为其付息日。按照 S 公司与登记托管机构的协议约定，S 公司应当按规定时间、但最晚不迟于付息日上午 10 时前，保证将应付资金按时足额划付到登记托管机构指定的银行账户。然而，S 公司未按时完成资金划付，导致未能给登记托管机构留足合理操作时间，对投资者权益形成了潜在危害。

据调查，S公司于付息日前5个工作日收到登记托管机构的付息兑付通知书，并在债务融资工具市场指定媒体披露了付息公告。然而，企业负责资金划付的资金部工作人员收到登记托管机构传真的付息兑付通知书时，没有看清传真件上的划款时间要求。另外，该工作人员接触债务融资业务时间较短，此前对债务融资工具付息时间具体要求也没有明确认识，认为只要在付息日当天将资金划付至登记托管机构即可。付息日当天，企业负责网银划款的工作人员又恰好临时不在岗位，资金部工作人员前往银行通过柜台转账的方式付息，而柜台划款手续较复杂，因此没能在上午10点之前完成资金划付。

10月12日上午10时过后，登记托管机构尚未收到S公司的付息资金，立即与发行人S公司及主承销商丙银行取得联系。S公司资金部负责人员了解到资金未按约定时间划付的情况后，立即督促相关工作人员完成划款。最终，S公司付息资金于10月12日下午14时8分划付至登记托管机构账户。登记托管机构随即完成投资者账户资金划付，保证了投资者按时取得投资收益。

在本次事件中，由于企业资金部负责付息资金划付的相关工作人员对债务融资工具市场相关规则及《债券服务协议》约定认识不清，且工作存在疏忽、内部管理存在疏漏，导致资金未按时到账，影响了该期中期票据付息的正常操作。本次事件后，经协会和主承销商督导，企业更加深刻地认识到付息兑付事宜的重要性，加强了内部控制管理，设立了专门人员负责债务融资工具的资金划付工作。企业董事长对此事也非常重视，要求相关部门切实整改，杜绝类似错误的再次发生。

相关事件给予市场的启示

经调查了解，本案例中上述两家发行人付息日之前现金流充沛、并无信用风险，且均无恶意延迟付息的主观意愿，资金未按时划付的主要原因是操作环节出现失误。存续期债务融资工具发行人应认真学习相关自律规则指引要求，严格遵守债务融资工具募集说明书和《债券服务协议》的约定，按时履行还本付息义务。发行企业应提升对后续管理工作的重视程度，提前作好债务融资工具偿付资金安排，为后续资金划付、登记托管机构代理付息兑付手续办理等操作环节预留足够时间；严格防控操作风险，避免由于操作问题形成实质性违约，对投资者权益构成损害。同时，发行企业应针对付息兑付突发事件制定应急预案，并在实际操作中与登记托管机构、主承销商保持顺畅沟通。如发现风险暴露，应立即启动相关预案，及时报告和协调相关各方，做好投资者保护相关工作。

各主承销商应充分尽职履责，做好对发行人的辅导和督导相关工作，要求发行人提前做好债务融资工具偿付资金安排，提示其严格遵守债务融资工具募集说明书约定和《债券服务协议》约定，将应付资金按时足额划付至登记托管机构指定的银行账户。主承销商应不断优化内部操作流程，指派专人负责债务融资工具付息兑付督导工作，提前核实主承销债务融资工具的付息兑付事宜；在付息兑付环节，与发行人、登记托管机构保持顺畅沟通，实时掌握资金划付情况，督促发行人严格防控操作风险。同时，主承销商应督导企业制定突发事件应急预案。如发现风险暴露，应立即协助企业启动相关预案并及时向自律管理部门汇报。

债务融资工具发行利率勘误

　　某发行人 2012 年度第一期中期票据"12MTN1"于 2012 年 8 月 8 日完成发行,计划于 8 月 9 日上市交易。然而,由于主承销商在办理该笔中期票据的登记托管时将"12MTN1"发行利率填写错误,为避免市场影响,8 月 9 日"12MTN1"上市时被暂时停牌,当天相当长一段时间内无法正常交易,市场运行秩序受到一定不利影响。

5 个基点的利率差异来自何处?

　　2012 年 8 月 7 日,发行人发行 2012 年度第一期中期票据,期限为 3 年,金额为 50 亿元。参考市场 8 月 6 日定价估值情况,"12MTN1"发行利率初步定于 4.20%,承销商在询价过程中也一直按照 4.20%的发行利率操作。然而,由于市场资金面偏紧,"12MTN1"发行遇到困难,直到 8 月 7 日下午仍未能足额配量,50 亿元的发售计划尚有 5 亿元无人申购。为不影响 8 月 8 日按时登记托管,主承销商与发行人商议决定先按照 4.20%的发行利率制作登记托管材料,待利率最终确定后再对材料进行调整。8 月 7 日,在工作日结束之前,经发行人同意,主承销商将发行利率提高至 4.25%,得以配足发行总量,确保该中期票据的足额成功发行。

　　发行利率修订为 4.25%后的新版登记托管材料需要在发行人内部完成盖章流程,但在此期间主承销商内部却未能将此重大信息变更情况通知负责文件上传的具体经办人员，相关经办人员没有关注到发行利率已经变化了的事实，直接将原来发行利率填写为 4.20% 的"12MTN1"登记托管材料上传至中期票据登记托管机构，从而导致 8 月 8 日公开披露的《发行人 2012 年度第一期中期票据发行情况公告》中发行利率错误填写为 4.20%，较实际发行利率 4.25% 标低了 5 个基点。

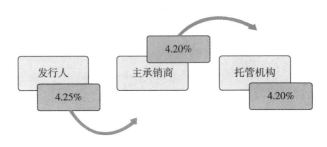

图 2-6　5 个基点的利率差异来源

利率紧急更正，中票恢复交易

8 月 9 日上午 9 时左右，主承销商发现前一天披露的文件中发行利率填写错误，立即通知了登记托管机构，申请将中期票据登记托管材料中的发行利率更正为 4.25%。登记托管机构随即向中期票据交易平台机构知会了相关事宜。由于"12MTN1"发行数额较大，虽然此时该中期票据尚无交易发生，但为避免投资者按照错误利率大笔交易产生不利影响，交易平台机构即行对"12MTN1"采取了暂时停牌措施。然而，由于主承销商未及时通知"12MTN1"持有人，相关投资者在当天进行交易时才发现中期票据暂时停牌，对投资者合法权益造成了一定损害。

8 月 9 日下午 3 时左右，交易平台机构对"12MTN1"予以复牌；下午 4 时左右，登记托管机构对债券交易流通要素进行了更正，"12MTN1"恢复正常交易。

同时，主承销商与发行人取得紧急联系，并督导发行人出具关于发行情况公告的更正说明。经过文件的紧急制作，8 月 9 日下午 4 时左右，发行人在主承销商的督导下在中国货币网和中国债券信息网披露了更正后的《发行情况公告》和相关更正说明。

本次事件暴露出的操作风险

本次事件发生的主要原因在于主承销商内部工作机制不健全、操作管理不规范，应急处置环节存在疏漏。

一方面，主承销商内部重要信息传递不畅，同时相关工作人员操作风险意识不强，对企业登记托管材料的复核环节未发挥应有作用，在协助企业披露《发行情况公告》时，未及时与企业沟通确认公告内容是否真实、准确、完整，导致发行利率出现错误。可见该主承销商在建立有效的信息沟通协调机制、规范内部操作环节的管理等方面还有待提高。

另一方面，事件发生后，主承销商虽及时联系中期票据登记托管机构和发行人，却没有在第一时间通知中期票据交易平台机构和相关投资者，不利于各方协同合作妥善处置操作风险应急事件。可见该主承销商在操作风险的应急处置流程方面存在重大漏洞，风险暴露后的信息沟通协调能力有所欠缺。

主承销商应提升操作风险防范及应对能力

债务融资工具各主承销商应充分认识到操作风险给市场带来的不利影响，仔细梳理自身操作环节存在的问题及风险隐患，强化责任意识，认真履行主承销商职责，严格遵守相关制度规范，确保合规操作。主承销商一方面应当完善内部操作流程，实现操作流程的制度化、流程化、标准化，强化内部复核及审批工作机制，做好事前防范，努力将操作风险发生的概率降到最低；另一方面，应当加强与交易商协会、发行人、投资者及各平台机构的交流沟通，风险发生后第一时间与各方取得联系、保持顺畅沟通，确保债务融资工具的顺利发行和上市交易。

定期财务信息披露操作环节出现疏漏

个别主承销商在协助企业扫描或上传财务信息文件的环节中，存在由于操作失误导致部分财务报表缺失、扫描文件模糊不清等问题，影响了投资者对企业财务信息的正常阅读。

财务报告扫描文件中遗漏合并现金流量表

某发行企业 T 集团同时为短期融资券和中期票据发行人，其中中期票据主承销商为丁银行、短期融资券主承销商为戊银行。T 集团于 2012 年 4 月 25 日在债务融资工具市场信息披露平台网站中国货币网、中国债券信息网和上海清算所网站分别披露了 2011 年年度审计报告及 2012 年第一季度财务报表的扫描文件。其中，中国货币网、中国债券信息网由中期票据主承销商丁银行协助其披露文件，上海清算所网站由短期融资券主承销商戊银行协助其披露文件。

5 月 4 日，短期融资券主承销商戊银行工作人员发现 T 集团在上海清算所网站披露的 2011 年年报扫描文件中缺少合并现金流量表。经与 T 集团沟通，戊银行重新取得了企业纸质版财务报告，由戊银行扫描后在上海清算所网站披露了更新后的完整版 2011 年年报。同时，戊银行督导 T 集团出具了关于财务报告的更新说明，更新说明也于 5 月 4 日在上海清算所网站同步披露。

在交易商协会统计 2012 年度"4·30"定期财务信息披露情况时，发现

T集团在上海清算所网站披露了更新后的2011年年报及更新说明，却未在中国货币网和中国债券信息网作相应披露。交易商协会向企业中期票据主承销商丁银行了解情况，发现丁银行尚未关注到中国货币网和中国债券信息网披露的2011年年报缺少合并现金流量表的情况。经交易商协会督导提示，丁银行对相关情况进行了核查，确认T集团报送给丁银行的纸质版财务报告是完整的，并无报表缺失现象，后续披露的扫描文件出现报表缺失的原因在于丁银行工作人员扫描时遗漏了2011年年报中的合并现金流量表，文件上传之前也没有进行复查，从而导致中国货币网和中国债券信息网披露的文件不完整。而戊银行于4月26日协助企业在上海清算所披露的财务报告使用了丁银行发送给企业的电子扫描件，由于戊银行在上传之前未对文件完整性进行核查，因此在首次协助企业披露时也遗漏了2011年年报中的合并现金流量表。5月7日，丁银行督导T集团在中国货币网和中国债券信息网披露了更新后的完整版2011年年报及相关更新说明。

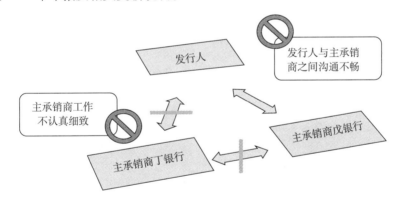

图2-7　本案例相关问题图示

操作环节存在的问题及经验总结

以上操作环节中的问题反映出少数主承销商后续管理工作存在疏漏，协助企业披露信息的操作环节工作不够认真细致，缺少基础核对及复查环节。同时，各主承销商之间、主承销商与发行企业之间尚未建立起顺畅的沟通机制，短期融资券主承销商戊银行发现上海清算所网站披露的财务信息出现报表遗漏并通知企业后，戊银行与企业均未就相关事宜知会中期票据主承销商丁银行，也未告知交易商协会，导致同样的信息披露错误 3 个工作日之后才由丁银行督导企业在中国货币网和中国债券信息网上更正，影响了信息披露的准确性和及时性。

主承销商后续管理工作人员应切实增强工作责任感提高工作质量，严格按照相关要求对披露文件格式和内容完整性进行审核，确保签章、文件格式、大小等符合要求，避免出现财务信息扫描件模糊、无法阅读等问题，提高信息披露文件的质量。同时，各主承销商之间、主承销商与发行人之间应加强沟通协作，发现信息披露工作中存在的问题后，相关各方应对事件进行及时、妥善处理。

本章经验总结

目前，随着债务融资工具发行主体范围不断扩大及存量规模的持续增长，债务融资市场在操作环节逐渐暴露出一定风险，本章中的几个案例集中反映了发行企业、主承销商及登记托管机构等操作相关方沟通协调不足、操作风险突发应急事件处置机制有待完善等问题。为促进市场健康平稳运行，相关各方应对上述问题予以重视并积极改进。

（一）加强操作环节的相关方沟通协调

发行人和登记托管机构应严格遵守相互之间签订的双边协议约定，明确各方职责边界，建立相应追责机制，共同维护市场的良好秩序；同时登记托管机构也应提升相关基础服务水平，不断完善工作机制、健全业务流程，夯实市场发展基础。在操作环节中，相关主管部门、发行人、登记托管机构、主承销商以及投资者之间保持积极沟通十分重要，以付息兑付环节为例，发行人应将付息兑付资金划拨安排提前通知主承销商和登记托管机构，登记托管机构在规定时间截点前应将资金划付情况反馈至发行人和主承销商，登记托管机构应将操作风险突发事件及时向交易商协会报告。

（二）完善操作风险突发应急事件协同处置机制

随着操作风险事件的增多，市场各方应尽快建立起相应的突发应急事件协同处置机制。发现操作环节存在问题后，相关登记托管机构应将突发应急事件及时知会发行人、主承销商和交易商协会。在主承销商发挥牵头处置作用的同时，交易商协会将发挥其自律组织的作用，协调发行人、主承销商、登记托管机构和投资人等相关各方有序处理，将在很大程度上提高成功处理此类突发事件的概率，同时减小事件可能对市场产生的负面影响。

（三）操作环节工作人员提升责任意识、切实尽职履责

在实践工作中，部分操作风险事件是由于发行企业或主承销商工作人员缺少信息披露文件的基础核对环节、机构内部和各机构之间信息沟通不畅导致的。各机构操作环节的直接责任人员应提升责任意识，提高工作的认真细致程度，充分重视信息披露、付息兑付等环节操作流程合规、信息传递畅达的重要意义，降低操作环节可能出现的疏漏，以尽量避免操作风险的发生。

第六章

定期财务信息披露
不合规典型案例汇编

非金融企业债务融资工具发行人及信用增进机构合规披露定期财务信息是债务融资市场信息披露工作的重要组成部分，是投资者了解企业生产经营及偿债能力情况的重要信息来源，对保护投资者合法权益具有重要意义。债务融资工具发行企业及信用增进机构应严格遵守《信息披露规则》规定以及募集说明书中信息披露相关承诺，真实、准确、完整、及时地披露定期财务信息。在近几年的定期财务信息披露工作中，发行人及信用增进机构仍存在一定程度上的不合规问题，信息披露工作水平还有一定提升空间。

定期财务信息未按期披露案例汇编

2011 年定期财务信息披露工作中，11 家/次发行企业和 3 家/次信用增进机构未能及时披露相关财务信息；2012 年，15 家/次发行企业和 3 家/次信用增进机构未能及时披露相关财务信息。未按期披露企业包括央企及其子公司、地方国企、民营企业等各类企业，因自身主观因素导致未按期披露的情况突出。企业延迟披露定期财务信息主要有如下几类理由：

下属企业较多，合并报表编制工作量大

2010 年 4 月 30 日，大型集团企业 A 公司向市场披露了《关于延迟披露2009 年年度审计报告及 2010 年第一季度财务报表的公告》，表示集团下属公司众多、地域分布广泛、所属行业广泛，财务报表编制和审计工作量繁重，其中 5 家上市公司计划于 4 月底才能披露年报和一季报，因此需要延迟披露集团公司 2009 年年报和 2010 年一季报。此前，A 公司曾以同样的理由延迟披露 2008 年年报和 2009 年一季报。

对于内部层级较多、结构较为复杂的企业，应注意加强对下属公司的财务管理，提前安排财务报表编制工作，避免因预留时间不足影响合并报表编制的完成。A 公司作为债务融资工具市场大型发行企业，应当注重维护自身形象，为市场作出合规披露的表率，但 A 公司经主承销商和交易商协会多次督导提示，仍未树立起对市场负责、对投资者负责的意识，屡次违反相关规

则指引，延迟披露定期财务信息，对投资者合法权益造成一定损害，扰乱了市场的运行秩序，A 公司因此受到了相应的自律处分。

企业内部审计工作时间安排不妥

2010 年 4 月 28 日，B 公司向市场披露了《关于延期披露 2009 年年度审计报告及 2010 年一季度财务报表的公告》，表示由于下属三级上市子公司 C 于 4 月 22 日刚完成 2009 年财务报告披露工作，根据上市公司的相关工作规定，上市公司完成年底审计报表的信息披露后才能向股东方的审计机构提供报表，且 C 公司的报表需要先进行二级公司的合并后才能最终合并到集团报表中，因此 B 公司无法按时完成年度财务报告编制及审计工作，故需要延迟披露 2009 年年报和 2010 年一季报。

B 公司财务部门理应及时预见到在现行上市公司信息披露相关规定下，子公司 C 按照上述时间安排完成财务报告披露工作可能导致集团公司报表编制及审计时间紧张，进而无法按时披露定期财务信息。但 B 公司未能提前作好整个集团财务审计工作的统筹规划，对下属三级上市子公司财务控制管理力度不足，导致信息披露违规，B 公司因此受到了相应的自律处分。

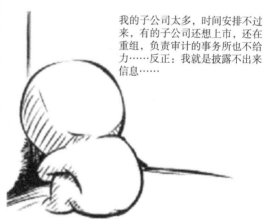

我的子公司太多，时间安排不过来，有的子公司还想上市，还在重组，负责审计的事务所也不给力……反正：我就是披露不出来信息……

发行人或其下属公司有上市安排，审计工作量大

某中小企业集合票据发行企业 D 公司为餐饮服务类连锁企业，下属门店众多。D 公司于 2012 年 4 月 25 日披露了《关于延期披露 2011 年年度审计报告及 2012 年一季度财务报表的公告》，表示由于目前正在进行上市前的数据审

计工作，店面多、涉及数据庞大，导致正常财务信息审计工作有所延迟，无法按时披露 2011 年报及 2012 年一季报，并承诺将于 5 月 25 日前披露有关信息。

D 公司既然有上市计划，应当预知数据审计工作量大、耗费时间长，进而应提前安排好常规的财务信息审计工作，不应以工作量大为借口推卸按时披露责任，D 公司因未能及时披露信息受到了相应的自律处分。

发行人申请 IPO，无法对外披露定期财务信息

2012 年 4 月 28 日，某中小企业集合票据发行企业 E 公司披露了《关于延期披露 2011 年年度审计报告及 2012 年一季度财务报表的公告》，表示因公司正在 IPO 审核过程中，定期财务信息为审核重要内容，未经监管部门同意擅自向外披露数据，可能引发公司信息披露违规之嫌，因此不能按时披露 2011 年年报及 2012 年一季报，相关报告预计 2012 年 6 月下旬披露。

中国证监会公布的《证券发行与承销管理办法》中对于 IPO 过程中的相关规定为："首次公开发行股票申请文件受理后至发行人发行申请经证监会核准、依法刊登招股意向书前，发行人及与本次发行有关的当事人不得采取任何公开方式或变相公开方式进行与股票发行相关的推介活动，也不得通过其他利益关联方或委托他人等方式进行相关活动。"可见相关规定主要为限制公司上市前变相推介活动、打击 IPO 灰色公关，而非企业拒绝向投资者正常披露信息的借口。因此 E 公司所谓正申请 IPO 的理由是不成立的，公司延迟披露定期财务信息违反了《信息披露规则》的有关规定，因此受到了相应的自律处分。

其他公开市场监管政策与债务融资工具市场不一致

2009 年 8 月 30 日，F 股份公司披露了《关于延迟披露 2009 年半年度财务报表的公告》，表示公司旗下在港上市公司计划于 9 月上旬披露半年报，F 公司作为母公司不能先于旗下上市子公司进行财务数据披露，否则将会违反

香港联交所的要求，因此将延迟披露 2009 年半年报。2008 年 11 月，F 公司曾以类似借口为由延迟披露 2008 年三季报。

虽然香港联交所规定母公司不能先于旗下上市子公司披露财务数据，但如果 F 公司能够在 8 月较早的时间里安排在港上市子公司完成半年报披露工作，母公司即可按债务融资工具市场要求于 8 月 31 日之前完成半年报的合并与披露工作。可见，F 公司提出的延迟披露理由并不成立，延迟披露的主要原因在于企业本身责任意识不强、信息披露及财务管理制度不完善，F 公司因未按时披露信息受到了相应的自律处分。

企业生产经营状况波动幅度较大，审计工作量较往年增加

2012 年 4 月 28 日，G 公司披露了《关于延迟披露 2011 年年度审计报告及 2012 年一季度财务报表的公告》，表示因其所在行业景气度剧烈波动，在年终结算时发现应收账款存在逾期情况，向董事会申请提取坏账准备、待董事会批准及向相关企业获取承诺函等均耗时较长，后续坏账准备确定后又涉及资产减值核算，公司需较以往花费更多的时间准备相关财务资料，因此不能按时披露 2011 年年度审计报告及 2012 年一季报，相关报告预计 2012 年 5 月 20 日之前补充披露。

作为在公开市场直接融资的债务融资工具发行人，G 公司应当审慎经营、提高风险应对能力，切实保障投资者权益。在生产经营出现较大波动时，更应当着重开展好财务信息的编制与披露工作，以便投资者及时了解企业经营状况和偿债能力。G 公司以生产经营波动为由延迟披露定期财务信息的行为是对市场、对投资者不负责任的表现，违反了相关自律规定，扰乱了市场秩序，G 公司因此受到相应的自律处分。

企业涉及重大资产重组，与重组方沟通衔接财务信息时间长

2012 年 4 月 26 日，某地方国有煤炭企业 H 公司披露了《2011 年年度审

计报告和 2012 年一季度财务报表的延迟披露公告》，表示公司与某央企子公司 I 电力股份有限公司进行重大资产重组，由于煤矿企业与电力企业在财务处理上面存在很多不同，收购过程中针对财务信息与 I 公司的沟通衔接工作相对复杂，审计工作时间较长，因此不能按时披露 2011 年报及 2012 年一季报，预计将 5 月 10 日前完成补充披露。

企业应当严格按照债务融资工具市场有关自律规定要求，按时披露定期财务信息，因重大资产重组涉及未决事项或应主管部门要求在披露后需要变更的，可以按照《信息披露规则》再行调整。H 公司未能按期披露定期财务信息，受到了相应的自律处分。

临时变更会计师事务所，审计时间延长

2012 年 4 月 27 日，某地方国有企业 J 公司披露了《2011 年年度审计报告及 2012 年一季度财务报表延迟披露的说明》，表示由于年度审计工作时间安排问题，致使集团 2011 年年报不能在 4 月 30 日前披露，预计相关财务信息在 5 月 15 日前披露。据企业反映，根据相关主管部门要求，企业年报审计会计师事务所需要定期轮换，当年 J 公司属于应更换会计师事务所的企业范围，新会计师事务所对企业生产经营状况不熟悉，审计工作耗时较长，导致财务报告披露工作无法按期完成。

作为债务融资工具发行企业，J 公司理应充分重视定期财务信息的披露工作，提前与相关主管部门作好沟通，争取优先安排审计，提早完成财务报告的报出工作，确保合规披露定期财务信息、及时履行发行人义务。J 公司未能按期披露定期财务信息，受到了相应的自律处分。

审计报告需相关主管部门审核后才能对外披露

2012 年 4 月 27 日，某大型中央企业 K 公司披露了《2011 年年度审计报告及 2012 年一季度财务报表延迟披露公告》，表示其 2011 年年报审计工作已

结束，但需经总经理办公会审议和相关主管部门审核方能报出，有关程序预计于 5 月中旬完成，导致无法于 4 月 30 日前披露 2011 年年报和 2012 年一季报，预计于 5 月中旬补充披露。此前，K 公司曾以同样的理由延迟披露 2010 年年报和 2011 年一季报。

截至目前，存续期债务融资工具发行企业已逾 1000 家，其中央企及地方国企数量众多，绝大多数企业都能够通过提前与主管部门沟通安排好财务报告审核时间，按时披露定期财务信息。K 公司作为大型央企，债务融资工具发行规模较大，涉及众多投资者，但在年报披露工作中连续两年均未提前作好与主管部门的沟通工作，导致定期财务信息披露连续违规，扰乱了债务融资工具市场的运行秩序，损害了投资者合法权益，K 公司因此受到了相应的自律处分。

按时披露定期财务信息是基本要求

按时披露定期财务信息是债务融资工具市场对企业信息披露的基本要求之一，企业未按时披露定期财务信息的行为违反了《信息披露规则》有关规定，发行企业在债务融资工具市场公开融资，为信息披露的第一责任人，应提升财务管理能力及信息披露水平。企业提出的以上未完成财务报表编制或审计工作的理由，本质上均为推脱披露责任，反映出个别企业市场责任意识淡薄，对信息披露工作重视程度不足，财务管理制度有待健全。发行人因定期财务信息披露不合规，根据其不同违规程度，受到了相应的自律处分。

另外，相关违规企业均在接受自律处分后针对定期财务信息披露工作中暴露出的问题进行了切实改正，采取有效措施避免未按期披露的情况再次发生，并出具相应承诺，保证牢固树立市场责任意识和诚信意识，严格遵守债务融资工具市场自律规则指引，切实履行募集说明书的约定，合规开展相关业务，保护投资者合法权益，维护市场的运行秩序。

发行人一季报披露时间早于年报、且多次更正

本案例中当事企业为某中小企业集合票据发行人 L 公司。2011 年 4 月，主承销商在信息披露督导工作中发现由于 L 公司临时更换了会计师事务所，应收账款计提方式等相关会计政策发生重大调整，导致 2010 年年度审计报告一直未能完成，可能无法按时披露 2010 年年报。

表 2 - 8　　　　　　经主承销商督导，L 公司历次信息披露情况

披露时间	披露文件	存在问题
2011.4.29	2011 年一季报	一季报披露时间早于经审计年报披露时间
2011.5.23	2010 年年报	年报未按时披露，且先披露的 2011 年一季报期初数据与后披露的 2010 年年报期末数据不符
2011.8.17	1.《2011 年未经审计的一季报更正说明》 2. 2011 年一季报（第一次更新）	仅对一季报期初数据进行更正，期末数据未作相应调整
2011.9.14	1.《2011 年第一季度未经审计财务报表更新说明（2011 年 9 月 14 日更新）》 2. 2011 年一季报（第二次更新）	—

从上表可以看出，L 公司在定期财务信息披露过程中存在三大违规问题：一是未按时披露 2010 年年报；二是虽然按时披露了 2011 年一季报，但由于未按时披露 2010 年年报，导致 2011 年一季报披露时间早于 2010 年年报披露

时间；三是在 2010 年年报披露后，没有及时按照经审计财务数据更正 2011 年一季报相关数据，导致一季报财务信息不真实、不准确。直到 2011 年 9 月 14 日，L 公司才披露了第二次更新的 2011 年一季度财务报表，更新后 2011 年一季报期初数据与 2010 年审计年报期末数据一致，且 2011 年一季报期末数据也根据期初数据进行了调整。

以上反映出 L 公司存在对相关自律规定认识不足，财务管理意识淡薄，财务信息编制及披露存在随意性，信息披露意识尚需提高等问题，L 公司因此受到了相应的自律处分。

发行人财务信息披露内容有误

个别企业虽然按时披露了定期财务信息，但披露的财务信息质量不高，存在财务科目及数据编制错误、报表计量单位填写错误等问题，后续发现问题后才对已披露信息进行更正。这反映出相关企业对相关自律规定的要求掌握不全面、理解不深入、落实不到位，负责财务信息编制及披露的工作人员态度不严谨、责任心不足，工作敷衍粗糙、缺少基础核对环节，披露信息的质量有待进一步提升。

2010 年 11 月 15 日，某地方国有集团企业 M 公司在债务融资工具市场披露《2010 年第三季度财务报表更正的说明》及更正后的 2010 年第三季度财务报表，表示因财务人员工作疏忽，导致合并资产负债表流动负债等部分科目期末数据填写错误。据企业反映，公司一直采用在 Excel 表格中人工录入财务数据的报表编制方式，尚未引进财务管理系统，导致在集团下属公司众多、合并报表编制时间紧张的情况下出现疏漏。后续，M 公司针对财务管理方面存在的问题进行了整改，集团公司及下属子公司统一引进了网络版财务管理系统，完善了财务审核披露工作的相关制度机制，加强对财务工作人员的管理和培训，从技术支持、制度基础及人员配备等多方面提高财务管

这财务报表总是有毛病……

理水平。整改后，M公司持续在债务融资工具市场按时、保质披露定期财务信息，至今未出现不合规问题。

　　另外，在定期财务信息披露工作中还存在其他各类披露内容有误的情况，如某企业2010年年报附注内容表述不完整、不准确；某企业2011年一季报合并利润表去年同期数据计量方式错误；某企业2011年年报附注中营业收入和营业成本明细数据出现差错；某企业2012年一季度合并利润表计量单位错误填写为"万元"，后经核实更正为"元"。

　　企业及其相关工作人员应以审慎态度对待定期财务信息的编制和披露工作，确保所披露信息的真实、准确、完整、及时，避免出现科目编制错误、数据错误及部分财务报表未编制或缺漏等信息错误或报表不完整的问题。相关信息一经公开披露，不得随意变更。因已披露财务信息差错或变更会计政策和会计估计的，应按照相关自律规定披露变更公告。

本章经验总结

充分重视、梳理意识、加强学习

信息披露是注册制的核心，发行人及信用增进机构是信息披露第一责任人，应充分认识到作为债务融资工具市场公众公司，必须牢固树立市场意识、责任意识与诚信意识，企业相关财务人员应加强对债务融资工具市场非金融企业债务融资工具自律规范文件的学习，积极配合主承销商规范开展后续管理工作，切实履行信息披露义务。

重点关注中小发行企业披露问题

近年来随着中小非金融企业发行人的增加，中小企业财务信息披露不合规问题凸显。充分、合规的信息披露有利于投资人了解企业生产经营状况，提高对中小企业发行债务融资工具的认可度，是保障中小企业债务融资工具持续发展和继续创新的基础。目前部分中小发行企业存在公司治理结构不完善、内部财务管理制度不健全、信息披露机制缺失等诸多问题。广大中小发行企业应充分认识定期财务信息披露的重要意义，建立健全信息披露工作机制，提高财务管理水平，以维护市场秩序、保护投资者合法权益，树立良好企业形象。

进一步提升披露主动性和延续性

同时，建议企业进一步提升定期财务信息披露的主动性和延续性。企业持续披露信息是建立债务融资工具市场企业基础数据库的重要前提之一，是市场各方积累历史数据的重要渠道，也是企业向投资者持续传达自身经营和财务状况、树立良好市场形象的有效手段。在 2012 年"4·30"定期财务信息披露工作中，债务融资工具已到期发行企业中有 23 家自愿披露了 2011 年年度报告，17 家自愿披露了 2012 年第一季度财务报表，而 2011 年同期自愿披露上述两类财务信息的发行企业分别仅为 3 家和 2 家，债务融资工具已到期发行企业自愿披露数量大幅增长、主动披露意愿明显提升。各发行企业应以此为榜样，提升主动披露意识，保证企业信息的时效性和连续性。

第七章

募集资金使用不合规典型案例汇编

　　非金融企业债务融资工具募集资金的合规使用是保障投资者合法权益的重要方面。债务融资工具发行人应严格依照募集说明书披露的用途使用募集资金，若因生产经营条件的客观变化，需要在债务融资工具存续期内变更资金用途，且新用途符合相关法律法规、政策要求的，需要提前向市场披露有关信息。然而发行人违规使用募集资金的情况时有发生，扰乱了市场秩序，损害了投资者合法权益。募集资金使用的违规情况主要表现为未提前向市场披露而新增用途、变更比例、变更使用方式等，此外，个别企业出现多种违规情况并存，表明其对募集资金使用较为随意，市场意识不强，不注重维护投资者合法权益。

发行人违规新增募集资金用途

A 公司为某省国有独资有限责任公司，主营业务为高速公路运营和管理等。截至 2011 年 7 月，公司在债务融资工具市场发行债务融资工具 2 期，其中短期融资券 1 期 15 亿元，中期票据 1 期 20 亿元。

募集说明书约定用途：短期融资券募集说明书约定 15 亿元募集资金主要用于补充流动资金和置换银行贷款，其中 3 亿元用于日常养护和运营相关支出；9 亿元用于补充下属子公司实业公司大宗物资采购；3 亿元用于偿还公司本部银行贷款。中期票据募集说明书约定，20 亿元募集资金用途主要用于公司在建的 17 条公路对应的项目公司。

募集资金实际用途：截至 2011 年 7 月，A 公司 35 亿元募集资金已使用完毕。公司擅自新增募集资金用途，将中期票据募集资金中的 6 亿元用于未在募集说明书中披露的 4 个公路建设项目；将短期融资券募集资金中的 5000 万元用于偿还子公司银行贷款，上述情况与募集说明书约定不一致，且均未在变更前进行信息披露。

违规新增募集资金用途是指发行人将债务融资工具募集资金用于未在募集说明书中约定的用途中，如用于新增项目且未提前向市场披露拟变更资金用途的有关信息。在债务融资工具注册阶段，发行人如计划将募集资金投入项目建设中，应在募集说明书中的募集资金运用章节披露该项目基本情况介绍，包括项目情况简介、项目建设进度和资本金到位情况等，以及项目相关批文情况，包括土地、环评和发改委等相关批文情况，并需在法律意见书中对募集资金投向项目的合法合规性出具法律意见。发行人将募集资金用于未披露的项目，将导致投资者无法对该项目的合规性以及经营状况进行判断，对投资者的合理判断和合法权益造成了不良影响。

本案例中的 A 公司将中期票据募集资金中的 6 亿元用于未在募集说明书中披露的建设项目，同时将短期融资券募集资金中的 5000 万元用于偿还子公司银行贷款，属于典型的新增募集资金用途，此举侵害了投资者合法权益。按照债务融资工具市场相关自律规定，企业补充披露了新增项目的基本情况介绍、相关审批情况、募集资金用途变更情况等信息并向投资者致歉。

发行人违规变更募集资金使用比例

B 电力公司是所在省电力建设投资及运营主体，截至 2011 年 9 月，公司在债务融资工具市场发行短期融资券 2 期，规模分别为 3 亿元和 4 亿元。

募集说明书约定用途：按照"10CP01"募集说明书约定，4 亿元募集资金用途如下：2.5 亿元用于补充下属子公司营运资金；1.5 亿元将用于置换公司集团本部的银行贷款。

募集资金实际用途：截至 2011 年 9 月，公司"10CP01"募集资金实际补充子公司营运资金 1.7 亿元，余下 2.3 亿元用于偿还公司集团本部银行贷款，与募集说明书约定不一致，且均未在变更前进行信息披露。

变更募集资金使用比例是指债务融资工具发行人擅自调整募集说明书约定的募集资金各项用途之间的比例，包括调整偿还贷款与补充流动资金之间的比例和调整各项目之间的使用比例等。

上述案例中 B 电力公司将 2010 年第一期短期融资券募集资金用于偿还公司集团本部银行贷款的规模增加了 8000 万元，且未在变更前进行信息披露。企业随后就募集资金用途变更情况在指定媒体进行了公告并向投资者致歉。

发行人违规变更募集资金使用方式

C 投资公司代表省政府参与省重点项目的建设、投资和经营，公司经营范围主要包括电力、铝工业和金融等三大板块。2010 年 3 月，公司发行一期中期票据，规模 18 亿元，期限为 5 年。

募集说明书约定用途：18 亿元募集资金中补充下属公司中期流动资金 3.6 亿元，偿还银行贷款 3.6 亿元，重点项目建设 10.8 亿元。并说明"对参股公司使用募集资金，公司将采用委托贷款的方式对资金的投放、使用和归还进行管理和监督。"

募集资金实际用途：截至 2011 年 7 月，C 公司 18 亿元募集资金已使用 11.6 亿元，其中 3.6 亿元用于补充下属公司流动资金，3.6 亿元用于偿还银行贷款，5 亿元用于重点项目建设，剩余 6.8 亿元尚未使用，募集资金使用规模与募集说明书约定一致。但用于补充下属公司流动资金中的 1.05 亿元募集资金"直接划拨"至了参股公司，与募集说明书约定的"委托贷款"的使用方式不一致。

募集资金变更使用方式是指债务融资工具发行人擅自改变了募集说明书约定的募集资金划拨方式。

上述案例中的 C 投资公司将募集资金"直接划拨"给了参股子公司，与募集说明书中约定的使用方式不一致。企业按照相关自律规定就募集资金用途变更情况在指定媒体进行了公告并向投资者致歉。

发行人欲将募集资金用于未经核准项目

D 公司为某市开发区重要的投资建设主体，主要负责该市开发区管委会授权范围内的国有资产经营等业务。截至 2011 年 6 月，公司在债务融资工具市场发行中期票据 1 期，金额为 17 亿元。

募集说明书约定用途："10MTN1" 募集说明书约定 17 亿元募集资金中，50% 的募集资金约 8.5 亿元用于补充公司中长期营运资金，主要投向包括电力业务（4.5 亿元）、文化体育业务（4 亿元）；其余约 8.5 亿元用于偿还银行贷款，优化融资结构。

募集资金实际用途：2011 年 6 月，D 公司向主承销商 J 银行咨询，D 公司拟将 "10MTN1" 原用于 "电煤采购及日常发电机组维护、原材料运输等流动资金周转" 的 4.5 亿元变更为 3.5 亿元用于支付某造纸项目建设，1 亿元用于偿还银行贷款本息。经主承销商仔细研究，发现该造纸项目尚未取得国家环保部门批复，并且预计在债务融资工具存续期内难以取得有关核准。由于变更后募集资金将用于未经有关部门核准的项目，不符合债务融资工具募集资金使用的相关要求，也不符合发行人在中期票据募集说明书中关于 "将募集资金运用到符合国家相关产业政策及法律法规，不存在违规使用的情况" 的承诺，因此主承销商向企业进一步明确了募集资金使用的相关要求，加强了对发行人的辅导。D 公司接受了主承销商的意见，未将募集资金用于该造纸项目，于 2011 年 7 月发布募集资金用途变更公告，将原用于电煤采购及日常发电机组维护、原材料运输等流动资金周转的 4.5 亿元全部用于公司本部银行贷款的还本付息，变更后募集资金用途合规。

募集资金的使用必须符合自律规则指引相关要求，同时债务融资工具发行人需在募集说明中披露募集资金的具体用途，并就募集资金的使用作出如下承诺：募集资金运用符合国家相关产业政策及法律法规，不存在违规使用的情况。

上述案例中的 D 公司欲将募集资金用于未经核准项目，与国家相关规定不符，也不符合债务融资工具相关注册政策要求。最终，经过咨询主承销商专业意见，企业意识到问题的严重性，未将募集资金违规用于未经核准项目。

发行期间发行人变更募集资金用途

E 公司于 2010 年 12 月 4 日申请注册中期票据，2011 年 2 月 9 日获交易商协会接受注册，注册金额为 3.9 亿元。2011 年 3 月 8 日公布首期中期票据发行文件，首期发行金额为 1.9 亿元，发行期限为 5 年，发行期为 3 月 8 日至 3 月 15 日。

募集说明书约定用途：公司募集说明书约定募集资金将用于补充公司营运资金 0.9 亿元，偿还银行贷款 1 亿元，其中列示了 4 笔拟偿还贷款金额等相关信息。

募集资金实际用途：2011 年 3 月 13 日，E 公司发布该期中期票据募集资金用途变更公告，称因该期中期票据发行时间较预期延迟，公司计划通过自有资金归还 2011 年 3 月 14 日到期的相关银行贷款，因此拟变更用于偿还银行贷款的募集资金用途结构，主要为将原用于偿还 2011 年 3 月 14 日到期银行贷款的募集资金由 3000 万元减少至 2800 万元，将原用于偿还 2011 年 6 月 29 日到期银行贷款的募集资金由 2000 万元增加至 2200 万元，其他各项募集资金用途不变。

发行期间变更募集资金用途是指债务融资工具发行人在债务融资工具发行期间变更募集资金用途的行为，该行为反映出发行人对募集资金使用的规划不足。

上述案例中的 E 公司在中期票据尚未进入存续期的情况下即公告变更募集资金用途，公告称变更的主要原因是该期中期票据发行时间较其预期延迟，因此计划以自有资金偿还相关银行贷款。经核查，E公司拟偿还的该笔银行贷款到期日为该期中期票据簿记建档日的前一天，反映出E公司对中期票据发行时间和上述银行贷款到期日的衔接判断失误。E公司在债务融资工具发行期间对募集资金用途进行变更，有可能扰乱正常的发行秩序和投资者的购买决策，并对发行人信誉和声誉造成不良影响。

发行后短期内发行人变更募集资金用途

　　F公司于2011年4月16日发行其2011年第一期中期票据，发行金额5亿元，期限为5年。其募集说明书中载明，该期中期票据募集资金3.5亿元用于补充公司钢铁贸易项目、烟酒项目营运资金，1.5亿元用于补充化肥研发及贸易营运资金。

　　2011年4月28日，F公司即发布了2011年第一期中期票据募集资金用途变更公告，称因原募集说明书所述贸易项目进度调整，为减少资金闲置，公司拟将补充钢铁和烟酒项目营运资金的募集资金减少至2.4亿元，将补充化肥项目的募集资金减少至0.1亿元，将其余2.5亿元募集资金变更为用于偿还公司本部银行贷款。

　　发行后短期内变更募集资金用途是指债务融资工具发行人在债务融资工具发行后短期内即变更募集资金用途的行为。例如案例中的F公司，中期票据发行与募集资金用途变更时间间隔仅为12天，属于典型的发行后短期内变更，F公司公告称变更原因主要为项目进度调整。

　　发行人在发行相关债务融资工具前，应对募集资金的使用进行长期、合理的规划，并保证用途符合国家相关法律法规规定和政策要求，非客观情况不提倡随意变更募集资金用途，以体现募集说明书作为发行人与投资人之间债券融资协议的严肃性。尽管F公司变更后资金用途属于正常用途，但发行后短期内即变更的行为反映出发行人对待募集资金用途的随意性，可能对市场造成不良的示范作用。

发行人募集时即知晓拟变更
资金用途但未及时披露

G 公司在募集说明书中约定将募集资金 2.3 亿元用于偿还 A 银行贷款，1.7 亿元用于补充公司流动资金。通过调阅公司募集资金财务支用凭证发现，公司将募集资金 3 亿元用于偿还 B 银行贷款，1 亿元用于补充公司流动资金，发行人变更了偿还银行贷款对象，改变了募集资金使用比例，且未提前向市场信息披露。

公司变更募集资金用途的原因在于拟偿还的 A 银行贷款到期偿付时间与短期融资券正式发行时间发生错配，导致募集资金用途不能按原计划使用。发行人原计划于 2011 年 3 月发行 "11CP01"，其中募集资金 2.3 亿元用于归还 A 银行贷款，1.7 亿元用于补充公司流动资金。但 "11CP01" 到 4 月中旬才正式发行，晚于计划发行时间。此时公司原计划偿还 A 银行的贷款已于 3 月末到期，公司已用自有资金按期偿还；于是在主承销商的建议下，公司将募集资金中 3 亿元用于归还 5 月到期的 B 银行贷款，1 亿元用于补充公司流动资金。

公司存在变更募集资金使用比例且未提前向市场信息披露等违反自律规则指引的情节。公司未按照相关自律规定要求履行信息披露义务，在变更债务融资工具募集资金用途前披露变更公告；未向投资者告之募集资金变更原因、变更前后相关信息及其变化、变更事项对企业偿债能力和偿付安排的影响以及与变更事项有关且对投资者判断债务融资工具投资价值和投资风险有重要影响的其他信息等内容。发行人在未将变更事项告之投资者的情况下，擅自变更募集资金用途。

主承销商存在未督导发行人提前向市场信息披露、且募集资金排查报告未能反映企业资金使用真实情况等违反自律规则的情节。主承销商在债务融资工具发行前已知募集资金比例将发生变更的情况下未督促企业披露信息，存在主观蓄意隐瞒；且主承销商提交的后续管理工作报告中反映发行人募集资金使用与募集说明书完全一致，这与募集资金实际使用情况严重不符，募集资金排查工作不到位，主承销商未尽职履职。

本章经验总结

发行人应树立市场意识和信息披露意识

非金融企业债务融资工具实行注册管理，注册制强调企业充分信息披露和中介机构尽职履责。债务融资工具市场发行人作为公众公司，应树立牢固的市场意识。具体而言，募集资金的使用应当符合相关规定并得到投资者的认可，计划变更募集资金用途时要至少于变更前五个工作日披露变更公告，确保变更后资金用途符合国家法律法规和政策规定，以充分保障投资者的合法权益。

在相关债务融资工具发行前，发行人应根据债务融资工具发行时间估计和各阶段实际需求，科学合理地安排募集资金用途。发行人应根据市场经验或者咨询主承销商等专业机构，充分考虑注册发行过程和资金市场形势的不确定性，合理预估发行时间，尤其是要对募集资金使用预留充分的时间。

在发行期间或发行后短期内发行人即变更募集资金用途，可能引起投资者对发行人相关债务融资工具注册信息真实性的质疑，造成发行人随意对待募集说明书重要条款的印象，不利于发行人信誉和声誉的维护，因此发行人应尽量避免在发行期间或发行后短期内即变更募集资金用途的行为。

主承销商应加强对发行人的辅导和督导

主承销商应当对发行人募集资金的使用情况进行动态监测。上述案例中，

A、B、C、H公司将募集资金用于未在募集说明书中披露的项目、变更募集资金使用比例或划拨方式，与募集说明书约定不一致，未提前进行信息披露，且由相关主承销商作出的排查结论认为，发行人"没有发生违规使用募集资金的情况"，与实际情况不一致，反映出相关主承销商风险排查工作流于形式，敷衍应对，存在监测和排查工作不到位的问题。

发行人违规变更募集资金的情况也反映出个别主承销商在承销、发行和后续管理中存在一定前期辅导、后续督导不到位的问题。上述案例反映出相关主承销商与企业沟通不畅，对企业辅导和督导不足，未及时发现并督导企业就募集资金使用不合规的情况进行改正和信息披露，未履行应尽义务。主承销商应继续加强对发行人的前期辅导和后续督导工作。一是在注册发行期间，辅导发行人树立牢固的市场意识，培养其市场责任感，向其传导募集资金合规使用的重要性。二是后续管理工作中，督导发行人按照相关自律规定合规使用募集资金，如有变更应及时进行信息披露。

主承销商应加强与发行人的沟通联系，做好日常监测和定期排查等后续管理工作。一是做好日常动态监测工作，与企业进行充分沟通交流，切实掌握企业的募集资金流向。二是做好定期与不定期的风险排查工作，掌握企业的募集资金使用和合规情况。

主承销商应协助企业做好募集资金管理工作，例如，部分主承销商在工作实践中对企业的募集资金的每一步用途进行跟踪监管，确保其合规使用。发行人如需变更募集资金用途，主承销商应督导其就募集资金使用拟变更情况进行及时信息披露。

第八章

中介机构行为有失规范典型案例汇编

信用增进机构定期财务信息披露连续两次违规

本案例中所涉及机构为 2009 年某期中小企业集合票据主承销商甲银行以及为债项提供信用增进的某地方国有金融公司（以下简称信用增进机构）。"09SMECN1" 于 2009 年 11 月发行，募集资金 5 亿元，期限 2 年，债项信用等级为 AA－级。

连续两次延迟披露定期财务信息

2011 年 4 月 29 日，该信用增进机构在债务融资工具市场披露《关于延迟披露经审计的 2010 年度财务报告的公告》，以 2010 年财务报告审计工作尚未完成为由，公告将延迟披露 2010 年度财务报告及 2011 年一季度财务报表；

2011 年 6 月 29 日，该信用增进机构在债务融资工具市场补充披露了 2010 年度财务报告及 2011 年一季度财务报表；

2011 年 8 月 15 日，该信用增进机构在债务融资工具市场披露《关于延期披露 2011 年半年报的公告》，以部分参控股公司 2011 年上半年财务报告报出时间较晚为由，公告将延迟披露 2011 年半年度财务报表；

2011 年 9 月 21 日，该信用增进机构在债务融资工具市场补充披露 2011 年半年度财务报表。

信用增进机构与主承销商均未尽职履责

经调查发现，本事件中的信用增进机构与主承销商均存在未能充分尽职履责的问题。

据信用增进机构反映，在 2011 年半年度财务报表披露前公司曾与甲银行当地支行工作人员沟通过延迟披露事宜，甲银行工作人员未提出异议。信用增进机构由于对债务融资工具市场业务不熟悉、对相关自律规则指引学习理解不到位，据此认为获得了延迟披露 2011 年半年报的准许，否则可加紧完成参控股公司的报表合并工作，以保证按规定及时披露半年度财务报表。

甲银行则表示，在信息披露督导工作中行内业务人员主要关注了中小企业集合票据发行人，对信用增进机构的督导提示确实不够。当地支行工作人员曾对信用增进机构定期财务信息披露进行过提示，但由于基层工作人员对自律规则指引理解不到位，在获知信用增进机构的延迟披露要求与规则规定相悖时，总、分、支行未能及时有效沟通，分支行后续管理工作人员没有对信用增进机构进行进一步的有效督导，从而在客观上纵容了信用增进机构的延迟披露行为。

相关机构的违规及自律处分情况

该信用增进机构信息披露责任意识不强，信息披露制度不完善，违反了《信息披露规则》规定及 "09SMECN1" 募集说明书和担保函中信息披露相关承诺，未按时编制并披露 2010 年度财务报告、2011 年一季度及半年度财务报表，对定期财务信息披露的具体工作要求认识不足，反映出企业存在财务管理不规范，内部审计制度不健全，对下属参控股公司管理水平有待加强，公司治理结构有待改善等问题。信用增进机构的以上行为违反了《信息披露规则》的有关规定，信用增进机构因此受到了相应的自律处分。

主承销商未对信用增进机构信息披露工作进行有效的辅导和督导，后续管理工作中未能与信用增进机构建立有效的沟通机制，导致信用增进机构对存续期内信息披露工作的重视程度不足，连续两次延迟披露定期财务信息；且主承销商在信用增进机构未按时披露定期财务信息的情况下，却在当年"9·15"后续管理报告中将其调整出重点关注池，主承销商因此受到了相应的自律处分。

主承销商召集持有人会议时议案准备不充分

　　2010 年 9 月，某发行人 U 集团公司因进行公司分立，将非主业资产分出新设 V 有限公司，集团公司发行的"09MTN1"、"09MTN2"计划由分立后的 V 有限公司承继，按照相关规定需召开持有人会议。根据《公司法》的有关规定，发行人需提供资产负债表与拟分立的资产清单，在会议召开公告中，召集人主承销商说明将在会前提供拟分立的资产清单；但是直至会议召开当日，召集人仍未能提供 U 集团公司完成分立后的主业公司和非主业公司清单、公司分立后进入非主业公司的资产明细和分立前后的财务数据等必要的会议审议材料，虽然在会后表决期限内及时采取补救措施补充了资料信息，但在会议当天仍然影响了参会持有人对事件性质和影响的判断，引起了部分参会持有人的质疑。

　　本次持有人会议结束后，该主承销商收到了相关业务提示，指出其在准备会议审议材料中存在未严格依照法律法规、《持有人会议规程》有关规定操作的情形。主承销商应以此为鉴，及时总结本案例中暴露出来的问题，认真学习持有人会议相关法律法规和相关自律规则，加强合规性意识，及时完善工作机制，规范工作流程，提高自身的后续管理水平，切实保护债务融资工具持有人合法权益。

会计师事务所未尽职履责、发行人经审计财务信息存在重大会计差错

2011 年 12 月，某发行人发布了《关于 2008 年至 2010 年年度财务报告会计差错更正公告》及《关于 2008 年至 2010 年年度财务报告会计差错更正说明》，对公司 2008 年至 2010 年年度的财务审计报告进行了大幅更正，更正后的资产总额、负债总额、所有者权益以及净利润等重要财务指标均出现重大不利变化。

调查情况

通过调阅先后为发行人提供审计服务的甲、乙两家会计师事务所审计工作底稿，发现发行人在 2008 年至 2010 年账目处理中存在重大违规情节。依据重大性原则，发行人几笔金额巨大的违规账目处理包括：

（1）2008 年存货成本结转错误

2008 年发行人在做账时，通过大量少计已用于生产的原材料价值，从而导致少计生产成本、少计产成品价值、少结转营业成本，将应结转的营业成本虚挂在存货中，导致存货账实不符。2008 年及以前年度这种少结转营业成本的做法导致 2008 年发行人财务报表中未分配利润虚增 59310.80 万元，存货虚增 56157.69 万元，负债少计 3153.13 万元。

据甲会计师事务所反映，在 2008 年对存货科目进行审计时，发行人以影

响生产为由拒绝了会计师事务所年底对存货进行全面实物盘点的要求，甲会计师事务所直到 2009 年 2 月到 3 月进入现场审计时才对存货实施了盘点程序，并倒推出了资产负债表日时点上的存货情况。甲会计师事务所表示盘点时存货大体账实相符，并未发现大额盘亏情况。

乙会计师事务所依据企业提供的各月虚增入库明细表及亏库说明，对 2011 年存货实施了盘点程序，发现存货出现重大盘亏情况；并根据实际出入库情况将盘点结果倒推确定了 2010 年末、2009 年末、2008 年末及 2007 年末的存货实际库存数量，发现实际库存数量明显小于账面结存数量，乙会计师事务所根据实盘数量及各年末存货价格确定了实际存货金额，对实际金额与账面金额的差异作出调整。

（2）2009 年虚增固定资产调整

发行人本部在 2009 年大量虚增工程项目领用的原材料 31441.11 万元，导致当年报表中固定资产虚增 29456.97 万元，在建工程虚增 1984.14 万元。

此次发行人向乙会计师事务所提供了 2009 年虚增 31441.11 万元固定资产及在建工程的明细及依据，列明了虚增的工程项目及对应的固定资产和在建工程。乙会计师事务所通过查看相应原始凭证发现发行人将用于生产项目的原材料（主要是短绒、木浆、棉浆、烧碱等原辅料）虚增进入固定资产及在建工程（工程项目），导致固定资产及在建工程账面值大幅虚增，因此对上述虚增部分予以调整。

（3）2008 年账外银行承兑汇票重新入账

2008 年，发行人本部在甲银行和乙银行办理全额承兑汇票 13000.00 万元，银行出票时公司未记账，导致当年报表中货币资金与应付票据均少计 13000.00 万元。

发行人向甲会计师事务所提供的甲银行、乙银行存款对账单均只有一个账户，甲会计师事务所就对账单显示的账户余额分别向甲银行和乙银行进行函证，两家银行均回函确认信息无误，函证未显示企业的账外账户。同时，2009 年 3 月 11 日甲会计师事务所通过丙银行客户服务部打印了发行人的《企业基本信用信息报告》，报告显示企业 2008 年承兑汇票发生额及余额均为 19000.00 万元，经核实与企业账面余额相符。通过执行银行函证、核对企业财务记录与贷款卡信息这两个审计程序，甲会计师事务所未发现异常，确认了甲银行、乙银行承兑汇票账实相符。

而发行人向乙会计师事务所提供的甲银行和乙银行的存款对账单显示了企业未入账的银行账户情况，相应账户未出现在提供给甲会计师事务所的对账单上。企业前后向两家会计师事务所提供的对账单信息差异如表 2-9 所示。

表 2-9　　　　　　　　　　　　银行对账单信息差异表

相关银行	账号	向甲会计师事务所提供的情况（金额）	向乙会计师事务所提供的情况（金额）
甲银行	** 30200001 ******** 1023	4996.80 元	4996.80 元
	** 30200001 ******** 3440	无此账户	30000000.00 元
乙银行	** 00 ******** 0130	31111095.76 元	31111095.76 元
	** 00 ******** 0289	无此账户	60000000.00 元
	** 00 ******** 0368	无此账户	40000000.00 元

上述账外 13000.00 万元存款均为银行承兑汇票保证金账户存款，企业未转入货币资金核算，相应票据未贴现，因此乙会计师事务所对上述未入账事项进行调整，调整后 2008 年货币资金与应付票据增加了 13000.00 万元。

（4）2008 年账外丁银行借款重新入账

2008 年，发行人本部将一笔丁银行本金 5800.00 万元的借款从账面销账，但实际并未归还该借款，这导致 2008 年少计本息 9094.89 万元，少计财务费用 604.89 万元。

2008 年，企业账面记载偿还丁银行借款（本息）8490.00 万元，剩余部分利息 763.74 万元尚未偿还。甲会计师事务所检查了企业提供的还款证明等会计凭证，确认了企业的还款记录并就剩余 763.74 万元借款余额①向丁银行进行了函证，但未收到询证函回函原件，仅收到传真件，传真件确认了 763.74 万元的银行借款余额。

_____

① 应为利息。

此次发行人向乙会计师事务所提供了丁银行的对账单，乙会所通过核实对账单并向丁银行函证，发现发行人 2008 年度账面显示的已偿还丁银行借款（本息）8490.00 万元实际并未偿还；同时发现发行人对上述借款的利息计提不足，因此将该笔账外借款重新入账并对借款利息进行补提，调整后长期借款增加了 5800.00 万元，应付利息增加了 3294.89 万元，财务费用增加了 604.89 万元，营业外支出增加了 8490.00 万元。

（5）2009 年政府投资款入账错误

发行人子公司某港务公司 2009 年接受当地街道办投资款 2232.00 万元，用于建设万吨航道工程项目。根据双方协议，此工程建成后产权归投资方街道办所有。但公司收到投资款时将其确认为政府补助并会计处理为营业外收入，这导致当年报表中利润虚增 2232.00 万元，固定资产虚增 2232.00 万元。

甲会计师事务所 2009 年审计时，发行人未向其提供项目的《港口公共设施投资建设协议书》，也未提供任何与项目有关的协议文件。甲会计师事务所表示根据与项目有关的政府拨款单、银行进账单，支付款凭证等材料，将 2232.00 万元确认为补助资金，计入营业外收入。

此次发行人向乙会计师事务所提供了某港务公司与街道办事处签订的《港口公共设施投资建设协议书》，协议规定项目产权归街道办所有，项目完成后港务公司冲减在建工程。乙会计师事务所根据协议内容确认该政府投资款不属于政府补助，因此对企业原账务处理进行调整，调整后固定资产减少了 2232.00 万元，营业外收入减少了 2232.00 万元。

（6）2008 年存货暂估入账调整

2008 年发行人本部的部分原材料已入库但还未入账，期末时未对这部分存货金额进行暂估入账。这导致当年存货和应付账款均少计 14212.76 万元。

甲会计师事务所在 2009 年 3 月对发行人的存货实施了盘点，并检查了 2008 年 12 月 31 日到 2009 年 3 月盘点日之间的存货收发记录，将存货盘点数量倒推至资产负债表日，与企业提供的 2008 年末存货盘点结果进行了核对，未发现重大差异。

乙会计师事务所通过对公司的存货保管账出入库记录与财务账面进行比

较，发现二者有差异，分析差异原因，存在已入库但未入账的存货，因此予以调整，调整后2008年存货与应付账款均调增了14212.76万元。

（7）2008年固定资产暂估入账调整

2008年12月，发行人子公司某项目完工投产但年末尚未办理竣工决算，期末公司将该在建工程预估为6.7亿元转入固定资产，但乙会计师事务所审计时认为少计了暂估应付工程款15419.55万元。

甲会计师事务所审计时发现2008年末子公司该工程大部分达到预定可使用状态，但尚需后续投入，公司处于边生产边建设状态。在2008年底已完工可使用的资产未结转固定资产，审计人员根据在建工程的发生并结合合同等情况，预转固定资产6.7亿元，要求发行人予以调整。

乙会计师事务所审计时发现项目当年未办理竣工决算且暂估转资金额未包括应付工程款，因此根据子公司提供的资产明细、部分已审结工程项目的定案单及以往的工程审计情况对应付账款予以调增。调整后固定资产与应付账款均增加了15419.55万元。

（8）2008年调增资产减值损失

发行人2008年坏账准备年初余额为2146.31万元，当年按照账龄分析法对应收账款、其他应收款共计提了7.89万元坏账准备，未对预付账款计提坏账准备，坏账准备年末余额为2154.20万元。存货跌价准备年初余额为128.35万元，当年计提3093.05万元、转销80.39万元，年末余额为3141.02万元。

甲会计师事务所审计应收款项科目时认为在无确凿证据表明相关款项于2008年末无法收回的情况下，当年企业按照账龄分析法计提坏账准备是恰当的。甲会计师事务所表示对企业的坏账准备计提情况进行了复核，当时对计提不充分的应收款项已经补提了坏账准备。

乙会计师事务所审计应收款项科目时，要求企业详细划分账龄并对其账龄划分进行核实，对于多年未发生业务且长期挂账的应收款项（包括预付款项）采用个别认定法进行全额计提坏账准备，并根据核实后的账龄结合个别认定法重新测算应计提的坏账准备，对于测算金额与账面金额的差额予以调整。调整后坏账准备增加了 2498.48 万元，资产减少了 2498.48 万元，利润减少了 2498.48 万元。

甲会计师事务所审计存货时，企业对 2008 年末的存货计提了 100.00 万元的减值准备，甲会计师事务所复核了期末存货可变现净值，采用年末销售价格重新测算后，当年要求企业补提了 3000.00 万元的跌价准备，其中产成品补提了 2023.00 万元。

乙会计师事务所审计存货时，对于因为陈旧过时或销售价格低于成本使存货成本不可收回的部分存货，按单个存货项目的成本高于其可变现净值的差额予以提取存货跌价准备。调整后存货跌价准备增加了 1144.57 万元，资产减少了 1144.57 万元，利润减少了 1144.57 万元。

事件分析结论

通过对比两家会计师事务所提供的审计工作底稿，可判断发行人在 2008 年至 2010 年公司账目处理过程中存在少计成本、少计银行承兑汇票及银行借款、少计期末存货、少计固定资产暂估入账金额、虚假偿还银行借款及兑付应付票据、错误认定政府投资款性质等问题；发行人在甲会计师事务所 2008 年至 2010 年审计工作中存在提供与事实不符的原始凭证、未提供认定项目归属的协议书等情况。发行人违规事实确凿、性质恶劣、情节重大，因此受到了相应的自律处分。

甲会计师事务所未按照执业规范准则实施审计、审计程序执行不到位、审计证据获取不充分，且未在审计过程中保持应有的职业怀疑态度，审计工作未勤勉尽责。甲会计师事务所及其负责审计发行人 2008 年和 2009 年报表的注册会计师因此受到了相应的自律处分。

事件启示

会计师事务所作为企业会计信息的稽核者，是债务融资工具市场重要的中介机构。注册会计师对企业开展的独立审计作为公司治理的外部监督和保证机制，既是为投资者提供公司披露信息可靠性的第三方确认，也是制约公司管理层合谋舞弊、扭曲提供虚假财务会计信息等违规行为的有效手段。会计师事务所应该勤勉尽责，提高企业外部独立审计的质量，切实维护股东和投资人的权益。

律师事务所尽职履责不到位

2011年7月，某民营企业自查发现其2010年第一期短期融资券募集说明书中关于公司股东的股权结构相关信息与事实不符，公司实际控制人持股比例等重要信息披露不准确。在该期募集说明书披露前，公司境内股东股权结构已然发生显著变化，并且境外股东股权结构也与实际情况不符。作为实际控制人为自然人的民营企业，其实际控制人的持股信息应为企业掌握的情况，企业缘何出现该错误，律师为何没能在其发表专业意见的范畴内发挥资本市场"看门人"的作用？

股权结构信息公开于市场

当事发行人为民营企业，其股权由文氏家族三人共同持有，具有家族控股式的民营非公众企业特征。2010年12月，发行人获准注册短期融资券，2010年12月，公司发行2010年第一期短期融资券"10CP01"，募集资金3.5亿元，主体信用等级为AA－级，债项信用等级为A－1级。发行人在短期融资券"10CP01"发行过程中，聘请甲律师事务所为其提供法律服务。

据募集说明书披露，发行人控股股东为境外W公司，持有公司80%的股权，公司其余20%股权由境内Y公司持有，两股东公司的股权由文氏家族成员（文之林、郑心怡、文心）分别持有，公司实际控制人为自然人文之林。甲律师事务所在"10CP01"法律意见书中明确表示"本期融资券《募集说明书》在重大事实方面，不存在虚假记载、误导性陈述及重大遗漏等情形。"

相关信息前后差异显著

从发行人此前公布的募集说明书及后续更正信息的情况可发现，发行人信息不符的情况涉及发行人境内外股东双方股权结构信息见图 2 - 8。

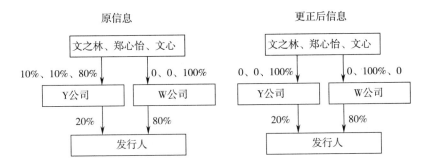

图 2 - 8　发行人与实际控制人关系图

原信息："截至 2010 年 9 月末，文心持有 Y 公司 80% 的股权、W 公司 100% 的股权，间接持有发行人共计 96% 的股权；文之林、郑心怡夫妇各持有 Y 公司 10% 的股权，间接持有发行人共计 4% 的股权。"更正后信息："截至 2010 年 9 月末，郑心怡持有 W 公司 100% 的股权，间接持有发行人共计 80% 的股权；文心持有 Y 公司 100% 的股权，间接持有发行人 20% 的股权。"

原信息："目前，文心间接持有公司 96% 的股权，但是发行人实际经营决策权还是属于文之林，因此发行人的实际控制人为自然人文之林。"更正后信息："目前，郑心怡间接持有公司 80% 的股权，文心间接持有公司 20% 的股权，但是发行人实际经营决策权还是属于文之林，因此发行人的实际控制人为自然人文之林。"

相关信息确属重大

《公司法》规定，实际控制人是指虽不是公司的股东，但通过投资关系、协议或者其他安排，能够实际支配公司行为的人。根据《银行间债券市场非金融企业债务融资工具募集说明书指引》第四条、第二十二条、第二十三条的相关规定，实际控制人是应该披露的重大事项，尤其是家族企业，实际控制人、股权结构变动是关系企业经营以及能否持续健康发展的重要因素，对偿债能力有很大影响。对于如何判断公司的实际控制人，首先可从持股比例判断是否拥有控制权，若依据持股比例不能判断的话，则要看公司投资关系、协议或者其他安排，以确定能够实际支配公司行为的人。实际控制人的持股比例信息无疑是判断其对公司控制权的重要信息，属于律师专业意见应包含的范围。

律师事务所尽职不到位

据有关机构调查，发行人股权结构信息不准确主要有两方面原因，一方面，发行人境内股东 Y 公司股权结构于发行前发生变动；另一方面，公司境外股东 W 公司股权结构信息始终错误，两股东股权结构信息失实导致公司实际控制人持股信息的错误。就这两方面而言，律师事务所的尽职过程可以简单梳理如下：

2010 年 5 月中旬，为发行人"10CP01"发行提供服务的相关中介机构完成了对发行人现场访谈等尽职调查工作，针对发行人境内股东股权结构情况，相关中介机构于 5 月底到工商机构调取了发行人的有关资料。资料显示发行人境内股东 Y 公司股权结构信息与募集说明书表述一致。6 月 21 日，境内股东 Y 公司通过了由文心持有公司 100% 股权的决定；6 月 28 日，相关工商机构准予 Y 公司由"有限责任公司（自然人投资或控股）"变更为"一人有限公司（自然人投资）"并完成监事及章程修正案的备案。境外股东方面，发行人境外股东 W 公司始终由郑心怡持有全部股权，并未发生变更。相关中介机构对该信息未采取任何独立的取证措施，仅凭发行人提供的信息发表相关意见，也未于相关专业意见中对该境外事项未经尽职调查作出声明。

在 5 月完成尽职调查至 12 月发行近半年的时间内，甲律师事务所并未进

图2-9　发行人股东股权信息更正进展

行有效地补充尽职调查，而以发行人提供的信息替代专业程序作为发表意见的基础。

律师工作一般程序

对于重大事项的尽职调查，一般情况下，首先要求发行人向律师提供为出具法律意见书所必需的文件资料的正本、副本或复印件及相关口头证言，并保证所提供的所有文件资料及证言的真实性、准确性、及时性和完整性，不存在任何虚假记载、误导性陈述及重大遗漏。对于律师出具法律意见书至关重要而又无法得到独立的证据支持的事实，律师依赖有关政府部门、发行人或其他有关单位出具的证明文件出具法律意见书。其次，律师需要对发行人提供的资料通过工商调档、询问当事人等方式进行必要的核查；在债务融资工具注册发行过程中，律师对所发布法律意见的责任期间涵盖法律意见书签署日前的整个阶段，在此期间每个阶段的工作程序、工作方式和重点存在差异。

律师在出具法律意见过程中有三个重要时间阶段：进场前、尽职调查结束到法律意见书签署、法律意见书签署之后。在第一个阶段，可通过工商调档、现场询问等程序进行尽职调查。在第二个阶段，即注册后至发行前，应当关注企业重大事项信息，及时进行跟踪补充调查与核实。法律意见书内部签字需按照一定程序进行，签署之后也可能发生一些事项，在此期间，律师应当进行补充尽职调查，这一阶段律师如何开展尽职调查、尽职调查不实的责任归属一般要体现在发行人与律师事务所的委托合同里，通常情况下律师会通过简单会谈、电话询问等方式向发行人询问是否有重大事项发生，并作详细的会议记录，由发行人签章确认。

对于部分公司可能涉及的境外事项，确不属境内律师发表意见范围，同时自律规则中尚没有详细规定境内律师事务所面对此种情况如何处理。在实践中，需要由律师和发行人在双方的服务协议中予以明确。若约定发行人负责涉外部分尽职调查、据以出具法律意见的，发行人可以聘请境外律师对涉外事项展开尽职调查、通过境外使领馆认证或者公证机构公证进行尽职调查，境内律师只需引用境外律师的法律意见即可；对于协议约定由境内受托律师事务所出具法律意见的，对于在境外存在分支机构的律师事务所，该律师事务所有义务对境外事项进行尽职调查，发表法律意见，对于境外没有分支机构的，可以聘请境外律师对涉外事项展开尽职调查或者通过引用境外使领馆认证或者公证机构公证作为替代程序。

信息更正及违规情况

2011 年 9 月，发行人向市场披露了《关于 2010 年度第一期短期融资券募集说明书中股东之股权结构信息更正的公告》，公布了本次更正信息事项的相关信息，说明了变更原因、变更前后内容、相关法律意见、变更事项对公司偿债能力和偿债安排影响等情况。甲律师事务所向市场披露了《关于发行人股东之股权结构信息更正的法律意见书》，就更正后发行人境内外股东股权结构、实际控制人持股比例等信息发表了专业意见。

作为公开发行债务融资工具的主体，发行人应按照有关规定，真实、准确地披露公司实际控制人的有关情况，公司股东股权结构对公司实际控制人持股比例等重要信息具有直接影响，作为自然人控制的民营企业，实际控制人持股比例、家族成员利益一致程度对于公司的治理和经营也具有重要的影响，并且公司股东持股比例的变化对债务融资工具发行决议有效性可能存在影响，相关信息属于律师事务所发表专业意见范围，本次更正信息的相关情况与律师事务所提供法律服务过程中的尽职履责程度高度相关。此案例中发行人公司治理不够完善，未能严格按照有关自律规则指引的要求真实、准确、完整地披露相关信息；相关中介机构在提供专业服务的过程中，亦未能尽职履责，发挥独立第三方的监督、约束作用，出具的结论性意见缺乏明确依据，因此受到了相应自律处分。

律师事务所市场责任意识

作为资本市场的融资主体，发行人应建立作为"公众公司"的市场责任意识，建立健全相应制度体系、梳理工作机制，确保切实履行信息披露第一责任主体的义务，保证信息披露的质量。家庭控股式的民营公司普遍具有治理结构不完善、内控制度不完善等先天性问题，因此更应加强内部治理，在信息披露等市场行为方面建立至上而下的共识，顺畅工作机制，确保合规运行，为公司在金融市场中建立良好的市场声誉。与此同时，相关中介机构专业意见是合理确信公司注册文件真实性、准确性和完整性的独立第三方信息来源，相关中介机构应遵循勤勉尽责、诚实信用的原则开展业务。针对内控建设不完善的民营发行人，相关中介机构应进一步健全工作机制，完善工作流程，在债务融资工具发行阶段和存续阶段均保持警惕。主承销商在前期辅导时，应重点关注内控制度建立落实情况，评估相关工作机制不完善可能对信息披露责任落实程度的影响，在后续督导工作中研究改善工作方式方法，提升工作针对性；律师事务所应秉承职业怀疑态度开展相关工作，遵守行业业务标准，尽职履责开展相关工作，充分发挥独立第三方揭示风险的职能，以共同维护市场秩序。

信用评级机构未能尽职履责

2008 年 1 月，发行人 X 公司发行"08CP01"，经甲信用评级机构评级确定，该短券信用级别为 A – 1 级。2008 年 5 月至 8 月，发行人生产经营、财务状况出现诸多不利变化，但在此期间甲信用评级机构未作出任何公开反应。2008 年 9 月，发行人向市场披露信息称因生产经营严重恶化导致无法偿还贷款、履行与他公司协议，已被相关合作方起诉，部分银行账户已被冻结，甲信用评级机构启动了跟踪评级程序，在未能掌握具体信息的情况下，发布公告贸然撤销信用评级，加剧了市场恐慌。迫于市场压力，一个月后甲信用评级机构重新发布短券债项级别为垃圾级，再次引起市场的恐慌。甲信用评级机构在"08CP01"跟踪评级工作上的表现究竟有何值得我们反思？又能给其他的评级机构带来何种启示？

"08CP01"跟踪评级事件始末

发行人是一家主营棉纤制品生产与销售的上市企业，2008 年 1 月发行了 10 亿元"08CP01"，债项评级为 A – 1 级。2008 年 4 月和 8 月，发行人披露的财务报告显示，受棉纤行业持续低迷和公司管理层决策失误影响，2008 年一季度和 2008 年半年度公司分别亏损 1.38 亿元和 1.68 亿元。5 月至 6 月，发行人的财务总监和董事会秘书等高管相继离职，核心管理层人事变动频繁，发行人财务以及经营方面出现了持续的不利变化，作为资本市场"看门人"

的甲信用评级机构却显得"非常迟钝"，对上述情况始终保持沉默。

表 2 – 10　　　　　发行人 2008 年第一季度和半年度利润表摘要　　　　单位：元

项目	2008 年一季度	2008 年半年度
一、营业收入	245378.51	31288.51
减：营业成本	145462456.92	168213442.12
二、营业利润	– 145217078.41	– 168182153.61
三、利润总额	– 128810014.01	– 163289191.36
减：所得税费用	9293188.23	4758381.45
四、净利润	– 138103202.24	– 168047572.81

2008 年 9 月 15 日，发行人 X 公司向市场披露重大信息，称因生产经营持续严重恶化导致无法偿还贷款、履行与他公司协议，已被相关合作方起诉，并且部分银行账户已被冻结，涉及金额重大。这一重磅信息与之前的种种负面信号叠加，引发了市场对于发行人偿债能力的高度关注。事态升级至此，甲信用评级机构似如梦方醒，宣布启动跟踪评级程序，但其随后的表现着实考验了市场已经十分敏感的神经。

9 月 20 日甲信用评级机构发布公告称，"08CP01" A – 1 级的债项级别暂时失效。公告一出，市场哗然。甲信用评级机构史无前例的反常举动对早已"草木皆兵"的市场无异于火上浇油，进一步加剧了投资者的担忧情绪。"08CP01" 如"烫手山芋"被抛售，交易利率不断上扬，与同期限短券相比，信用利差高出 60 个基点。同时，甲信用评级机构在关键时刻毫无市场责任意识地"撂担子"，投资者在日常运作管理中突然失去了外部评级结果这一市场标杆，无法参照评级结果进行合规管理或风险控制，这引起了投资者等市场多方的不满。

10 月 17 日，在市场一片质疑声和焦躁情绪中，甲信用评级机构终于发布跟踪评级报告，声称无法正常履行约定并涉诉的事项给发行人带来了重要影响，进一步削弱了发行人自身资产和现金流对其债务本就单薄的保障能力，且由于发行人对相关情况披露不及时影响了其初始评级判断的准确性，因此将其短期信用级别连降 3 级至 C 级。从草率取消评级到陡然加速降级，甲信用评级机构的行为再次挑战了市场神经。由于 C 级远低于保险及基金公司等投资者的投资级别底线要求，众多投资者只能一致抛出"08CP01"，导致短券价格剧烈波动。10月17日，"08CP01"成交均价为79.338元，其中最低一笔的成交单价仅为60元。

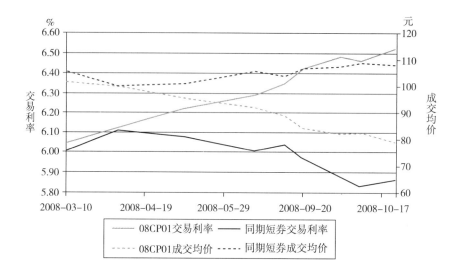

图2-10 "08CP01"与同期短券交易利率及成交均价对比

甲信用评级机构未能尽职履责，严重扰乱市场秩序

甲信用评级机构的评级行为给市场造成的不良影响引起了有关机构的关注。2008年12月，有关机构发布了对其"08CP01"的初始及跟踪评级行为调查结果，判定其存在以下三方面的问题：

第一，初始评级尽职调查不规范、不充分。《信贷市场和银行间债券市场信用评级规范》中要求"信用评级机构依据对收集资料的初步审查结果，确定详尽的评级对象（发行人）实地调查内容。实地调查包括与评级对象（发行人）的高层管理人员及有关人员访谈、查看评级对象（发行人）现场、对评级对象（发行人）关联的机构进行调查与访谈等方面的工作。评级小组在实地考察和访谈之后，应根据实际情况随时修改或补充相关资料，并建立完备的实地调查工作底稿。"但调查发现，甲信用评级机构在初始评级过程中尽职调查提纲准备不完备，工作底稿缺失调查人员与公司高管及财务部门访谈记录等重要内容，访谈整体质量不高，部分重要内容缺失相关人员签字。另外，甲信用评级机构对股权关系明晰度、股本来源合法性等民营企业尽职调查中尤为需要关注问题的考察，主要依据法律意见书中出具的鉴定，未能体现独立的职业怀疑态度，在初始评级报告中未进行必要的风险提示。

第二，轻率取消评级，严重扰乱市场秩序。甲信用评级机构对撤销"08CP01"A-1级别的决定作如下解释："我们主要关注出现违约情形并涉及诉讼事件对于企业本身及其经营状况两方面的影响。一方面现在我们没有获得足够的资料进行评估，另一方面，我们调查发现目前尚未有相关裁决。"因未能获得发行人的信息，在未经过进一步审慎观察判断的情况下就草率作出"撤销评级"，导致市场丧失了信用评级这一定价参考依据，严重扰乱了市场秩序。这一方面反映出甲信用评级机构市场责任意识淡薄，只从机构单边立场考虑，未考虑评级对市场运行秩序的重要性；另一方面也暴露出甲信用评级机构不定期跟踪评级，操作不规范、不严谨。按照行业惯例，遇到突发状况，评级机构应启动不定期跟踪评级，在暂时未能对偿债能力影响作出判断的情况下，可将受评对象列入负面观察名单，如果受评企业不配合提供信用评级所需材料或提供的材料存在虚假记载、误导性陈述或重大遗漏的，信用评级机构可终止信用评级，明确最近一次的评级结果及其有效期，说明此项信用评级此后不再更新。值得一提的是，与撤销评级否定过往评级结论的意义不同，终止评级指不再出具跟踪评级。

第三，跟踪评级事前预警不足，事后加速降级。《信贷市场和银行间债券市场信用评级规范》规定对于一年期的短期债券应在债券发行后第6个月发布定期跟踪报告，在此案例中，即甲信用评级机构应在2008年7月出具"08CP01"的定期跟踪评级报告。而且发行人自2008年5月陆续爆出巨额亏损、高管人士频繁变动等问题，对发行人的短期偿债能力有重要的影响。但甲信用评级机构无视定期跟踪评级的合规要求，以及受评对象种种不利变化，在发行人披露重大不利信息之前毫无作为，其跟踪评级工作的敏感性和时效性受到了市场的严重质疑。而与事前预警不足形成鲜明对比的是，信用评级机构在撤销评级一个月内，直接将"08CP01"信用等级降至垃圾级。这种前后评级观点严重不一的超速降级的行为，给整个市场平稳运行秩序造成了恶劣影响，再次暴露了甲信用评级机构跟踪评级制度及机制的不健全，以及市场责任意识的缺失。

相关机构在调查之后，责令甲信用评级机构暂停开展业务进行整改，甲信用评级机构的市场声誉严重受损，逐步淡出了债务融资工具评级市场。

信用评级机构需恪守执业规范，维护市场正常秩序

信用评级有助于减少投资人与发行人之间的信息不对称。评级行业服务质量的高低事关投资者合法权益，评级行业的发展事关债务融资工具市场发展大局，对促进市场公开透明、保护投资者具有重要作用。反思甲信用评级机构在"08CP01"跟踪评级的所作所为，我们可以得出以下几点启示：第一，作为资本市场的"看门人"，评级机构应恪守独立、客观、公正的职业操守，制定一整套业务守则、职业规范和激励惩罚机制，不断完善公司内控制度，严格按照有关规定开展业务，开展细致扎实的调查分析，坚持谨慎专业的风险判断。第二，增强对外部环境及企业风险状况变化的敏感性和预见性，加强定期和不定期的跟踪评级工作，切实发挥信用评级风险预警的市场功能。第三，针对可能出现的信用风险不利变化，应积极稳妥地处理好尽职履责与维护市场平稳运行之间的关系。

本章经验总结

在债务融资工具市场后续管理工作中，中介机构充分尽职履责是切实保护投资者合法权益的基础，对后续管理工作整体水平的提高和市场持续健康发展具有重要意义。尽管债务融资工具实行主承销商负责制，主承销商较之其他中介机构承担了更多的信息披露督导、风险监测、突发应急事件协调处置等职责，其他中介机构作为市场重要参与者，其发挥的第三方监督和专业服务功能不容忽视。信用增进机构合规信息披露、信守有关承诺将有效保护投资者合法权益，会计师事务所、律师事务所等中介机构的专业判断是企业注册发行文件及存续期信息披露真实、准确、完整的重要保障，信用评级机构的风险揭示为市场预警和交易价格提供了依据。本章按中介机构类别选取典型事件进行分析，为相关中介机构参与债务融资工具市场后续管理工作提供了一定的参考和借鉴。

在本章案例中，个别中介机构未能规范执业、质量控制把关不严，在企业披露文件的重大事项上掌握证据不足，对于个别关键事实的判断与相关法律法规或行业规范要求不符。各中介机构应以此为鉴，在执业中深刻总结相关经验教训：第一，高度重视自身工作对债务融资工具市场健康发展的作用，遵守相关行业执业道德规范，恪守职责，切实发挥独立第三方实效。第二，切实严格按照行业执业准则从业，提升专业胜任能力，建立规范工作底稿，充分掌握基础资料，健全质量控制机制，对相关项目工作程序进行独立监督、核查，确保出具的专业意见理由充分、结论适当。

第三篇

突发事件处置
化解市场风险

本篇引言

经过近几年的发展，我国债务融资工具市场已由初期阶段步入纵深发展阶段，发行人主体类型多元化，民营企业及中小企业占比显著提高，信用评级中枢持续下移，市场整体违约概率上升。近年来，在宏观经济环境持续偏紧的现实背景下，个别发行主体因行业整体运营状况恶化、自身生产经营不善等导致偿债能力出现明显下降，主体及债项评级多次下调，兑付出现困难，进而引发了一些信用风险事件。虽然相关风险事件在市场各方的协调努力下最终得以化解，债务融资工具市场尚未出现实质性违约的先例，但信用风险作为信用债券的本质特征，将不可避免地始终存在于市场发展的过程中。信用风险事件给市场造成冲击的同时，也为债务融资工具的风险应急处置提供了宝贵的经验积累，是对市场抗风险能力的测试和检验。

交易商协会作为市场的自律管理者，在债务融资工具信用风险处置中充分发挥自身作用，在三方合作协议框架下，与地方政府金融办、人民银行中心支行、发行人及相关中介机构一道加强信用风险处置机制建设，督促市场参与主体按照市场化原则开展应急处置，及时化解信用风险，在保护投资人合法权益、维护债务融资工具市场正常运行秩序等方面取得了突出成效。本篇我们选取了具有典型意义的风险应急处置案例，在发行人主体违约原因、应急预案启动及执行情况、主承销商沟通协调枢纽作用、信用增进机构代偿等方面总结提炼经验，并对各个事件的市场化处置方案等关键环节进行重点介绍，希望市场各方参与者在阅读本篇案例时，能够充分认识到风险的客观存在性和应急处置的必要性，不断提高风险识别、防范能力和风险承受能力，强化风险教育，为应对市场进一步发展所带来的挑战做好准备。

发行人重大资产重组事项应急处置

2010 年 3 月，国务院国资委下发相关文件，正式对三家中央企业实施大规模战略重组，重组核心是 A 集团，重组后其涉矿业务资产将剥离并入 B 集团，其涉矿业务以外的资产与 C 公司合并，其后 A 集团不再存续。由于 A 集团和 C 公司是尚有存续债务融资工具的发行人，重组将对其存续债务融资工具产生何种影响？相关债务由谁来继承？如何保障兑付资金顺利到位？这些涉及投资者切身利益的问题，是对年轻的债务融资工具市场的一场考验。相关市场各方高度重视本次事件，通过一系列积极有效的处理措施开展应急处置工作，最终促使相关债务融资工具到期按时足额兑付，向市场和投资者提交了一份满意的答卷，也成为债务融资工具市场重大资产重组应急处置的典范。

央企重组导致发行人主体不再存续

A 集团是国务院国资委履行出资人职责的中央企业，其业务分为矿产和其他两大业务群。2009 年 8 月，A 集团首次成为债务融资工具市场发行人，发行短期融资券 "09CP01"，期限 1 年，发行人长期主体信用等级为 AA 级，债项信用等级为 A−1 级。

就在 A 集团首次成为债务融资工具发行人时，根据国务院国资委近几年调整国有经济布局、推动业务互补的中央企业资产重组战略构想，同时基于

A集团在业务、功能上与B集团与C公司的重叠性和互补性，国资委内部已经在酝酿围绕着A集团的战略重组计划。

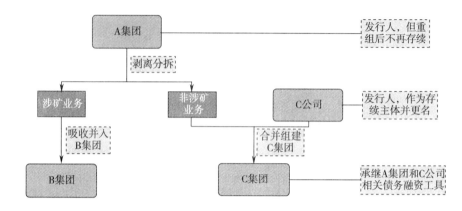

图3-1 A集团分拆重组结构

2010年3月，国务院国资委正式下发文件，表示原则上同意A集团与B集团、C公司实施合并重组。重组方案主要包括两部分，一是A集团的涉矿业务剥离并入B集团，包括将A集团持有的上述涉矿业务的子企业股权无偿划转至B集团；二是A集团除上述业务之外的其他业务与C公司实行合并，并且将C公司更名为C集团作为重组后的存续主体，重组后A集团将不再存续。国资委文件下发后，作为债务融资工具市场发行人，A集团和C公司立即将相关情况通知到各主承销商并报告至协会，针对本次重组的应急处置工作正式启动。

信用风险较小但谁来偿付A集团债券

本次重组涉及资产分拆、无偿划转及债权债务关系承继等内容，是一项过程较为复杂的央企重组事件。根据重组方案，A集团的资产将分拆并无偿划入B集团和C公司，C公司在与A集团相关资产合并后更名为C集团，且A集团在重组后主体将不再存续，因此本次重组将对A集团的偿债能力产生重大影响；尽管C公司也是尚有存续债务融资工具的发行人，但由于C公司是资产接受方，重组将不会对C公司增加较大的偿债压力。

根据国资委具体文件，A 集团现有涉矿业务将无偿划转至 B 集团。按照 A 集团 2009 年年报测算，从涉矿业务的收入、利润与净利润看，涉矿业务是集团盈利资产的重要组成部分，该部分业务无偿划转后，将在账面上导致 A 集团主营业务收入和盈利水平大幅度下降。但相关各方认为，此次重组是国家层面整合矿产业务、做大做强相关业务的战略性调整，因此造成企业相关债务偿付风险的可能性很小。相关评级公司也认为，A 集团的主体信用等级为 AA 级，而作为重组后母公司的 C 公司主体信用等级为 AA + 级，高于 A 集团，因此初步判断 A 集团短期融资券出现信用风险的可能性不大。

由于重组正式开始距 A 集团短期融资券到期仅有 5 个月左右，A 集团"09CP01"有在重组过程中完成兑付的可能性，因此当 A 集团主体不再存续后，"09CP01"应由哪一个主体承继并偿付成为本次应急工作的核心问题。

形成以主承销商为中心的应急工作机制

根据《应急管理工作指引》，本次重组事件属于一起典型的突发性应急处置事件。鉴于重组内容主要围绕 A 集团进行，为了更加有效地推动应急工作，本次应急工作建立了以主承销商统筹协调，相关发行人、评级机构配套设立内部工作小组予以配合，协会持续督导的运作机制。

具体过程如下：3 月 7 日，主承销商向交易商协会说明了本次重组事件的详细情况。经与交易商协会沟通，主承销商联合评级机构组建应急处置小组，持续跟踪本次重组事项进程，及时督导发行人履行相关信息披露义务，主要内容包括：协助建立发行人内部债权债务工作小组，配合应急处置小组工作；密切跟踪重组事项进度，定期向交易商协会报告重大进展或变化，及时督导企业披露相关信息；密切监测 A 集团"09CP01"二级市场交易情况；协助 A 集团做好投资者沟通解释工作。紧接着，3 月 9 日应急处置小组协助 A 集团成立了"企业债权债务工作小组"，该小组以 A 集团副总会计师为组长，相关下属分公司负责人为小组成员，主要职责为跟踪重组进度并及时向主承销商和交易商协会报告，配合应急处置小组的应急处置工作，及时披露相关信息，制定并落实偿债保障措施。

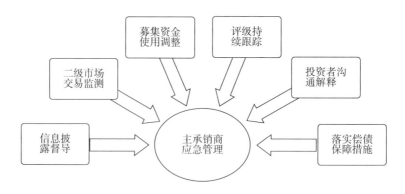

图 3 - 2　主承销商应急管理主要内容

应急处置小组和 A 集团"企业债权债务工作小组"经过充分分析和协商，并报相关各方高层决策同意，决定若"09CP01"到期时 A 集团主体因重组不再存续，则由 A 集团相关业务板块与 C 公司合并后的存续主体 C 集团作为该期债项的承继主体。

各方通力协作做好应急处置

据前文分析，尽管重组将造成 A 集团主体不再存续，但相关方作为信誉良好的中央企业，相关债务融资工具违约的可能性不大，应急处置工作的重点是及时监测和防范重组事项可能引发的市场恐慌，保障相关债务融资工具到期按时足额偿付。在主承销商的统筹下，相关方分别负责监测二级市场交易情况、督导发行人持续披露信息、监管募集资金使用情况、评级跟踪关注、提前落实偿债资金安排等几方面工作，并由主承销商定期向交易商协会报告。

信息披露方面，由主承销商具体督导 A 集团和 C 公司及时披露本次重组相关进展情况，发行人给予积极配合。2010 年 3 月 7 日，A 集团披露了《A 集团重大事项公告》，紧接着 3 月 8 日 C 公司披露了《C 公司重大事项公告》，分别对本次资产重组的原因、内容、时间进行了说明。5 月 10 日，A 集团发布《A 集团关于重组方案延迟上报的公告》，对重组方案尚未按照原计划上报国务院国资委的情况进行说明。5 月 11 日，C 公司披露了《关于 C

公司重大事项公告》，公告表示国务院国资委已经出台相关文件批准 C 公司与 A 集团实行联合重组，并将 C 公司由原"中国 C 投资公司"更名为"中国 C 集团公司"作为重组后的母公司。5 月 17 日，C 集团发布《关于原 C 公司重大事项公告》，说明本次资产重组及重组后公司更名相关手续已经办理完毕。

为保证"09CP01"由 A 集团和 C 公司合并的存续主体 C 集团顺利承继，应急处置小组经过协商，相关方对募集资金使用达成了一致。原募集说明书约定，有部分募集资金计划用于涉矿业务；根据重组方案，涉矿业务将被剥离至 B 集团，因此相应用于涉矿业务的募集资金的实际用款主体将从 A 集团变更为 B 集团，与 C 集团作为 A 集团主要债权债务关系承继主体的事实产生冲突。对此，相关方协商后决定，在"09CP01"到期之前，A 集团不会将上述募集资金用于涉矿业务，并暂时保持其未使用状态，如有需要于其他用途使用该笔资金，发行人应事前披露资金用途变更公告后再行使用。

市场监测方面，应急处置小组协商确定由主承销商负责对"09CP01"二级市场交易情况进行监测，由相关评级机构实时关注重组进展对 A 集团评级的影响。根据监测情况，自 2010 年 3 月 8 日至 2010 年 6 月 15 日，"09CP01"在二级市场上成交 3 笔，成交额较小，成交价基本保持稳定，未出现市场抛售引起价格大幅波动的情况，表明投资者认为重组事项不会对"09CP01"的按时足额偿付产生重大负面影响。在评级跟踪方面，3 月 9 日相关评级机构在中国货币网发布了《关于关注 A 集团重大重组事件的公告》，表示将及时分析本次重组事项对 A 集团及其承继主体信用等级的影响。8 月，在"09CP01"按时足额兑付后，评级机构就其在事件处理过程中的尽职履责情况向应急处置小组进行了报告。

"09CP01"成功完成兑付

2010 年 7 月 1 日，应急处置小组提前一个月组织相关各方召开协调会，讨论"09CP01"的资金兑付事宜。会议提出提前归集资金的偿债保障措施，要求发行人分期、分批，且最晚不迟于 7 月 28 日将全部资金归集到主承销商账户，以保证"09CP01"按时足额兑付。会后由主承销商向 A 集团送达《短期融资券兑付资金落实通知书》，督促发行人落实协调会的相关要求。7 月 5 日，A 集团向主承销商回函《关于落实〈短期融资券兑付资金落实通知书〉的反馈函》，承诺 7 月 28 日分两笔资金将兑付资金归集到主承销商的监管账户，以便到期兑付。8 月，"09CP01"按时足额兑付，标志着本次应急处置工作圆满完成。

主承销商负责制在后续管理中发挥重要作用

本次重大资产重组事项应急处置工作的及时开展和妥善处理有效保护了投资者的合法权益，保障了相关债务融资工具按时足额兑付，取得了良好的工作效果。

主承销商负责制是保障当前债务融资工具市场后续管理工作顺利开展的基础，充分发挥主承销商贴近发行人、便于协调各方的优势，有利于提高突发事件应急处置的效率，丰富应急处置手段。本次重大资产重组应急处置取得了良好的效果，充分体现了主承销商牵头、相关各方积极协调联动的工作机制在后续管理中的重要性和有效性，也对今后类似事件的处理积累了重要经验。

主承销商负责制一方面体现在主承销商在后续管理中发挥统筹协调作用。本次应急处置工作中，主承销商协调发行人、评级机构等相关各方成立工作小组专门负责相关应急工作的实施，反应迅速、责任明确，有效地完成了重组进展监测、二级市场监测、募集资金用途调整、信息披露督导和偿付安排等各项工作，就工作情况与相关各方实时沟通，定期向主管部门报告处理情况，上述工作为相关债务融资工具的到期足额兑付提供了充分保障。另一方面，主承销商负责制体现在相关主体积极配合主承销商工作、认真履行职责。发行人、信用评级机构等相关方均高度配合主承销商工作，积极承担相关义务和责任，为最终保证相关债务融资工具按期偿付发挥了重要作用，尤其是发行人积极配合调整募集资金使用计划，极大地降低了本次应急工作的难度。因此可以说，本次应急处置工作有序、高效地完成是所有相关各方践行债务融资工具主承销商负责制的一次重要体现。

发行人信用风险应急处置（案例一）

2006 年，某民营企业 B 控股有限公司（以下简称 B 公司）备案发行了短期融资券。债券发行 4 个月后，经有关主管部门调查发现，2002 年至 2005 年间 B 公司及其股东 F 投资有限公司（以下简称 F 公司）违规拆借巨额公共资金，董事长及主要高管人员涉嫌违法犯罪行为，为保全其违规拆借的公共资金，法院冻结了 B 公司所属资产，公司生产经营陷入停滞，相关短期融资券立即面临严重的违约风险。其后几个月，投资者、主承销商、评级机构和相关主管部门开展了一场紧锣密鼓的应急处置行动，在此过程中反映出市场制度建设、市场成员责任意识等方面的一系列问题，并在以后的市场发展中受到重视，直接或间接地推动了债务融资工具市场的制度完善和市场化理念的进步，从这个意义上来说，B 公司短期融资违约风险事件对中国初生的企业信用债券市场来说是一场深刻的洗礼。

B 公司短期融资券发行及交易流通情况

B 公司成立于 2002 年 2 月 7 日，截至 2004 年 12 月，公司股东为以张××为主的三个自然人和 F 公司，其中张××持股比例为 60%，是 B 公司的实际控制人。B 公司核心业务为高速公路、金融保险、电气装备制造投资。截至 2006 年 6 月底，B 公司总资产 130.22 亿元，负债 70.4 亿元，净资产 59.82 亿元。

2006 年 1 月，B 公司发行"06B 公司 CP01"，金额 10 亿元，由 H 银行主承销，C 评级公司评级，评级结果为 A－1 级。"06B 公司 CP01"采用贴现方式发行，募集资金 9.65 亿元，其中 3.6 亿元用于投资 D 发展公司、E 公路公司，其余资金以搭桥贷款方式存在 B 银行的公司账户中。

深陷资金拆借案导致资产冻结

2006 年 7 月，有关部门对某市资金挪用案进行调查，发现 2002 年至 2005 年间 B 公司向该市有关部门违规拆借公共资金达 34.5 亿元。7 月 23 日，B 公司向市场公告其董事长张××正协助有关部门进行调查。相关消息一经爆出，立即在债务融资工具市场引起轩然大波，关于"06B 公司 CP01"可能违约的舆论迅速蔓延。

8 月，该市第一中级人民法院应该市企业年金管理部门诉前保全申请，冻结 B 公司持有的 D 发展公司股权、E 公路公司股权、该市电气集团股份有限公司股权、B 公司现代工业园区等资产，以保全 B 公司违规拆借的资金足额偿还。8 月 21 日，该市第一中级人民法院正式受理企业年金管理部门诉 B 公司委托合同纠纷和借款合同纠纷案。该企业年金管理部门系该市劳保局下属事业单位，负责管理运营该市企业年金。2002—2005 年，该市企业年金管理部门通过《资金运营协议》和《委托贷款协议》共计向张××控制的 F 公司贷款 34.5 亿元，前述贷款由 B 公司提供连带责任担保。根据起诉书，该市企业年金管理部门要求 B 公司就 F 公司的 34.5 亿元债务承担连带偿还责任和抵押担保责任。

2006 年 9 月，B 公司发布公告，其董事长张××因涉嫌违法违规被司法机关拘捕。同时公司接连发布公告，称公司由于接受有关部门的刑事调查，无法按时编制和披露 2006 年三季度和年度财务报表相关信息，明确表明公司正常生产经营活动已经停止。至此，B 公司面临巨额挪用资金的偿还责任，再加上其主要负责人涉嫌严重违法违规行为，其接下来的破产清算前景已十分明显，"06B 公司 CP01"违约在即。

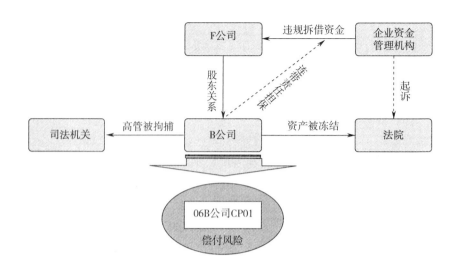

图 3-3   "06B 公司 CP01"偿付风险事件结构图示

投资者恐慌情绪蔓延

伴随着新闻舆论对 B 公司涉嫌违法违规和可能出现违约风险相关情况的报道，投资者群体中悲观情绪迅速蔓延。2012 年 7 月 23 日，信用评级公司对 B 公司实施跟踪评级程序相关公告发布后，"06B 公司 CP01"交易价格出现下跌，受其影响，一些机构开始在二级市场抛售有民营企业背景的短期融资券。

7 月中旬，"06B 公司 CP01"的二级市场收益率达到 3.81%，为 4 个多月以来最高。7 月底，C 评级公司突然宣布撤销"06B 公司 CP01"A-1 信用等级，此举造成投资者情绪巨大震动，直接引起多家机构开始抛售"06B 公司 CP01"，B 公司短期融资券收益率由上一交易日的 3.82% 跃至 4.21%，一日上升 40 个基点。此后尽管原 B 公司短期融资券持有者的卖出报价没有中断过，且收益率基本上处在 3.8% 至 5% 之间，但由于投资者对其信用风险的担忧，市场上再也没有出现过成交记录，直至 2006 年 9 月，"06B 公司 CP01"完成了两笔交易，其中一笔成交单价为 98 元，成交金额为 2100 万元，另一笔成交金额同样为 2100 万元，但成交单价竟低至 60 元，年化收益率高达

138%。此后出于对该期债券的违约预期，市场再次呈现有价无市的状态。

此外，2006年的中国企业信用债券市场正处于起步阶段，投资者市场意识和风险意识尚不成熟，在B公司信用风险显现后，部分投资者受到恐慌情绪影响，不但未积极采取措施授权主承销商开展代理维权工作，反而不顾投资人独立进行投资价值判断并自行承担投资风险的市场原则，向主承销商施压要求主承销商代偿，这种行为给B公司事件按市场化原则解决带来了不应有的阻力。

各方联动保障投资者权益

上述事件发生后，通过中介机构及媒体舆情反映，当时负责监管短期融资券市场的有关部门立即组织启动了B公司短期融资券应急保障工作，包括实时监测"06B公司CP01"二级市场价格变化和交易情况，防止价格剧烈波动以及市场恐慌抛售引发系统性风险；与该市政府建立工作联系，掌握案件调查进展对B公司偿债能力的影响；先后8次召集主承销商、评级机构等中介机构会商应急措施，建立信息沟通机制，取得了应急工作上的主动权。

在信息披露方面，B公司在主承销商的督导下，按照《短期融资券管理办法》、《短期融资券信息披露规程》的相关信息披露要求，对公司高管接受公安机关调查（7月）、重大财产被司法冻结（8月）、涉及重大诉讼（8月）和董事长被逮捕（10月）等重大事项均及时予以披露，对由于公司无法正常经营不能按期披露第三、第四季度财务报表的情况也分别提前发布公告向市场说明。

主承销商H银行在B公司短期融资券风险显现后，迅速组成应急工作组，从信息披露督导、协调其他中介机构、担任维权代理人等多种方式履行主承销商职责，一是密切关注事件进展，在重大进展时间点及时督导企业披露信息；二是协调促进评级公司提高跟踪评级频率以提示市场潜在风险；三是主动发布主承销商履责情况公告，向投资人通报发行人运营状况及主承销商为应对信用风险所采取的措施。

C 评级公司在获悉 B 公司董事长张××因涉及相关案件接受公安机关调查后，及时联系发行人核实相关情况，启动跟踪评级程序，与主承销商 H 银行沟通事件进展，在事件发生初期采取了恰当的行动。然而，当发行人董事长张××正在接受调查、事件本身尚未明朗之时，C 评级公司突然宣称撤销"06B 公司 CP01" A－1 评级，随后在督导下重新出具评级意见，又将评级调整至垃圾级，直接引发部分投资人恐慌并抛售债券，对风险处置造成了负面影响。

主承代理维权推动最终成功兑付

根据《短期融资券承销规程》，在发行人不履行债务时，主承销商有义务代理投资人进行追偿。尽管 B 公司尚未构成实际违约，但由于其被诉承担巨额连带担保责任，且面临严重的法律风险，违约概率极大，为避免信用风险事件恶化为实际违约，H 银行以负责任的态度积极开展代理维权工作。

B 公司于 8 月披露其受到起诉的事实。同月，H 银行在中国货币网和中国债券信息网上发布《关于召开 B 公司控股有限公司短期融资券持有人会议的公告》，通知 B 公司短期融资券持有人将于 8 月下旬召开持有人会议。8 月下旬，持有人会议如期召开，发行人代表向投资人介绍了公司经营情况和短期融资券募集资金使用情况，H 银行向投资人介绍了督导发行人披露信息、加强发行人账户监管和制定应急预案等工作，会议还决定成立"B 公司短期融资券债权人委员会"作为全体持有人利益的代表机构，并委托 H 银行担任维权代理人，代理投资人开展债权维护工作。9 月上旬，B 公司短期融资券债权人委员会第一次会议召开，会议通过《B 公司融资券债权人委员会章程及议事规程》、《专项委托协议书》等文件，B 公司短期融资券债权人委员会正式成立。

H 银行作为维权代理人，于 2006 年 10 月至 2007 年 2 月期间，先后组织召开了四次债权人会议，及时向委员会成员通报维权工作进展，澄清市场有关传言。与此同时，H 银行同人民银行、该市市政府、发行人、投资者积极协商，按照市场化原则制定了"以股权变现偿债"的偿债保障方案。

2007年2月，经过前期一系列工作的铺垫，张××全权委托其妻按照"以股权变现偿债"方案处理"06B公司CP01"兑付事宜。根据方案，通过处置B公司持有的某市高速公路有限公司股权以及四项保险公司股权，为"06B公司CP01"提供偿付资金。为确保按时足额偿付，H银行代表短期融资券持有人首先以诉前保全方式查封了上述资产，随即与B公司进行多轮谈判，就处置时间节点、处置方式、处置原则、处置资金划付等方面的事项签订协议书。同时，积极与意向购买方沟通协调，力促达成交易，并配合购买方做好股权解冻、质押等有关手续。通过上述工作，股权资产快速变现，基本上为短期融资券偿付筹集了足额资金，有效保护了投资者权益。

2007年3月，B公司发布"关于B公司短期融资券到期兑付的公告"，表示"06B公司CP01"已按期完成兑付。

B公司事件风险成因分析

B公司事件发生后，相关各方的积极应对、妥善处置共同促成了B公司短期融资券偿付风险按市场化方式顺利化解。在应对处置风险的同时，深入剖析B公司事件风险形成路径，将有助于更好地把握市场风险因素，推动市场防范化解风险的制度建设和环境培育。B公司事件的主要原因包括以下三个方面：

一是发行人违规资本运作酿成信用风险。B公司核心业务是高速公路的投资、建设、运营和管理，并在金融保险及装备制造行业进行策略性投资。在相关案件发生之前，根据公司公开披露的信息，公司投资形成的资产质量优良，经营状况和偿债能力未见异常。然而在背后，公司控制人张××却通过B公司控股股东F公司违规拆借该市企业年金管理部门运营管理的资金，并由B公司为贷款提供连带担保，并在"06B公司CP01"相关披露文件中故意隐瞒了这一巨额或有负债，影响了市场合理判断B公司的信用状况，是导致其后信用危机的最主要原因。

二是不当评级操作放大风险效应。在相关案件发生、董事长张××被带走协助调查的情况下，"06B公司CP01"二级市场收益率有所上升，但由于发行人资产质量良好，市场认为如果案件处理及时，企业尽快进行财务重组，B公司短期融资券偿付问题不大，因此收益率在上升后基本维持稳定，市场交易基本正常。但此时，C评级公司突然发布公告宣称撤销"06B公司CP01"A–1评级，随后在督导下重新出具评级意见，又将评级调整至垃圾级，引发了市场恐慌情绪，促使部分投资者抛售，"06B公司CP01"次日收益率暴涨40个基点，严重影响了市场稳定。

三是投资人市场风险意识有待加强。B公司信用风险显现后，部分B公司短期融资券持有人不能保持理性，向主承销商施压要求主承销商代偿，严重违反了市场运行的基本准则，扰乱了市场正常的运行秩序，给B公司事件按市场化原则解决带来了不应有的阻力。这种在出现风险时寄希望于主承销商"兜底"的行为，体现出投资人市场风险意识不足，理性、成熟的投资理念仍需培育。

B公司事件对银行间债券市场发展的启示

"B公司事件"是短期融资券在债务融资工具市场推出后第一次真正经历信用风险考验的事件。尽管B公司事件发生时，短期融资券采用备案审核制，与当前债务融资工具注册制有所不同，但注册制脱胎于备案审核制，延续了市场化发展的理念。因此以B公司事件为契机，深入总结其应急管理经验，对在注册制下推动债务融资工具市场制度完善、功能提升具有很大的借鉴意义。

一是坚持市场化发展方向。在B公司事件中，相关主管部门作为监管者坚持"政府不埋单、主承不垫资"的风险处置原则，督导主承销商履行代理维权职责，协调有关部门营造良好外部环境，最终，投资人和主承销商通过市场手段促成B公司通过股权变现偿债，证明了坚持市场化理念是发展市场的正确方向。风险与收益并存是市场的固有特征。市场管理的重点在于完善市场化风险分散分担机制，市场监管者集中精力于系统性风险防控，由市场依照市场化原则自发消纳个体性风险。按照市场化风险处置理念，发行人应诚实信用履行披露义务，充分披露风险因素；中介机构应尽职履责，发挥风险揭示作用；投资人应独立进行决策，自行承担相应风险；市场监管者更要解放思想，理性应对，容忍市场存在一定程度的风险。

二是提高信息披露制度建设的重视程度。B 公司事件的直接原因之一是 B 公司短期融资券募集说明书中对 F 公司拆借资金所承担的巨额连带责任担保未履行披露义务，存在严重的故意欺诈行为。因此，在风险事件出现后，监管部门、主承销商高度重视信息披露，要求发行人严格按照真实、准确、完整、及时的原则披露事件进展等重要信息，使投资人能够充分了解事件进展并理性判断债务融资工具的风险变化，在很大程度上降低了市场的恐慌情绪，有助于保障投资人权益和维护市场秩序。B 公司事件鲜明地反映了信息披露在风险防范化解中的重要作用。微观层面，只有发行人充分披露信息，投资人"用脚投票"的市场约束机制才得以实现，促使不同风险的金融产品匹配不同的收益；宏观层面，发行人群体披露信息能够提升市场信息质量，增加市场透明度，使风险得到必要和及时的揭示，引导金融资源有效配置，避免发生系统性风险。

三是提升评级行业公信力。评级机构作为债务资本市场重要的基础设施类中介机构，评级的主要功能是风险预警，衍生功能为债券定价的标准，对投资者交易决策有重要影响。在 B 公司事件中，C 评级公司一度给予"06B 公司 CP01"最高评级 A-1 级，在风险发生后冒然撤销评级，在督导后又突然大幅降级，不但未能给予市场准确的风险提示信息，反而加剧了市场的担忧情绪，引发部分投资人抛售债券，严重损害了评级行业公信力和市场的正常秩序。C 评级公司的行为警示在今后的债券市场发展中，应大力推动形成实力雄厚、运作规范、公信力高的评级机构，为市场提供客观、准确的评级信息，充分发挥评级的风险预警作用，引导投资者理性决策。

四是完善市场风险分散分担机制，引导风险合理配置。B 公司事件对债务融资工具市场参与者风险意识进行了一次深刻的洗礼，使参与各方充分认识到金融市场风险与收益并存的基本规律。同时，参与各方还应该认识到，有效的金融市场并非没有风险，而是能够依照市场化原则，通过有效的制度设计和产品创新，实现风险的有效分担和有序处置。完善债务融资工具市场的风险分担机制，需要做好两方面的工作，一方面是通过引入风险偏好型投资人，引导风险流向有能力、有意愿承担风险的投资人群体，实现风险合理配置；另一方面，通过开发风险管理工具、发展信用增进机构，完善市场风险分散分担机制，为投资人提供更多风险管理工具和风险控制机制，强化市场风险承受能力和风险管理功能。

五是建立健全后续管理和应急处置制度建设。B 公司兑付风险的顺利化解，主承销商的后续督导和应急协调工作发挥了重要的作用。B 公司事件反映出主承销商处于连接发行人和投资者、中介机构和监管部门的枢纽位置，具备天然的信息优势，且为了维护自身声誉有做好后续督导和应急管理的主观意愿，同时具备成熟的操作经验、人力资源、监控系统等硬件条件，能够较好地协调各方履行后续管理和应急处置职能，因此从主客观来说，在今后的市场发展中还应继续坚持主承销商作为后续管理和应急处置的主体。但另一方面，B 公司事件发生时，债务融资工具市场尚没有统一规范的后续管理制度和应急处置制度，H 银行的应急管理工作实质上是特殊情形下的特殊处理，不具备市场统一适用性。应从 B 公司事件中看出，建立健全债务融资工具市场统一的主承销商后续管理制度和应急事件处置制度应成为下一步市场基础制度建设的重要内容，以形成制度化的后续管理和应急管理体系，促进市场规范发展。

发行人信用风险应急处置（案例二）

2011 年 4 月，C 公司"11CP01"于债务融资工具市场成功发行。该期短期融资券存续期内，C 公司的生产经营和财务状况持续恶化，公司出现部分生产线停产、高管变动频繁、亏损不断加剧、近三年财务信息重大更正、银行借款逾期等情况，特别是 2011 年 12 月，企业对 2008 年至 2010 年年度财务报告进行了更正和追溯重述，调整后报表显示已经资不抵债。公司暴露出极大的信用风险和偿债压力，不仅引起了投资者和媒体的普遍关注，也引起了有关监管部门和地方政府的重视。为有效应对和处置信用风险，发行人、主承销商和评级机构等相关各方协同联动、信息互通，制定并启动了应急管理预案，督导发行人信息披露，向市场和投资者提示相关风险；交易商协会、地方金融办和人行分支机构在《三方合作协议》的框架下，坚持市场化的原则，通过建立信息互通协调的长效机制，密切跟踪监测，应对处置突发事件。经过各方的共同努力，发行人信用风险最终成功化解，相关债务融资工具按时足额兑付，有效地维护了债务融资工具市场正常的运行秩序，也为债务融资工具市场信用风险事件的应急处置积累了宝贵经验。

主承销商保持对存续企业日常跟踪监测，及时发现信用风险

C 公司成立于 1988 年，是公司所在地首批采取社会募集资金方式成立的股份制企业；1996 年 12 月，经中国证券监督管理委员会批准，在深圳证券

交易所挂牌上市。公司第一大股东为某投资公司，持股比例为16.24%。公司主要从事粘胶短纤、粘胶长纤、棉浆粕、帘帆布的生产与销售。2011年4月，C公司成功注册发行"11CP01"。2011年5月初，主承销商在日常舆情监测工作中发现C公司出现生产经营持续恶化、亏损严重、高管变动频繁，公司面临重组及被监管部门立案调查等不利情况，第一时间指派工作人员进驻公司了解相关情况，持续跟踪监测公司舆情；在后续管理工作报告中，将C公司纳入重点关注池进行了风险排查范围以及压力测试；同时，将C公司列为风险预警客户，出具专项风险预警报告，及时评估发行人信用风险状况及偿付能力变化情况。

各方及时启动应急预案，应对处置突发事件

交易商协会于2010年发布制定了《银行间债券市场非金融企业债务融资工具突发事件应急管理工作指引》（以下简称《应急管理工作指引》）。该指引规定应急处置事件中相关各方的职责和工作方法理念，使应急管理工作更加规范化、制度化，极大提高了应急处置工作的效率。

2011年5月，主承销商根据《应急管理工作指引》要求，启动"C公司2011年度短期融资券应急预案"，成立以总行投行部协调小组为核心、包含

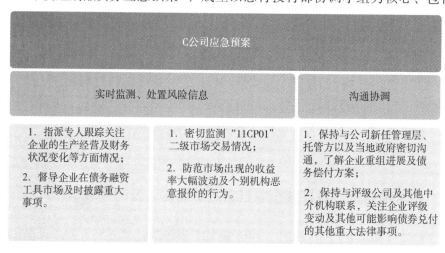

图3-4　C公司应急预案执行情况

省分行具体工作组（企业调查组、市场调查组和信息收集组）成员在内的应急工作团队，明确人员分工及相应的工作职责，及时开展了各项工作（如图3-4所示）。2011年9月，鉴于C公司不断恶化的生产经营情况，主承销商提高了应急预案的响应级别。

评级公司下调企业主体评级，向投资人揭示风险

针对企业上述情况，评级机构未保持密切跟踪关注，存在前期跟踪评级不及时、风险提示相对滞后等问题。在交易商协会对评级公司进行提示后，评级公司提高了对发行人动向的关注程度，加强了对发行人的应急管理工作；针对企业生产经营和财务状况出现的新的不利变化，加快了调查核实的工作进度，适时公布跟踪评级，调整发行人及相关债项级别，向市场特别是投资者及时传递关于企业风险的独立观点，切实履行评级机构的职责。在"11CP01"存续期间，评级公司先后三次下调评级，C公司主体评级由最初的A＋级下调至CCC级，"11CP01"债项评级由最初的A－1级下调至C级，评级展望由最初的"稳定"调整为"负面"。

多方共同努力，实现债项按时兑付

在《三方合作备忘录》框架下，相关各方积极探索市场化债务处置方案，最大限度地保护投资者权益。相关各方积极互通信息，对C公司后续管理工作、重组、债务处置、偿债保障措施及持有人会议等事宜及时进行交流。

当地政府也成立了由发改局、国资局、经信委、财政局和金融办五个部门参与的联合工作组，加大对企业的支持力度，帮助企业恢复自身"造血"功能。其中包括通过委托B公司托管，保证公司恢复正常生产经营；积极协调相关各方研究处理公司股权转让涉及国有股权转让的税收和相关法律法规问题，推动公司重组进展；通过借款和土地出让金给予企业资金支持，缓解企业的资金紧张压力等。

主承销商也积极协调省人民政府、市人民政府和企业沟通交流相关情况，针对各种可能出现的情况，探讨偿付应对方案，并协助企业做好媒体和投资者的舆情应对。同时，主承销商根据《信息披露规则》及发行人、主承销商、登记托管机构之间签订的相关协议，梳理了债务融资工具到期兑付前关键时间节点的相关工作，并向发行人发送业务提示，督导发行人做好信息披露和偿债资金划付等工作。

2012年4月，随着"11CP01"兑付日临近，主承销商加大了对C公司偿付资金的跟踪监测力度，积极协助C公司落实偿付安排。与此同时，发行人积极拓展融资渠道、寻求外部资金支持，最终筹集了足额的偿债资金。4月16日（周一）上午，"11CP01"本息按照约定由登记托管机构账户汇入投资者指定账户，最终短期融资券顺利完成兑付。

本事件应急管理工作的启示

坚持市场化原则和运作模式是解决信用风险的有效手段。本事件得以妥善处理、最终成功化解风险，得益于市场相关方坚持市场化的处理原则，具体表现在：一是面对"11CP01"潜存的信用风险，实际控制人积极探索市场化的解决措施，最终实现了"11CP01"的成功兑付；二是主承销商按照后续管理相关制度要求第一时间启动了应急预案，密切监测并督导企业及时信息披露，加强与其他中介机构、相关监管及政府部门的信息沟通和行动协调，协助企业谋求可行的市场化债务处置方案，积极推进相关工作；三是交易商协会作为自律组织，从保护投资者权益、维护市场平稳运行的大局出发，恪守自律管理的角色定位和权限职责，既不缺位也不越位，对市场相关方及时进行风险提示与督导尽职履责的提示，针对违规行为及时查处并进行相应处分。本事件的处理也是市场各方共同努力、始终行走在市场化的轨道上化解债务风险的过程。

市场的规范发展有赖于市场各方恪尽职守、勤勉尽责，有赖于市场各方科学有效地正视和应对风险，切实做到尽职履责。在事件处置过程中，主承销商及时调整并改进前期工作的不足，启动了应急预案，进一步强化了后续管理，积极协调各方妥善处置；评级机构也根据事态发展逐步跟进，独立客观地进行评级调整，向市场传递真实的企业情况。实践证明，在注册制的框架下，为有效防范由于信息不对称导致的信用风险，提高市场运行效率，发行主体应当真实、准确、完整地向投资者披露其生产经营、财务状况以及存续期有关重大事项等任何可能对投资者作出投资决策有重大影响的信息；中介机构应尽职履责、遵守执业道德、独立客观发表意见；监管机构、市场自律组织应组织市场建立健全风险揭示、防范和处置机制，为市场健康发展营造必要的环境。

本次事件锻炼了债务融资工具市场队伍，积累了信用事件应急处置经验。本事件的处理极大地锻炼了包括发行人、主承销商、评级机构、自律组织在内的债务融资工具市场队伍，在事件处理过程中，相关各方及时制定应急管理预案，实现了对突发事件快速反应并果断稳妥处置，最大限度地降低了此次信用风险事件对资本市场的冲击。此次事件使市场进一步完善了针对突发事件的实际应急演练和准备，为市场风险防范、化解、处置等方面提供了借鉴意义和有益参考。另外，本次信用风险事件虽未给投资者带来实质损失，但也给投资者"敲响了警钟"，促使投资者正确审视投资决策、做好风险管理以及资产保全等制度和机制建设，以不断提升风险识别、管理和应对能力。

发行人信用风险应急处置（案例三）

2011 年以来，受行业产能严重过剩、产品价格大幅下跌以及产业政策不利调整等因素影响，发行人 D 公司出现生产经营迅速恶化，产能利用严重不足、裁员降薪和高管离职消息频出、主营业务大幅亏损等问题，面临突出的信用风险和偿债压力。发行人暴露的信用风险引起了投资者和媒体的广泛关注，也引起了有关监管部门和地方政府的重视。为有效应对处置信用风险，发行人、主承销商和评级机构等相关各方加强了信息互通和协同联动，制定并启动了应急管理预案，合规进行信息披露，有效应对舆情动态；协会、地方金融办和人行分支机构在《三方合作协议》的框架下，建立了存续期跟踪监测、突发事件应急处置等方面的沟通协调机制，按照"市场化"的原则解决相关问题。经过各方的共同努力，发行人信用风险得以成功化解，相关债务融资工具按时足额兑付，避免了对投资者合法权益和债务融资工具市场正常秩序的严重冲击，也为债务融资工具市场信用风险事件的应急处置塑造了良好典范。

加强存续期跟踪监测，及时发现信用风险苗头

D 公司是某省处于行业领先地位的制造类企业，在债务融资工具市场发行了一期短期融资券"11CP01"。近年来，发行人所处行业受外部经营环境变化影响程度较大，市场条件急剧变化导致销售收入明显下降、现金获取能

力不足，在这种情况下，发行人前期投资盲目扩张导致企业负债水平高企、短债长用等问题突出显现，生产经营和财务状况的迅速恶化对其偿债能力产生严重影响。2011年末，主承销商通过业务走访了解到发行人经营情况恶化之后，将其纳入当期重点关注池，进行风险排查和压力测试，了解发行人存在的风险问题以及偿债能力的变化等情况。2012年4月，评级机构根据发行人生产经营的不利变化情况主动进行跟踪评级，将主体信用级别由AA级下调为AA-级，评级展望由稳定调为负面。

主承销商发挥应急管理枢纽作用，各中介机构协同联动

同时，主承销商启动了相应级别的应急管理预案，成立了以总行分管行长为组长，总行信用风险管理部、授信审批部、投资银行部、金融市场部和省分行负责人参加的应急小组，明确了应急小组人员和职责、应急管理措施和突发事件应对机制等内容。主承销商制定的应急管理预案较好地满足了《应急管理工作指引》的要求，充分预计了债务融资工具存续兑付过程中可能出现的各种情况和应对措施，具有较好的针对性、操作性和时效性。同时，主承销商加强了对于发行人营运资金周转、贷款偿还、重大重组和诉讼以及偿债资金筹措等方面的监测工作，安排专人及时跟踪每日舆情动态、"11CP01"二级市场交易等情况，并主动将有关情况通报交易商协会。

针对上述重大不利变化，主承销商辅导发行人于2012年6月制定并启动了应急预案，确定了以董事长为组长、相关业务部门负责人为组员的应急小组人员名单和职责，明确了与主承销商和相关中介机构的定期及非定期沟通联系机制。发行人详细预计了未来一年之内将要到期的债务规模和时点，并拟订了债务融资工具偿付资金来源和计划。发行人对于按期足额兑付债务融资工具表现出了较高的重视程度和偿付意愿，表示将努力筹集自有资金偿还到期债务，加快经营活动现金流入，加快应收账款、存货和闲置资产的清理工作，并计划引入战略投资者。

根据事态变化情况，评级机构和律师事务所也开展了相应的应急管理工

作。评级机构与发行人、主承销商保持沟通，密切跟踪发行人生产经营和财务状况，履行信用评级机构的相应职责。律师事务所主动提出，如在必要情况下召开债务融资工具持有人会议，将列席会议并发表有关专业意见。

充分利用《三方合作协议》机制，推动信用风险"市场化"解决

《三方合作协议》是交易商协会与人行分支机构、地方省金融办签署的战略性合作协议，是为贯彻落实中央关于大力发展金融市场的要求、发挥金融市场在配置金融资源方面的基础作用、借助债务融资工具市场助推地方经济发展的一项制度性安排。2010 年 8 月，交易商协会与发行人所在省人行中支、省金融办签署了《三方合作协议》，在拓宽融资渠道、缓解企业融资难、拉动民间投资等方面取得了显著成效。在获知发行人生产经营和财务状况出现重大变化后，交易商协会与该省人行中支和省金融办保持了信息互通和资源共享，及时将业务调查意见书、业务提示函等发送给相关部门。省地方政府多次针对银企关系展开协调，积极协助企业引进战略投资者，同时也加大了对企业税收等方面的优惠政策，以扶助企业渡过难关。

8 月，主承销商总行及省分行协调省人民政府、市人民政府和企业沟通交流相关情况，探讨问题解决方案。根据《信息披露规则》和发行人、主承销商、登记托管机构之间签订的相关协议，主承销商在债务融资工具到期兑付前一个月梳理了关键时间节点和相关工作，并向发行人发送业务提示，督导发行人做好信息披露和偿债资金划付等工作。鉴于短期融资券兑付过程中可能存在的不确定性，主承销商充分估计了可能出现的各种情况，并制定了相应的应对措施和舆情应对口径，以协助企业做好对投资者和媒体的说明解释工作。

积极筹集偿债资金，债务融资工具按时足额兑付

随着债务融资工具到期日的临近，相关机构加强了对于偿债资金筹集的

跟踪监测力度。主承销商安排专门工作人员，跟踪发行人每日销售回款、营运资金周转、贷款偿还、重大重组和偿债资金筹集等情况，及时向总行和协会告知相关信息，并形成专项工作周报发送总行；发行人积极与地方政府、重组方、银行等金融机构沟通联系，通过争取有力政策支持、拓展融资渠道、寻求外部资金救济等多种措施筹集资金；人行中支和地方省金融办定期与交易商协会联系，在《三方合作协议》框架下推动"市场化"方式解决信用风险。

经过积极协调，发行人足额筹集到了偿债资金。9月10日发行人发布《兑付提示性公告》，后续按照要求将偿债资金划至登记托管机构相应账户，9月17日登记托管机构将相应资金划到投资者指定账户。至此，本次短期融资券顺利按时足额兑付，有力地维护了债务融资工具市场正常秩序和投资者的合法权益。

本次信用风险事件应急管理工作的启示

本次信用风险事件的成功化解处置离不开地方政府、人行中支等部门的有力支持，也离不开主承销商、评级机构等中介机构的尽职履责，更是发行人自身积极努力配合的结果。

地方政府、人行中支在推动信用风险"市场化"化解中起到了推动作用。通过签订《三方合作协议》，各省直接融资市场获得了快速发展，借助债务融资工具支持实体经济发展取得了巨大成效，而交易商协会、人行中支和省金融办通过协同联动处置信用风险则进一步将工作机制落到实处。在此次信用风险事件的处置过程中，地方政府充分发挥政策扶持优势，积极协调金融机构、上下游企

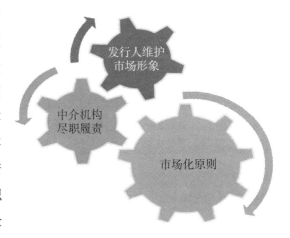

业等给予有力支持，帮助发行人维持生产经营稳定，也维护了地方金融安全和社会稳定。

主承销商、评级机构等中介机构尽职履责是本次信用风险事件得以成功化解的保障。主承销商在信用风险初露端倪时即通过风险排查和压力测试等方式及时掌握了相关情况，随着信用风险事件的逐步演化，主承销商加强了后续管理的工作力度，督导发行人合规信息披露，制定并启动了应急管理预案，充分估计了可能出现的各种情况并制定了应对方案和舆情口径，梳理关键时间节点并对相关机构作出提示，保证了债务融资工具的顺利兑付。评级机构、律师事务所等中介机构主动与发行人、主承销商和交易商协会沟通，做到了尽职履责，维护了债务融资工具市场的平稳运行。

发行人积极筹集偿付资金，维护自身资本市场声誉是本次信用风险事件得以成功化解的基础。在本次信用风险事件演变过程中，发行人生产经营和财务状况逐步恶化，重大重组仍存在不确定性，发行人始终表现出了较高的偿付意愿，积极配合相关机构开展工作，努力加快销售回款、处置流动资产、争取相关方支持，最终得以足额筹集到偿付资金，维护了自身资本市场形象和可持续融资能力，也为企业的后续发展创造了机会和空间。

发行人技术性违约风险应急处置

2012 年 8 月，发行人 E 公司发布半年报，确认其违反于 2011 年所发行债务融资工具的财务承诺条款，构成技术性违约。E 公司同时向投资人说明已积极采取行动处理有关事宜，随后开始承担发行协议中的责任并采取了必要的补救行动。发行人及时召开持有人会议，就债务融资工具技术性违约事宜与持有人进行协商，并向持有人提出了解决违约的方案。持有人会议通过了特别决议案，多数持有人选择回售债券，其余持有人选择继续持有到期，持有人同意放弃重新谈判的权利并相应修改发行协议。E 公司技术性违约风险的顺利处置是债券风险通过投融资双方协商、按照市场化方式妥善处置的典型案例，体现了成熟市场的风险处置经验，分析此次风险处置过程有助于我们更好地理解风险本质和市场运行规律，为债务融资工具市场发展提供经验。

发行人诚信履行合约义务，切实承担责任处置违约

E 公司是一家以轮胎、电缆、化工为主要产业的企业。2011 年 6 月，E 公司首次发行 3 年期定向工具"11PPN01"，发行人长期主体信用等级 AA。由于原材料价格上涨等因素，发行人 2012 年中期业绩亏损较大，使其财务状况无法满足发行协议中约定的财务承诺条款要求，发生技术性违约。面对技术性违约，发行人切实履行相关义务，争取妥善解决违约事件。

一是及时履行信息披露义务，稳定投资人信心。公司先后向持有人发布如下一系列信息：中期报告预期亏损及可能构成违约、确认中期报告亏损及构成技术性违约、发布持有人会议召集通知及违约建议解决方案、持有人会议决议、启动赎回债券及支付经济补偿（"同意费"）工作、完成支付结算及修改发行协议等。发行人积极履行信息披露义务，在披露技术性违约情况的同时披露公司采取的应对措施及违约可能造成的影响，以稳定投资人信心。

二是按照定向工具发行协议的约定召集持有人会议，制订违约解决方案。公司积极发出债券持有人会议召集通知，召开债券持有人会议，就债券技术性违约事宜与债券持有人进行协商；同时向债券持有人提出解决违约的建议方案，作为特别决议提案随债券持有人会议通知一并发送。根据解决方案，公司提出以同意费换取投资人放弃因公司违约而享有的谈判权，并且如果投资人希望规避风险，公司愿意提前赎回债券。

三是切实承担违约责任，及时解决违约事件。持有人会议如期召开，会上超过四分之三多数的持有人同意对发行人违约弃权（放弃重新谈判的程序性权利并同意与公司改订财务承诺条款避免发行人持续违约）；同时，92%的持有人选择提前回售债券，其余投资人选择继续持券，违约处置方案顺利通过。持有人会议结束后，发行人对外披露会议决议并开始筹备赎回债券及支付同意费工作。持有人会议召开十天后，公司启动债券赎回和同意费支付程序，次日，公司完成支付结算工作并向投资人进行了信息披露。

违约发生后，E公司及时履行信息披露义务，积极制订违约处置方案，切实履行合约义务并诚信承担违约责任，尊重投资人的权益并恪守对投资人的承诺，树立了诚信负责的企业形象，维护了市场的稳定和信心。

投资人理性面对违约，自主负责积极维权

E公司投资人与发行人在发行协议中约定了五项财务承诺条款，同时还约定了相应信息披露要求。一旦发行人违反前述承诺，投资人有权与发行人重新谈判，以采取必要行动维护自身权益。

2012 年 8 月，发行人由于亏损导致违反发行协议中约定的财务承诺条款，触发了协议中投资人与发行人重新谈判的权利。投资人面对违约反映理性冷静，积极参加持有人大会以充分维护自身权益。面对发行人提出的建议解决方案，部分投资人希望规避风险选择提前回售债券，部分投资人认为投资风险可控、选择继续持券到期。绝大部分投资人认为此次技术性违约未对自身权益造成实质损害，放弃就违约进行重新谈判的权利，并同意相应修改发行文件中财务条款避免发行人处于持续违约状态。

面对 E 公司技术性违约及其反映的公司业绩下滑、偿债能力受影响等风险迹象，投资人保持理性、积极应对，既不闻违约色变、盲目追求无风险投资，也不寄希望于找人兜底、转嫁风险，而是根据自身风险承担能力合理决策，选择符合自身利益的违约处置方案。

中介机构发挥专业优势，尽职履责协助违约处置

E 公司违约事件中，中介机构尽职履责提供专业服务，居中斡旋协助投融资双方处理违约事件。定向工具存续期间及发生违约后，H 银行作为主承销商履行监督发行人日常信息披露、组织召集持有人会议等职责，在代理投资人行使合约权利、维护投资人权益方面发挥了重要作用。发行人方面，发生违约后，E 公司委任 H 银行担任发行人的"交易经理"，协助发行人开展设计违约处置方案、修改发行文件承诺条款等工作。交易经理职能实际上由一个由公司财务专家和违约事件处置专家共同组成的工作组承担。由于 H 银行同时是定向工具的承销商，工作组还包括参与前期承销的业务人员。他们对发行人及债券市场情况较为了解，同时具备处理相关问题的专业经验和技能，能够发挥专业优势制订适合投融资双方的违约处置方案。同时，债券受托人与交易经理分别由 H 银行信托业务部门和投资银行部门担任，以避免利益冲突，维护投融资双方利益。前述中介机构通过专业知识和经验协助投融资双方处置违约，推动了违约事件顺利高效解决。

投融资双方协商，按照市场化方式妥善处置违约风险

2012年11月，E公司发布持有人会议召集通知，定于11月末召开持有人会议，就债券技术性违约事宜与持有人进行协商；同时向持有人提出了解决违约的方案，作为持有人会议的特别决议提案随会议通知一并发送。根据解决方案，持有人可选择向公司发出回售债券要约，并在规定期限前同意放弃因公司违约而享有的重新谈判权利；公司将向持有人支付定向工具本金、尚未支付的利息，并支付"同意费"作为放弃谈判权的补偿。如果投资人在规定期限前向公司发出赎回债券要约并同意弃权，公司还将向投资人支付"提前同意费"。如果投资人选择继续持有债券，但在前述期限同意弃权，公司也将向投资人支付同意费或提前同意费。

2012年11月底，持有人会议通过了特别决议案，92.2%面额债券的持有人选择回售债券，其余债券的持有人选择继续持有到期。12月初，公司根据决议启动赎回债券及支付同意费相关工作；随后公司公告已完成支付结算和合约修改。E公司技术性违约风险顺利解决。

本次技术性违约事件对风险管理的启示

健全的债券市场不应将存在风险的发行人拒之门外以回避风险，而是应当通过完善市场制度，引导资源和风险合理配置，健全风险处置机制。具体而言，一是通过理顺风险定价机制，使债券定价真实反映风险，形成对承担风险、开展创新的正向激励；二是完善多层次市场结构，推动投资人群体合理有序分层，引导风险流向有能力、有意愿承担风险的投资人群体，以实现风险的合理配置和有效控制；三是培育市场中介机构，发挥中介机构的专业优势，形成市场化的风险揭示和处置机制。

E公司违约事件中，面对个别发行人业绩下滑的技术性违约，市场监管者并未介入，风险处置按市场化方式依债券发行协议开展。发行人在自身中

期业绩亏损时，及时告知投资人发生亏损及构成技术性违约的事实；同时，根据合约义务及时启动召开持有人会议的程序，寻求专业中介机构协助制订切实可行的违约解决方案，尽可能降低违约造成的不利影响。E 公司投资人面对违约心态成熟，积极参加债券持有人会议参与违约事件处置，与发行人沟通合作，违约事件最终按市场化方式顺利有序解决。

E 公司的定向工具面向合格投资人私募发行，定向工具收益率较高，与之相应风险也较高，面向合格投资人发行则使债券风险被限制在合格投资人范围内。合格投资人拥有丰富的投资经验和较强的谈判能力，具备投资风险较高的高收益债所需的风险承担能力和意愿，在债券出现违约时能够理性应对、迅速行动，维护自身权益。债券受托人、财务经理等专业中介机构各司其职、各尽其责，形成市场化、专业化的风险管理机制，在风险防范和处置中发挥了重要作用。

成功的风险处置体现为风险发生后的应对解决，成功的风险管理则以市场化风险理念为指导，贯穿于市场运行全过程。E 公司技术性违约事件中，市场参与各方理性对待风险，市场化风险分散分担机制完备有序，投资人风险管理与自我维权主动高效，为债务融资工具市场完善市场化风险管理制度提供了有益借鉴。

信用增进机构代偿集合票据
中小企业发行人信用风险顺利化解

2012 年 6 月，某中小企业集合票据"10SMECN1"联合发行人向市场公告，由于流动资金紧张，无法按照募集说明书中约定的偿债保障措施及资金偿付安排的提取计划，在兑付前第 20 个工作日向偿债准备金账户归集首笔兑付资金。其后发行人陆续发布一系列公告，确认无法按期偿付本期集合票据本息，提请该期集合票据信用增进机构履行代偿义务。虽然该事件并非债务融资工具市场上发生的首单担保机构代偿事件，但由于前期针对该类事件的处置经验较少，该事件同样受到了相关各方的高度重视和市场的广泛关注。为切实保护投资者权益，促进担保代偿工作顺利进行，相应应急处置机制即刻启动，发行人、信用增进机构、主承销商、登记结算机构等密切配合，最终对该代偿事件作出了妥善处理。

发行人主体违约浮现，担保机构代偿迫在眉睫

某市 2010 年度第一期中小企业集合票据于 2010 年 6 月发行，联合发行金额为 1.98 亿元，期限 2 年，到期兑付日为 2012 年 6 月，共包括联合发行人 4 家。本期集合票据由甲信用增进机构对本金及利息提供无条件不可撤销的连带责任保证担保，债项评级为 AA 级。

其中，本案例发行人是一家以电子元器件和精密模具为主要产品的高科

技中小企业，其主体信用评级为 BBB 级，发行金额为 2000 万元。根据集合票据募集说明书所述的偿债保障措施及资金偿付安排，发行人应按照与甲信用增进机构、主承销商三方签订的《偿债准备金账户监管协议》有关规定，在本期集合票据到期日之前的第 20 个工作日、第 15 个工作日、第 10 个工作日、第 5 个工作日分别向偿债准备金账户存入本期集合票据应兑付本息的 25%。按照甲信用增进机构的担保承诺，如果在该期集合票据到期日前第 5 个工作日，发行人不能将兑付金足额存入偿债准备金账户，则信用增进机构应于兑付日代偿相应差额，确保集合票据到期足额兑付。

2011 年至 2012 年，受累于经济形势下滑、电子器件市场产品需求量和产品价格持续下降，发行人生产经营情况持续恶化，现金流紧张，偿债压力较为明显，为此主承销商在发行主体偿债能力出现恶化苗头时已对该发行人进行重点关注，要求发行人及时对其偿付安排变化进行信息披露，并与甲信用增进机构就可能的代偿工作提前沟通。2012 年 5 月 18 日，即在本期集合票据到期日之前的第 20 个工作日，发行人向市场发布公告，称由于流动资金紧张，暂时无法按照偿债保障措施及资金偿付安排的提取计划向偿债准备金账户归集首笔兑付资金，若无法按时足额向投资人偿付债券本息，则由甲信用增进机构履行代偿责任，另外发行人正在处置部分资产积极筹集资金，以确保到期足额兑付本息。

随后 5 月 18 日至 6 月 15 日之间，发行人连续发布相关公告，表示无法按照偿债保障措施及资金偿付安排提取计划，于本期集合票据到期日之前第 15 个工作日、第 10 个工作日、第 5 个工作日划付资金，亦无法承诺到期按时足额向投资人偿付债券本息，遂提请启动担保程序，由甲信用增进机构履行代偿责任，以确保本期集合票据正常还本付息。

市场各方积极应对，确保担保代偿顺利进行

发行人首次公告不能按期执行偿债保障措施及资金偿付安排提取计划后，引起市场成员的广泛关注和相关机构的高度重视。在债务融资工具市场，由

担保机构代替发行人偿付本息的事件发生较少，在现有的条件下如何设计一条快捷、高效的解决路径，既能保障对投资者本息的及时偿付，又能使代偿程序和相关各方的行为符合法律要求，使担保机构履行代偿责任之后在向发行人或者其他担保人追偿的过程中能够获得法院的支持和认可，是亟待解决的问题。为此，发行人、信用增进机构和主承销商均抽调专人组成应急小组，就担保代偿责任实施、信用增进机构追偿权实施、兑付期间信息披露、应急应对机制等问题进行磋商。

最终经过各方协商一致，根据本期募集说明书和担保函①约定，明确主承销商代理全体持有人在债务融资工具到期日前5个工作日要求甲信用增进机构履行代偿责任，甲信用增进机构及时应诺并向市场披露代偿公告，相关各方还就如何有效应对该事件制定了明确的工作方案，确定各方在该事件中应履行的职责和工作时间安排，确保兑付工作顺利进行，切实维护市场平稳运行。

相关各方应急工作落实情况

在本事件中，主承销商牵头相关各方制订了应急工作方案，积极协调督促各方落实责任，促进担保代偿顺利进行。6月2日，主承销商对发行人进行了现场调查，了解其生产经营和财务情况，偿付资金筹措、最新债务及担保情况，相关应急方案以及该事件对企业的影响等情况，为相关方进一步开展工作作好了铺垫。同时，主承销商持续做好对发行人的后续督导工作，包括协助发行人与信用增进机构、投资者、登记结算机构等相关各方的沟通，组织相关机构制订并落实应急工作方案，督导发行人作好重大事项信息披露、应急方案落实和舆情应对。6月8日，即本期集合票据到期日之前第5个工作日，主承销商依照担保函约定，向甲信用增进机构发送《要求甲信用增进

---

① 《担保函》第四条："在担保函项下集合票据到期时，如发行人不能全部兑付集合票据本息，担保人应主动承担担保责任，将兑付资金划入集合票据登记机构或主承销商指定的账户。集合票据持有人可分别或联合要求担保人承担保证责任。主承销商有义务代理集合票据持有人要求担保人履行保证责任。"

机构履行担保责任的函》，代理全体持有人要求其履行担保代偿责任。

发行人除了持续于募集说明书约定的资金归集各个时点及时披露不能按时划付资金相关信息之外，还于6月8日披露了"关于启动担保程序"的公告，向市场提示企业无法偿债的事实和无法偿债的原因，提请甲信用增进机构按协议履行代偿义务。

甲信用增进机构关注到发行人披露"关于启动担保程序"公告之后，也立即披露了"甲信用增进机构关于履行担保责任"的公告，作出了有关回应，向市场承诺将按照协议的约定，在兑付前1个工作日将代偿资金划入登记托管机构指定账户，以稳定市场投资者情绪，确保到期集合票据的按期足额兑付。在甲信用增进机构披露完成"甲信用增进机构关于履行担保责任"公告之后，发行人披露了"本期集合票据兑付提示性公告"，提示本期集合票据的持有人作好资金划付准备，方便投资者及时领取本息兑付资金，同时也说明了企业无法偿付本息、担保机构承诺进行代偿的事实。

经过前期的充分沟通协调，登记托管机构针对本期集合票据重点做好资金划付工作，并就甲信用增进机构代偿情况出具了书面证明文件和资金划付对账单，以便甲信用增进机构在履行代偿责任之后向发行人追偿时能够获得法院的认可。

由于发行人、信用增进机构、主承销商、登记结算机构等相关各方积极配合、履行各自职责，2012年6月15日，甲信用增进机构代偿工作顺利完成，"10SMECN1"本息全部按时足额偿付。

实质性违约应急制度机制的完善任重道远

由担保机构履行担保责任、代替发行人偿付本息事件在债务融资工具市场的实践经验较为匮乏，在不与现行的法律、法规相抵触的前提下，本案例中相关市场机构结合现有的市场惯例，初步设计出了一条快捷、高效的解决路径，由主承销商依照发行协议、担保函等发行文件的相关约定，向信用增进机构发送提示其履行担保责任的函，代理全体持有人要求信用增进机构履行担保代偿责任，登记托管机构应信用增进机构请求就其代偿情况出具书面证明文件和资金划付对账单，以便信用增进机构在履行代偿责任之后向发行人追偿获得法院认可。这既能保障相关债务融资工具本息及时偿付，又能使代偿程序和各方行为符合法律法规要求，使得担保机构后续追偿有据可依。上述实践能够有效促进债务融资工具市场投资者保护机制的完善，对于类似担保机构的代偿事件的处理具有开创性意义，也为完善实质性违约框架下的投资者救济流程进行了有益探索和实践。

该事件也暴露出了当前债务融资工具发行注册材料中对于实质性违约发生后的代理维权机制、担保代偿、后续追偿、诉讼、仲裁、申请破产等后续路径尚缺少具体详细的机制安排，发生纠纷时只能一事一议，处理事件不仅耗时耗力，并且由于当事各方债券发行文件中协议约定依据不足，在进入后续司法程序前救济路径中涉及的各项救济权属分配、权益配比、维权代理机制等都可能存在法律认定上的风险和障碍。为能够更加妥善地应对市场中出现的实质性违约风险，相关各方需要总结类似案例应急经验，梳理完善前期发行文件规范要求，在发行文件中对于应急事件的发生条件、应急预案及其启动机制、维权机制和路径等作出明确约定，为各种突发事件和纠纷的解决设计合法合理、快捷有效的路径，确保在发生类似可能影响债务融资工具正常偿付的情形时，当事各方能够及时启动应急预案，通过担保代偿、诉讼、仲裁等维权救济措施妥善解决问题，保护投资者合法利益，维护市场平稳运行。

该事件的妥善解决得益于信用增进机构信守承诺、积极配合并履行代偿责任。信用增进机构第一时间承诺承担相应信用增进职责，这不仅体现了市场基础设施建设的日益完善与市场化程度的不断提高，也再次提醒投资人保持风险意识，在当前市场发行主体信用等级中枢整体下移的环境下，有必要进一步加强风险识别和防范，同时提高对风险化解措施的运用，利用信用增进手段有效管理风险。在成熟的债券市场上，信用事件乃至违约事件不可避免，与信用事件相比更重要的是市场是否有对风险进行分散、转移的有效机制安排，以防止个体违约事件对市场造成重大冲击，保障投资人的利益得到合法公正的补偿。信用增进机构作为实现风险分散分担的市场机构，一方面促进金融市场资源的合理配置，为中小企业发展提供融资渠道，另一方面在信用事件发生后可以对投资人的利益提供一定保护。在目前中小企业经营困难、融资难的环境下，各级政府高度重视中小企业融资问题，运用市场化方式为中小企业创造有利条件、拓宽融资渠道，充分发挥各类信用增进机构的作用，通过其提供专业化担保服务降低市场参与者在投资中小企业的过程中面临的不确定性和信息不对称，扩大发行主体范围，充分发挥金融市场优化资源配置的功能，解决中小企业融资难题，提高经济增长的质量和效益。

发行人实际控制人逃匿
信用增进机构提前代偿集合票据

2012 年以来，某中小企业集合票据发行人 H 食品有限公司（以下简称"H 公司"）负债水平高企，经营情况恶化，偿付出现困难，以致 2012 年由担保公司代其偿付当期本息。2013 年，发行人经营情况进一步恶化，生产经营活动停止，涉及多起诉讼，拖欠银行和担保公司借款，资产被查封、账号被冻结，法定代表人暨实际控制人逃匿，违约预期陡增。针对该情况，主承销商、担保机构、律师等相关各方组成的应急处置小组，启动了应急管理预案，全力推动 H 公司信用风险事件的平稳处置。

实际控制人逃匿，预期违约浮现，信用危机随时可能引爆

某省 2010 年度第一期集合票据于 2010 年 12 月发行，共 4 家联合发行人。该期集合票据总规模 1.7 亿元，其中本案例发行人 H 公司发行额度 0.2 亿元，期限为 3 年，募集说明书约定每年付息一次，第一年还本 10%，第二年还本 30%，第三年还本 60%。该集合票据债项评级 AA＋，由 D 担保公司提供全额不可撤销的连带责任担保，Z 再担保公司提供全额无条件、不可撤销的再担保。

H 公司是一家主要从事大宗奶粉及婴幼儿配方奶粉的生产和销售的中小企业，近年来受三聚氰胺事件影响，发行人奶粉出口大幅下滑，同时原材料

等成本持续上涨，公司营业收入大幅下降。2012 年，发行人生产经营出现困难，公司订单量下降，开工率不足，现金流较为紧张，部分银行贷款出现逾期。截至 2012 年 9 月末，H 公司短期借款总额 6710 万元，另有应付的集合票据 1800 万元，短期偿债压力较大。按照相关约定，发行人应于 12 月底偿付第一年度本息，但 H 公司未能于 12 月 10 日（集合票据还本付息日前 15 个工作日）前将当期应付的集合票据 30% 本金和利息共计 708 万元存入偿债资金账户，最终 D 担保公司按照担保协议履行了增进义务，足额代偿了当期应付本息。

进入 2013 年以来，由于公司盈利状况下滑，经营持续严重恶化，2013 年 1 月，P 评级公司将 H 公司的主体信用等级由 BBB 级下调为 CCC 级，评级展望由稳定调为负面；2013 年 3 月，H 公司已经全面停产，公司法人代表暨实际控制人赵某失去联系；截至 2013 年 4 月，根据法院公告，并经律师核查，发行人已陷入多起借款纠纷案件。

此外，由于 H 公司已经出现多笔银行贷款逾期，由担保机构垫付的资金已经超过 8000 万元，且 H 公司全部资产均处于抵押状态，多数已经被申请财产保全，依靠处置资产用于偿还票据本息的可能性不大。当地政府表示已经在 2012 年三季度给予 H 公司 500 万元贴息补助，很难再给予其更多的支持。因此预计集合票据到期时 H 公司基本无自行偿付的能力，构成主体违约的可能性较大。

各方积极应对、协调互动，积极寻求解决方案

在发行企业实际控制人始终无法取得联系的情况下，为了顺利兑付持有人本息，并且保障担保机构代偿之后追偿权的实现，最大限度地保护相关各方利益，主承销商协调各方制订了应急处置方案，提请发行人提前兑付。由于发行人已失去偿付能力，因此提请担保机构启动代偿程序，履行代偿责任。

本次事件是首次在发行人实际控制人失去联系的情况下启动提前偿付程序并由担保机构代偿的主体预期违约事件。本次事件的处置中，相关各方坚守依法合规、稳妥推进的原则，按照应急预案，协调互动、尽职履责，积极化解信用风险。

发行人所在地的省地方政府在《三方合作协议》框架下，积极配合主承销商、信用增进机构开展工作。一方面，支持推动持有人会议的顺利召开，做好会议相关各方的沟通协调；另一方面，为担保机构代偿和追偿工作提供协助。

主承销商组织召开持有人会议，做好提前偿付和担保代偿的督导和协调工作。一是做好与投资者的沟通，真实、准确、完整地将发行人有关情况告之持有人，商定事件的解决方案，及时做好信息披露和舆情应对工作；二是拟定提前兑付时间表，协调担保机构落实担保承诺，督导担保公司及时披露兑付公告，筹措兑付资金；三是做好兑付准备，及时足额将担保公司的代偿资金向登记托管机构划付；四是协助担保机构追偿，在担保机构代偿后向法院行使追偿权的过程中提供必要帮助。

律师依据法律法规及相关自律规定严把法律关，为本事件的解决提供法律向导。由于该事件涉及相关主体多、情况复杂、法律专业性强，且无历史经验可循，律师的专业意见在确保合法合规开展应急处置工作上起到重要作用。一方面，经办律师针对发行人预期违约事件出具专项法律意见书，并在债务融资工具市场指定网站披露，重点就发行人预期违约的认定、要求发行人提前偿付的事实依据和法律依据、召开持有人会议的规程依据、持有人会议的议案合法性和可行性、启动担保代偿程序的法律支持、担保机构履行代偿义务之后行使追偿权的法律可行性等方面进行论述并披露，厘清了法律关

系、清除了法律障碍；另一方面，经办律师出席持有人会议、出具法律意见并及时披露，对持有人会议的组织召开、会议有效性、表决有效性及相关信息披露等工作的合法合规性作出专业认定。

担保公司、再担保公司积极配合，履行担保代偿责任。一是担保公司、再担保公司出席持有人会议，同意提前偿付的持有人会议决议，启动担保代偿程序，做好有关信息披露工作。二是担保公司出具担保确认函，确认在本次提前兑付及代偿工作顺利完成后继续为本期集合票据仍存续部分项下应偿付的本金及利息承担不可撤销的连带保证担保责任。三是担保公司披露提前兑付代偿公告，就提前兑付资金的计算和分配、兑付资金的划款路径、兑付机构等事项进行说明，落实代偿资金，及时将代偿资金打入主承销商偿债账户。四是担保公司积极与司法机关沟通，有效落实对发行人的追偿权。

登记托管机构做好资金划付工作和担保机构的追偿协助工作。登记托管机构针对本期集合票据重点做好资金划付工作，并就担保公司代偿情况出具书面证明文件和资金划付对账单，以便担保公司在履行代偿责任之后向发行人追偿获得法院的认可。

由于发行人、信用增进机构、主承销商、登记结算机构等相关各方积极配合、履行各自职责，主承销商于 2013 年 5 月 24 日组织召开了持有人会议，持有人审议通过要求发行人提前兑付及担保机构履行代偿责任的议案，担保公司承诺按照担保协议代偿发行人"10 SMECN1"本期相应本息，于 2013 年 5 月 31 日披露了《提前兑付提示公告》，代偿资金已于 2013 年 6 月 7 日划入主承销商的专项偿债资金账户，2013 年 6 月 8 日主承销商将提前偿付资金划入登记托管机构偿债账户、完成兑付，即日登记托管机构将偿付资金划付至本期集合票据持有人，代偿工作顺利完成，本事件获得圆满解决。担保公司随后向法院起诉，启动对发行人行使追偿权的司法程序。

相关各方建立预警机制并及时制定和启动应急预案，积极联动，推动风险事件的妥善解决

经过各方努力，该事件获得妥善解决，有效防止了实质违约的发生，保

护了持有人利益，维护市场的健康稳定，同时也为非金融企业债务融资工具市场乃至企业债券市场对于发行人实际控制人失去联系的情况下启动提前偿付程序并由担保机构代偿的主体违约事件探索了一条有效的解决路径。

一是发挥三方合作机制作用，在后续管理中与地方政府建立存续期跟踪监测、突发事件应急处置等方面的沟通协调机制。在突发事件处置中充分发挥地方政府触角广、信息来源便捷、动员力强等优势，积极联动，信息共享，营造解决问题的有利环境。

二是建立并完善了以下基础制度安排：

预警机制。在本次事件的处置过程中，交易商协会、主承销商通过日常监测、排查、压力测试等风险预警工作，为发行人主体预期违约情况及早发现、发行人偿付能力相关信息的及早获取等发挥了千里眼、顺风耳的作用，为本事件的妥善解决提供技术支持。

持有人会议机制。在本次事件的应急处置工作中，持有人会议既保护了投资者自身的知情权、审议权、表决权等，也实现了持有人与发行人交换意见、协调行动、定纷止争、妥善解决问题的目的，对本次事件的解决发挥了基础性作用。通过持有人会议，"10SMECN1"的持有人得以组织起来，真实、准确、完整、及时地获取发行人预期违约有关情况，商定事件的解决方案，快捷、有效地促进了该事件的解决。

信用增进机制。信用增进机制制度安排为债项评级提供了有效增进渠道，增强了发行人的偿债能力，是债务融资工具持有人的定心丸，是债务融资工具市场稳健运行的助推器。信用增进机构在发行人发生主体违约的情况下尽职履责地按照担保协议的约定履行代偿义务，有效化解了多起重大违约事件。本次事件的处理过程中，担保机构积极配合主承销商工作，出席持有人会议，及时出具代偿承诺函、担保确认函、兑付公告，落实代偿资金，并及时披露相关信息，对事件的解决起到了关键性作用。

应急组织机制。在本次事件的处理过程中，主承销商、担保机构及其他相关中介机构以《应急管理工作指引》为依据和指导，快速响应、各司其职、协同联动，制订了周全可行的应急管理预案，严格落实，稳妥推动，为该事件的解决提供了机制保障支持。

三是发挥市场力量，协调各参与方充分尽职履责。在本次事件的处理过程中，交易商协会坚持市场化自律管理模式，充分发挥发挥市场力量，协调地方政府、主承销商、担保机构、律师、评级公司按照规则指引、发行文件约定以及应急预案的职责分工充分尽职履责。其中律师在本事件的处理中严把法律关，从合法合规的角度论证应急预案的可行性，对持有人会议进行见证并出具法律意见，为担保机构代偿和后续追偿提供法律咨询和服务保障；评级公司做好评级跟踪监测，动态发布评级信息，提示各方关注发行人的资信能力，评级下调事宜等，为该事件的解决提供专业支持。

四是进一步争取司法支持。由于债务融资工具市场创新性、专业性强，相关法律法规建设相对滞后，目前国内法律没有关于应急处置的规定，司法实践中也没有建立类似问题解决方式的司法案例。本次事件虽然得到了妥善解决，但是在现有立法和司法环境下，在发行人实际控制人失去联系的情况下，依据发行人经营持续恶化、评级下调、偿债能力下降、债务诉讼众多等状况，通过持有人会议认定其构成预期违约，要求发行人提前偿付并要求担保机构代偿的做法能否在全国各司法机关得到认可和推广、担保机构代偿之后对发行人的追偿是否能够获得法院支持等方面还存在不确定性，而这种不确定性也导致了债务融资工具市场相关各方对应急处置结果及各自利益保护的预期产生不确定性，损害相关各方的利益，戕害其参与应急事件处置乃至从事债务融资工具市场业务的积极性。因此在处置类似事件中，还需要进一步争取司法和立法的支持。

本篇经验总结

本篇案例集中体现了应急突发事件妥善处理、后续管理工作有效开展对保护投资者合法权益和维护市场稳定秩序的重大意义。在相关事件的处置中，主承销商作为牵头方尽职履责、相关各方积极参与，取得了良好的工作效果。本章案例的整理总结，对今后类似事件的处理积累了重要经验。

（一）发行人及时履行信息披露义务

发行人真实、准确、完整、及时地将事件的进展情况向投资者披露，是保护投资者合法权益、维护市场正常秩序的重要手段。在后续管理工作中，若发生影响企业偿债能力的重大事项（以及事项重大进展或变化），应采取严格披露和鼓励自主披露的原则，督导发行人及时将重要信息传达至投资者，同时做好投资者解释和偿债保障措施相关工作，避免由于信息披露不及时导致风险累积和市场质疑。相关案例中，在主承销商和交易商协会的持续督导下，发行人均及时履行了信息披露义务，有效地保护了投资者的合法权益，维护了市场的正常运行秩序。

（二）充分发挥以主承销商负责制为核心的中介机构枢纽作用

主承销商负责制是保障当前债务融资工具市场后续管理工作顺利开展的基础，充分发挥主承销商贴近发行人、协调各方的优势，有利于提高事件处置的效率，丰富事件处置手段。

在相关案例中，主承销商协调发行人、信用增进机构、评级机构等各方，负责专项工作的实施，反应迅速、责任明确，有效地完成了事件跟踪监测、信息披露督导和偿付安排等各项工作，并就工作情况与各方实时沟通，保证了相关工作的顺利开展。此外，主承销商还能充分利用其作为专业投资者的特点，对相关债务融资工具二级市场交易进行实时监测，若二级市场出现不正常交易情况，立即进行核查和启动相关应急预案，防止跟风抛售行为的发生。

（三）作为自律组织，交易商协会将继续推动市场平稳健康发展

交易商协会作为市场自律组织，将继续推动债务融资工具市场平稳健康发展。本着保护投资者合法权益、维护市场平稳健康运行秩序的原则，交易商协会高度重视市场各方通过不同渠道反映的问题和市场运行过程中可能发生的各类风险事件。针对暴露的风险，交易商协会根据自律规范文件相关要求，迅速采取措施，组织协调市场各方及时启动应急预案，督促相关机构尽快核实情况，及时向投资者披露信息。如查实相关机构存在不合规问题，交易商协会将根据自律规范文件要求对其进行自律处理。未来，交易商协会将不断加强债务融资工具市场自律管理，保护市场参与者的合法权益，维护市场的平稳健康发展。

案例附件

附件1 债务融资工具存续期自律规范文件体系

随着市场的不断发展，交易商协会逐渐推动债务融资工具市场参与主体基于市场实践经验，健全自律规范文件体系，截至目前已经形成了债务融资工具业务开展规范与市场基础技术支持相配套、各主体职责范围明确的自律规范制度体系。从参与主体合规运作角度而言，债务融资工具存续期内对合规性的考察涵盖注册发行、存续期间各个环节的规范要求，各类主体需要加大对相关自律管理文件的学习和理解，兼顾各相关自律规范文件的要求，系统梳理业务开展规范并及时更新，为实现合规运作建立相应知识储备。

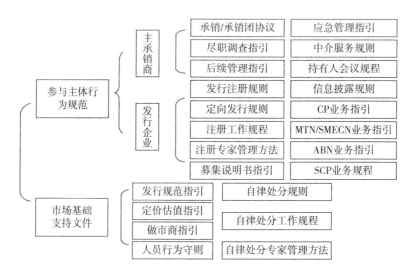

附件 2 债务融资工具信息披露有关要求

在注册制下，发行人充分披露信息是核心，发行人作为债务融资工具市场信息披露的第一责任主体，在债务融资工具存续期内，需按照有关要求披露发行情况公告、财务信息、重大事项等信息，信用增进机构除比照发行人信息披露要求外，还需披露信用增进相关信息，会计师、律师等中介力量作为市场"看门人"，需要发布独立的专业意见，为投资者作出相关投资决策提供第三方观点。信息披露有关要求主要包括内容与格式两方面：

一、《银行间债券市场非金融企业债务融资工具信息披露规则》（2012 年版）信息披露内容相关规定

（一）定期财务信息披露要求

规范内容	条款	定期财务信息披露相关规定
披露时间要求	第八条	在债务融资工具存续期内，企业应按以下要求持续披露信息： （一）每年 4 月 30 日以前，披露上一年度的年度报告和审计报告； （二）每年 8 月 31 日以前，披露本年度上半年的资产负债表、利润表和现金流量表； （三）每年 4 月 30 日和 10 月 31 日以前，披露本年度第一季度和第三季度的资产负债表、利润表和现金流量表。 第一季度信息披露时间不得早于上一年度信息披露时间，上述信息的披露时间应不晚于企业在证券交易所、指定媒体或其他场合公开披露的时间。

续表

规范内容	条款	定期财务信息披露相关规定
变更已披露信息相关规范要求	第十四条	企业披露信息后，因更正已披露信息差错及变更会计政策和会计估计、募集资金用途或中期票据发行计划的，应及时披露相关变更公告，公告应至少包括以下内容： （一）变更原因、变更前后相关信息及其变化； （二）变更事项符合国家法律法规和政策规定并经企业有权决策机构同意的说明； （三）变更事项对企业偿债能力和偿付安排的影响； （四）相关中介机构对变更事项出具的专业意见； （五）与变更事项有关且对投资者判断债务融资工具投资价值和投资风险有重要影响的其他信息。
	第十五条	企业更正已披露财务信息差错，除披露变更公告外，还应符合以下要求： （一）更正未经审计财务信息的，应同时披露变更后的财务信息； （二）更正经审计财务报告的，应同时披露原审计责任主体就更正事项出具的相关说明及更正后的财务报告，并应聘请会计师事务所对更正后的财务报告进行审计，且于公告发布之日起三十个工作日内披露相关审计报告； （三）变更前期财务信息对后续期间财务信息造成影响的，应至少披露受影响的最近一年变更后的年度财务报告（若有）和最近一期变更后的季度会计报表（若有）。
上市公司豁免披露条件	第二十三条	已是上市公司的企业可豁免定期披露财务信息，但须按其上市地监管机构的有关要求进行披露，同时通过交易商协会认可的网站披露信息网页链接或用文字注明其披露途径。
信用增进机构披露要求	第三十三条	债务融资工具涉及信用增进的，为债务融资工具提供信用增进服务的机构应比照本规则中对发行企业的要求，在债务融资工具存续期内定期披露财务报表。
境外上市公司披露要求	第三十六条	在境外上市或下属公司在境外上市的企业，应严格按照本规则要求披露季度、半年度和年度财务报表；财务报表应按中华人民共和国企业会计准则编制。

（二）重大事项披露要求

规范内容	条款	重大事项信息披露相关规定
重大事项内容	第九条	在债务融资工具存续期内，企业发生可能影响其偿债能力的重大事项时，应及时向市场披露。 前款所称重大事项包括但不限于： （一）企业名称、经营方针和经营范围发生重大变化； （二）企业生产经营的外部条件发生重大变化； （三）企业涉及可能对其资产、负债、权益和经营成果产生重要影响的重大合同； （四）企业发生可能影响其偿债能力的资产抵押、质押、出售、转让、划转或报废； （五）企业发生未能清偿到期重大债务的违约情况； （六）企业发生大额赔偿责任或因赔偿责任影响正常生产经营且难以消除的； （七）企业发生超过净资产10%以上的重大亏损或重大损失； （八）企业一次免除他人债务超过一定金额，可能影响其偿债能力的； （九）企业三分之一以上董事、三分之二以上监事、董事长或者总经理发生变动；董事长或者总经理无法履行职责； （十）企业做出减资、合并、分立、解散及申请破产的决定，或者依法进入破产程序、被责令关闭； （十一）企业涉及需要说明的市场传闻； （十二）企业涉及重大诉讼、仲裁事项； （十三）企业涉嫌违法违规被有权机关调查，或者受到刑事处罚、重大行政处罚；企业董事、监事、高级管理人员涉嫌违法违纪被有权机关调查或者采取强制措施； （十四）企业发生可能影响其偿债能力的资产被查封、扣押或冻结的情况；企业主要或者全部业务陷入停顿，可能影响其偿债能力的； （十五）企业对外提供重大担保。
其他重大事项说明	第十条	规则第九条列举的重大事项是企业重大事项信息披露的最低要求，可能影响企业偿债能力的其他重大事项，企业及相关当事人均应依据本规则通过交易商协会认可的网站及时披露。

规范内容	条款	重大事项信息披露相关规定
披露时间要求	第十一条	企业应当在下列事项发生之日起两个工作日内，履行重大事项信息披露义务，且披露时间不晚于企业在证券交易所、指定媒体或其他场合公开披露的时间，并说明事项的起因、目前的状态和可能产生的影响： （一）董事会、监事会或者其他有权决策机构就该重大事项形成决议时； （二）有关各方就该重大事项签署意向书或者协议时； （三）董事、监事或者高级管理人员知悉该重大事项发生并有义务进行报告时； （四）收到相关主管部门决定或通知时。
	第十二条	在第十一条规定的事项发生之前出现下列情形之一的，企业应当在该情形出现之日起两个工作日内披露相关事项的现状、可能影响事件进展的风险因素： （一）该重大事项难以保密； （二）该重大事项已经泄露或者市场出现传闻。
重大事项进展披露要求	第十三条	企业披露重大事项后，已披露的重大事项出现可能对企业偿债能力产生较大影响的进展或者变化的，应当在上述进展或者变化出现之日起两个工作日内披露进展或者变化情况、可能产生的影响。

（三）企业《信息披露事务管理制度》制定和披露要求

规范内容	条款	重大事项信息披露相关规定
《信息披露事务管理制度》基本要点	第二十条	企业应当制定信息披露事务管理制度。信息披露事务管理制度内容包括但不限于： （一）明确企业应遵守的信息披露标准； （二）未公开信息的传递、审核、披露流程； （三）信息披露事务管理部门及其负责人在信息披露中的职责； （四）董事和董事会、监事和监事会、高级管理人员等的报告、审议和披露的职责；

续表

规范内容	条款	重大事项信息披露相关规定
《信息披露事务管理制度》基本要点	第二十条	（五）董事、监事、高级管理人员履行职责的记录和保管制度； （六）未公开信息的保密措施，内幕信息知情人的范围和保密责任； （七）财务管理和会计核算的内部控制及监督机制； （八）对外发布信息的申请、审核、发布流程；与投资者、中介服务机构、媒体等的信息沟通与制度； （九）信息披露相关文件、资料的档案管理； （十）涉及子公司的信息披露事务管理和报告制度； （十一）未按规定披露信息的责任追究机制，对违反规定人员的处理措施。 企业信息披露事务管理制度应当经企业董事会或其他有权决策机构审议通过，并向市场公开披露其主要内容。
《信息披露事务管理制度》中对重大事项的有关约束	第二十一条	企业应当制定重大事项的报告、传递、审核、披露程序。董事、监事、高级管理人员知悉重大事项发生时，应当按照企业规定立即履行报告义务；董事长或企业主要负责人在接到报告后，应当立即向董事会或其他有权决策机构报告，并敦促负责信息披露事务的主要责任人组织重大事项的披露工作。

二、信息披露格式规范体系

为推进相关主体信息披露内容规范化，协会大力搭建注册、后续环节信息披露格式要求，目前已推出注册环节信息披露表格，包括 M 表（募集说明书信息披露表）、G 表（发行公告信息披露表）、J 表（发行计划信息披露表）、C 表（财务报告信息披露表）、F 表（法律意见书信息披露表）、P 表（评级报告信息披露表）、Z 表（信用增进信息披露表）；对于存续期间内各相关主体的信息披露要求也进行了格式化体系建设，推出存续期信息披露表格体系，包括 PC 表（存续期年度报告信息披露表）、PZ 表（存续期重大事项信息披露表）、PB 表（存续期变更已披露信息披露表）、PD 表（兑付信息披露表）、PH 表（持有人会议信息披露表）、PX 表（存续期信用增进机构信息披露表）、PK 表（存续期会计师事务所专项意见信息披露表）及 PF 表（存续期专项法律意见信息披露表），有关要求如下：

（一）注册发行表格体系

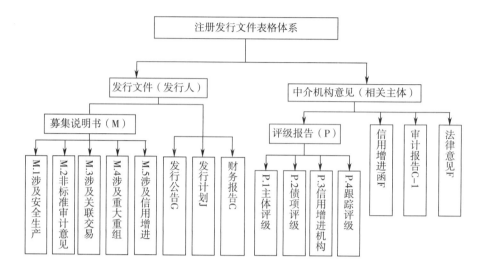

（二）存续期信息披露表格体系

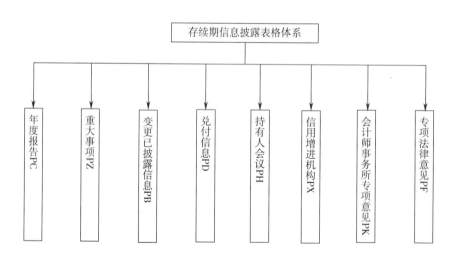

附件 3　债务融资工具募集资金使用相关规定

非金融企业债务融资工具募集资金的合规使用是保障投资者合法权益的重要方面。债务融资工具发行人应提升资金规划及管理的水平，对于募集资金用途予以全面规划，契合企业发展需要，于相关债务融资工具发行文件中，体现企业资金客观需求；债务融资工具存续期内，发行人应严格依照募集说明书披露的用途使用募集资金，若因生产经营条件的客观变化，需要在债务融资工具存续期内变更资金用途，且新用途符合相关法律法规、政策要求的，需要提前向市场披露有关信息。对于募集资金使用相关规定可总结如下：

序号	自律规则指引	条款	募集资金使用相关规定
1	《银行间债券市场非金融企业债务融资工具信息披露规则》	第十四条	企业披露信息后，因更正已披露信息差错及变更会计政策和会计估计、募集资金用途或中期票据发行计划的，应及时披露相关变更公告，公告应至少包括以下内容： （一）变更原因、变更前后相关信息及其变化； （二）变更事项符合国家法律法规和政策规定并经企业有权决策机构同意的说明； （三）变更事项对企业偿债能力和偿付安排的影响； （四）相关中介机构对变更事项出具的专业意见； （五）与变更事项有关且对投资者判断债务融资工具投资价值和投资风险有重要影响的其他信息。
		第十六条	企业变更债务融资工具募集资金用途，应至少于变更前五个工作日披露变更公告。

序号	自律规则指引	条款	募集资金使用相关规定
2	《银行间债券市场非金融企业债务融资工具募集说明书指引》	第五章募集资金运用第十九条	企业应披露本次募集资金的具体用途，用于流动资金的，应披露具体安排；用于长期投资的，应披露具体的投资项目。
		第二十条	企业应承诺在债务融资工具存续期间变更资金用途前及时披露有关信息。
3	《银行间债券市场非金融企业中期票据业务指引》	第五条	企业发行中期票据所募集的资金应用于符合国家法律法规及政策要求的企业生产经营活动，并在发行文件中明确披露具体资金用途。企业在中期票据存续期内变更募集资金用途应提前披露。
4	《银行间债券市场非金融企业短期融资券业务指引》	第五条	企业发行短期融资券所募集的资金应用于符合国家相关法律法规及政策要求的企业生产经营活动，并在发行文件中明确披露具体资金用途。企业在短期融资券存续期内变更募集资金用途应提前披露。
5	《银行间债券市场非金融企业债务融资工具主承销商后续管理工作指引》	第九条	主承销商应结合宏观经济、金融政策和行业运行变化情况，对企业和提供信用增进服务机构的经营管理、财务状况，债务融资工具信息披露、募集资金用途、二级市场交易、公开市场信息等情况，进行动态监测。 在动态监测过程中，对于可能影响企业偿债能力的重大事项，应督促其及时披露；对于符合第十条要求的企业，应纳入重点关注池；对于偿债能力可能受到严重影响的企业，应进行压力测试。
		第十条	主承销商通过动态监测，发现企业或提供信用增进服务的机构出现以下可能影响偿债能力情况的，应及时将企业纳入重点关注池： （五）未按约定使用募集资金；

续表

序号	自律规则指引	条款	募集资金使用相关规定
5	《银行间债券市场非金融企业债务融资工具主承销商后续管理工作指引》	第十一条	主承销商应对重点关注池内企业开展定期（半年一次）和不定期的风险排查，查找风险点，评估风险程度及影响。风险排查主要内容包括： （三）信息披露、募集资金使用情况；
		第十八条	后续管理报告中风险排查情况部分应包括但不限于以下内容： （三）在池企业债务融资工具信息披露和募集资金使用情况；
		第二十条	后续管理报告中后续管理工作开展情况部分应包括但不限于以下内容： （一）债务融资工具情况概述，包括信息披露、募集资金使用及还本付息等情况；

后　记

后续管理是债务融资工具实行注册制的关键和保障，在推动市场创新扩容的同时，交易商协会始终将规范发展与防范风险作为发展非金融企业债务融资工具市场的首要考虑，持续加强后续管理制度体系健全与工作机制完善，稳步推进市场化自律管理和市场参与机构自我约束有机结合的后续管理体系架构的建设和实施。本书正是交易商协会为引导市场强化后续管理理念、推动相关工作开展所采取的系列措施之一。

全书共包含三篇八章，由交易商协会秘书长谢多同志担任主编，作者队伍由交易商协会后续管理第一线的业务骨干人员组成。交易商协会副秘书长冯光华同志对本书进行了全面审校，交易商协会秘书长谢多同志对全书最终定稿，编写组同志发挥各自在信息披露、风险预警、投资者保护和应急处置等方面的业务专长，为本书的编撰付出了大量时间和精力。

中国工商银行股份有限公司、中国建设银行股份有限公司、国家开发银行股份有限公司、光大银行股份有限公司、兴业银行股份有限公司、中磊会计师事务所有限责任公司、环球律师事务所、通力律师事务所等市场机构的专家对全书进行了外部审校并阅提了诸多宝贵意见，在此对他们的支持与帮助表示深深的感谢和敬意。同时，特别感谢中国金融出版社张智慧主任和张翠华编辑，本书的顺利出版也凝聚了她们的心血。

书中疏漏与不足之处，恳请广大读者批评指正。交易商协会全体编写团队将认真吸收市场各方提出的宝贵意见和建议，争取在实践中对本书进行不断完善，以飨各位读者。